実践
ソーシャルワーク・スーパービジョン

監修● 一般社団法人日本ソーシャルワーク教育学校連盟

編集● 浅野正嗣・岡田まり・小山隆・野村豊子・宮崎清恵

中央法規

はじめに

　この度、『実践ソーシャルワーク・スーパービジョン』を刊行する運びになりました。

　2015年に刊行された『ソーシャルワーク・スーパービジョン論』の続編を、実践的な内容を中心にしてつくろうと、関係者の間でもちあがったことが本書制作のきっかけでした。『ソーシャルワーク・スーパービジョン論』は、当時の日本社会福祉教育学校連盟の創設60周年事業として企画され、総ページ数が600ページを超えるスーパービジョンに関するエンサイクロペディアともいえるものです。内容的にもとても豊富で、その分、個人が気軽に購入して持ち歩くといった用い方は困難でした。（正式な意味での続編ではありませんが）本書は、理論レベルで『ソーシャルワーク・スーパービジョン論』を引き継ぎながらも、現場のワーカーがより実践で役立てることができるよう、内容を充実させ、かつコンパクトなものにしました。

　すでに述べたように、本書は当時の日本社会福祉教育学校連盟時代に企画されたものです。その後、連盟はほかのソーシャルワーク系養成団体とともに、現在の日本ソーシャルワーク教育学校連盟（以下、ソ教連）に合併されました。したがって現在のソ教連に合併前の団体の企画である本書の制作を、合併後に宿題として背負わせることになり、監修の労をとっていただきました。感謝申し上げます。

　本書は二部から構成され、第Ⅰ部は理論編として、これからスーパービジョンを行う人／受ける人にとって必要な基礎的理解を深めることのできる内容としています。通読いただければと思います。

　一方、第Ⅱ部はこれからスーパービジョンにかかわる人にできるだけその取組みがイメージできるように構成しました。まずは理解しておくべきスーパービジョンの形態、あり方の代表例として、個別スーパービジョンとグループスーパービジョンの別があります。根本は当然共通していますが、生じる課題や気をつけるべきことなどには違いがあります。このことについて、まず章を分けて論じていますので一読いただきたいと思います。続いて児童、障害、高齢等といった分野別のスーパービジョン実践の様子を紹介したうえで、理解に必要なポイントにも触れています。関心のある章から読んでいただけます。最後に実践にあたって感じる、些細だけれども悩むといったことについてQ&Aで紹介しています。通読はもちろん、関心のあるQ&Aだけ読んでいただくこともできます。ただし、「問い」は普遍的なものとなっていますが、「答え」は回答例とい

えます。正解とおぼえこむ必要はありませんし、納得できなければ自身の周りの人とともに答えを探していただければと思います。

　最後に本書がスーパービジョンにかかわる人、関心をもつ人にとって役に立つ書となることを願って筆をおくことにします。

2023年6月

編集を代表して
小山　隆

目次

はじめに

第 **I** 部　理論編

第 **1** 章　ソーシャルワーク・スーパービジョンとは何か　2

1　ソーシャルワークという実践 … 2
2　スーパービジョンの定義 … 3
3　スーパービジョンと類似の方法 … 4
4　スーパービジョンのタイプ … 5
5　スーパービジョンの合意点と普遍性 … 7
6　スーパービジョンという固有の指導方法 … 7
7　スーパービジョンの機能 … 9
8　スーパービジョンの形態 … 10
9　スーパービジョンで扱う内容 … 11
10　スーパーバイザーに必要な知識と訓練 … 12
11　スーパーバイジーの心構え … 12

第 **2** 章　スーパービジョンの価値と倫理　16

1　価値と倫理 … 16
2　価値・倫理の専門職間の違いと共通性 … 18
3　スーパーバイザーが守るべきこと ― 団体の倫理指針・行動規範を参考に … 19
4　スーパービジョンにあたって大切にされるべき価値 … 25
5　スーパービジョンを行うにあたって守られるべき倫理 … 29

第 **3** 章　スーパービジョン関係とスーパービジョンのプロセス　36

1　スーパービジョン関係とは何か … 36
2　スーパービジョン関係におけるコミュニケーションの機能と役割 … 42
3　スーパービジョンにおけるプロセス … 45

第 **4** 章　ソーシャルワーク教育における実習　53

1　ソーシャルワーク実習と実習スーパービジョン … 53
2　ソーシャルワーカー養成課程における実習スーパービジョンの位置づけ … 54
3　実習スーパービジョンのねらい … 55
4　実習スーパービジョンにおけるスーパーバイジーとスーパーバイザー … 57
5　実習スーパービジョンの機能 … 60
6　実習スーパービジョンの方法と展開 … 63
7　実習スーパービジョンの課題と今後の方向性 … 67

第 5 章　ソーシャルワーク・スーパービジョンの現状と今後の展望　69

1　ソーシャルワーク・スーパービジョンの現状 … 69

2　ムンソンとカデューシンのソーシャルワーク・スーパービジョンを超えて … 72

3　新たなソーシャルワーク・プラクティスと
　　ソーシャルワーク・スーパービジョンの発展と展望 … 75

第 II 部　ソーシャルワーク・スーパービジョンの取組み

**第 6 章　ソーシャルワーク・スーパービジョンの展開例
　　　　　─個別スーパービジョンの開始から終了まで　92**

1　ソーシャルワーク・スーパービジョンの実際 … 92

2　具体例を読み解く前に … 93

3　ソーシャルワーク・スーパービジョンの具体例 … 95

**第 7 章　ソーシャルワーク・スーパービジョンの展開例
　　　　　─グループ・スーパービジョンの開始から終了まで　110**

1　はじめに … 110

2　取組みの概要を理解するためのキーワード … 110

3　A 地域医療支援病院に所属する MSW へのグループ・スーパービジョンの
　　取組みの概要 … 113

4　スーパービジョンを経ての気づき … 117

5　読者へのメッセージ … 120

**第 8 章　児童の支援にかかわるスーパービジョン
　　　　　─スクールソーシャルワーク領域　136**

1　スーパービジョンの取組みを理解するためのキーワード … 137

2　スーパービジョンの実際 … 138

3　読者へのメッセージ … 143

**第 9 章　障害者の支援にかかるスーパービジョン
　　　　　─日常業務における小さなスーパービジョン　146**

1　取組みの概要 … 148

2　スーパービジョンの実際の展開 … 151

3　学びながらの成長 … 162

第 **10** 章　主任介護支援専門員スーパービジョン　　　　　　　168
　　　　　　　─実践者からスーパーバイザーへ

　　1　主任介護支援専門員スーパービジョン研修の全体像 … 168
　　2　1年目（2009）のグループスーパービジョン経過の紹介 … 171
　　3　2年目（2010）のグループスーパービジョン経過の紹介 … 177
　　4　考察 … 183
　　5　まとめ … 190

第 **11** 章　小規模多機能型居宅介護の介護支援専門員の事例検討会　193

　　1　小規模多機能事例検討会とスーパービジョン … 193
　　2　小規模多機能事例検討会の起こり … 194
　　3　現在の検討会の全体像 … 195
　　4　事例検討会の進め方とスーパーバイザーとしてのかかわり方 … 196
　　5　スーパーバイザーの果たしている役割 … 200
　　6　まとめ … 203

第 **12** 章　地域包括支援センターにおけるスーパービジョンの特徴　207

　　1　地域包括ケアシステムにおける
　　　　地域包括支援センターに今後求められる役割等 … 207
　　2　社会福祉士（ソーシャルワーカー）を取り巻く状況と
　　　　地域包括支援センターにおけるスーパービジョン … 208
　　3　地域包括支援センターにおけるソーシャルワーク・スーパービジョン … 211
　　4　地域包括支援センターにおける
　　　　ソーシャルワーク・スーパービジョンのポイント … 215

第 **13** 章　スーパービジョンを深めるための Q&A　　　　　　　223

スーパービジョンの頻度 … 223
　　Q スーパービジョンは定期的に実施しなければならないでしょうか？
スーパービジョンのための時間の確保 … 223
　　Q スーパービジョンのための時間をとることができません。
職種の異なる部下に対するスーパービジョン … 224
　　Q 職種の異なる部下のスーパービジョンはどのように行うのでしょうか？
年上の職員に対するスーパービジョン … 225
　　Q 年上の職員に対するスーパービジョンはどのように行えばよいでしょうか？
積極的でない職員に対するスーパービジョン … 226
　　Q スーパービジョンを受けることに積極的でない職員にはどのようにすれば
　　　よいでしょうか？

職場の管理者にスーパービジョンの必要性を理解してもらう … 226

Q 職場の管理者にスーパービジョンの必要性を理解してもらうには
どのようにすればよいでしょうか？

管理機能の違い … 227

Q 管理者が担う管理機能と、スーパービジョンの管理機能は同じものでしょうか？

スーパービジョンを受けるための準備 … 227

Q スーパービジョンを受けるための準備について教えてください。

スーパービジョンとコンサルテーションの違い … 228

Q スーパービジョンとコンサルテーションの違いについて教えてください。

職場外のスーパービジョン … 229

Q 職場の上司や担当者によるスーパービジョンより、職場外の専門家による
スーパービジョンのほうが望ましいのでしょうか？

マクロソーシャルワークにおけるスーパービジョン … 229

Q マクロソーシャルワークにおけるスーパービジョンとは
どのようなものでしょうか？

社会福祉施設におけるスーパービジョン … 230

Q 社会福祉施設におけるスーパービジョンとそのほかの機関における
スーパービジョンにはどのような違いがあるのでしょうか？

実習指導者の指導と養成施設の教員の指導 … 231

Q 実習指導者の指導と養成施設における担当教員の指導はともに、
スーパービジョンにあたるのでしょうか？

実習指導者による指導 … 231

Q 実習指導者の指導を受けたいのですが、とても忙しそうで、聞くことができません。

記録をまとめる時間 … 232

Q 記録をまとめる時間をとることができません。どのようにすればよいでしょうか？

実習指導者とその指導内容 … 233

Q 実習指導者によって指導内容が異なります。どうすればよいでしょうか？

インタープロフェッショナルスーパービジョン … 234

Q インタープロフェッショナルスーパービジョンについて教えてください。
コンサルテーションとは異なるのでしょうか？

執筆者一覧

第 I 部

理論編

第1章 ソーシャルワーク・スーパービジョンとは何か

　ソーシャルワークの実践においてスーパービジョンは必要不可欠なものであるという認識は、今日、福祉現場で働くスタッフの共通したものとなっています。日々の業務上の課題を軽減・解決して、対人援助業務をより質の高いものにすることは、多くのソーシャルワーカーの思いです。では、実際にどのようにスーパービジョンが行われているのでしょうか。その取り組みは、組織や職場によって異なると想定されます。同じようにスーパービジョンの理解にも幅があるように思われます。本章ではスーパービジョンとはどのようなものか、その輪郭を明らかにするために11の節から概説します。

1 ソーシャルワークという実践

　スーパービジョンはソーシャルワークの分野のみならず、精神医学、臨床心理学をはじめ、教育や介護など広範な領域で実施されています。ソーシャルワークにおけるスーパービジョンは何を基盤としているのでしょうか。ソーシャルワーク専門職の定義には次のように記されています。

　「ソーシャルワークは、社会変革と社会開発、社会的結束、および人々のエンパワメントと解放を促進する、実践に基づいた専門職であり学問である。社会正義、人権、集団的責任、および多様性尊重の諸原理は、ソーシャルワークの中核をなす。ソーシャルワークの理論、社会科学、人文学、および地域・民族固有の知を基盤として、ソーシャルワークは、生活課題に取り組みウェルビーイングを高めるよう、人々やさまざまな構造に働きかける」[1]。

　ソーシャルワーカーはこのような認識のもと、生の営みに困難を抱えている人々（クライエント）に最善の援助を提供することをその職務としています[2]。

---

1 ）「ソーシャルワーク専門職のグローバル定義」として 2014 年 7 月国際ソーシャルワーカー連盟（IFSW）総会および国際ソーシャルワーク学校連盟（IASSW）総会において定義を採択した。

一方、ソーシャルワーカーは業務上、さまざまな悩みを抱えています。例えば、保健医療の分野では「患者・家族と組織の板挟み」「連携の難しさ」「地域資源の不足」「コミュニケーションの取りづらさ」「業務の境界線」「多忙な相談業務」などさまざまな問題がみられます[3)]。

　ブトゥリムは、問題が関係者にとってもつ意味や、個人的要因と環境的要因の割合、関係、必要に応じた援助形態の区別などを見過ごして、給付金の支給や助言、他の機関への紹介などの業務はソーシャルワークではなく、残余的なソーシャル・サービスの提供に過ぎないと指摘しています[i]。ソーシャルワーカーは多忙な相談援助業務のなかで、一人ひとりのクライエントと向き合い、その生活課題を克服するためのインテークから終結までの一連の援助プロセスにおいて、さまざまな困難に直面することは珍しいことではありません。ブトゥリムの指摘はソーシャルワーク実践の根幹をなすものであり、ソーシャルワーカーの相談援助業務の壁として横たわる困難は、ソーシャルワーク・スーパービジョンの中心的なテーマとなります。

2 スーパービジョンの定義

　これまで、スーパービジョンという用語を聞いたことはあるけれど、どういうものかよく分からないというソーシャルワーカーに何度か出会ったことがあります。スーパービジョンとは何かを伝えようとすると、その作業は思いのほか難しいと感じます。よく用いられる比喩には「スーパービジョンのない実践は、暗闇の中で羅針盤を持たずに航海するようなもの」や「俯瞰してみる」「鳥の目になる」などがあります。前者は、ソーシャルワーク実践において方向性を見失ったときには、スーパービジョンが羅針盤の役割を担い、進むべき方向を示すことで目的地にたどり着くということを意味しています。また、「俯瞰してみる」「鳥の目になる」ということは、スーパーバイザーがスーパーバイジーの援助実践の全体をみるというスーパーバイザーの視座を指しています。

　スーパービジョン研究の第一人者といわれるカデューシンは、「ソーシャルワーク・スーパービジョンとは、有資格ソーシャルワーカーが、スーパーバイジーの業務遂行を

2） 窪田暁子により生み出された新語である。（窪田暁子『福祉援助の臨床──共感する他者として』誠信書房、2013 を参照）
3） 筆者が講師を務めるスーパービジョン研修会で参加者が表明する「業務上の悩みや困難」より転記。

指示・調整し、質を高め、評価する権威を委譲されているものであり、両者の良好な関係のなかで、管理的、教育的、支持的機能を果たすことであり、感情表出をサポートするリーダーシップである（筆者要約）」[ii]と述べており、ソーシャルワーク業務の管理的機能を重視しています。一方、マンソンは心理社会的機能不全や機能障害に焦点をあてた臨床ソーシャルワークの立場から、「スーパービジョンとはスーパーバイザーとスーパーバイジーの相互作用のプロセスであり、スーパーバイザーは教育、管理、支援の分野における実践に対してスーパーバイジーを支援し指導する相互作用的なプロセスである」[iii]と定義しています。スーパービジョンの特性として「構造化」「定期的」「一貫性」「事例指向」「評価」を挙げており、管理上の問題や個人的な問題、学習について話し合う際は、すべてケースに関連したものでなければならないとしています。カデューシンのようにスーパービジョンを業務管理の一環としてとらえる立場と、マンソンのいうソーシャルワーカーの専門性（クライエントとの関係性）を重視した立場という力点のおき方の違いはみられますが、専門職としてのソーシャルワーカーの質を高める指導方法という点においては共通しています。また福山は、スーパービジョンの定義の特性には短期間で指導できる「方法としてのスーパービジョン」と、両者の相互関係を通じて行われる「過程としてのスーパービジョン」に二分できると述べています[iv]。

　これらの知見を踏まえながら、本章では「スーパービジョンとは、スーパーバイザーとスーパーバイジー両者がスーパービジョン契約を結び、スーパーバイジーの心理レベルにも留意した直接指導を通して、スーパーバイジーのレベルに沿った能力の習得と、高度な実践ができるようスーパーバイジーの専門職としての成長をめざした指導方法」と規定します。

3 スーパービジョンと類似の方法

　スーパービジョンについて議論を交わすとき、研修会や事例検討会、ミーティングなどにおける指導や助言へと話題が広がり、何がスーパービジョンなのか分からなくなり困惑することがあります。ワナコットは「何がスーパービジョンではないかを明確にすることが必要である」と述べていますが、意味のある議論を展開するためには拡大解釈を避けて、概念の共通認識をはかることが不可欠です。先にスーパービジョンを規定したようにスーパービジョンの概念を明確にすることが重要です。スーパービジョンに類

似する指導・助言の方法として事例検討会、コンサルテーション、コーチング、プリセプターシップなどがありますが、それぞれにスーパービジョンとは異なる特性があります。

　事例検討会は、支援方針及び方法の決定と参加者との共有、実践者の意思決定過程に対する支援を目的としています[v]。コンサルテーションは、他職種の専門家から助言を受ける方法で、専門的情報やサービス、診断、処方箋を助言という形で提供しながら、しかし、ほどよい距離感をしっかり保つことによって専門家としての役割を担って支援することをいいます[vi]。コーチングは、個人の潜在能力を解放し、その人自身の能力を最大限に高めることを目的としています。その人が学ぶことを支援するものであり、指導ではないことに特徴があります[vii]。コーチングの技法はスーパービジョンでも活用される技法です。プリセプターシップは、新人看護師の能力開発を上司に代わって先輩看護師が OJT（On the Job Training：職務内訓練）の手法で実施する教育手法で、指導期間は半年から 1 年が一般的です[viii]。また、異職種間によって行われるインタープロフェッショナルスーパービジョンという形態もみられます[4)]。それぞれの特徴を理解して、目的に応じた方法論の選択をすることが学習効果を高めるためにも大切なことです。

4 スーパービジョンのタイプ

　ホーキンズとショエットはスーパービジョンのタイプを個別指導型、訓練型、管理型、コンサルタント型の四つに分けて、スーパーバイジーのニーズとスーパーバイザーの提供するスーパービジョンの適合性とズレを明確にすることが必要になると述べています[ix]。ワナコットは表 1-1 のようにスーパービジョンを管理的スーパービジョン、臨床的・専門的スーパービジョン、私的スーパービジョンの三つのタイプに分類しています[x]。

　管理的スーパービジョンは、業務内で行われる指導の一環であり、上司や先輩から職務の遂行に必要な知識や技術の習得のための指導・助言を受けるといった管理的機能を

4）他職種によるスーパービジョンに関しては「同質性・異質性スーパービジョン体制」（福山、2005）、「インタープロフェッショナルスーパービジョン（IPS）の強みと限界」（石田、2017）にその特性を記している。

表 1-1 スーパービジョンのモデル

	管理的スーパービジョン	臨床的・専門的スーパービジョン	私的スーパービジョン
契機	業務上の指示（非交渉）	交渉、話し合い	交渉、話し合い
スーパーバイザーの選択	組織	バイジーまたは組織	バイジー
焦点	組織への時間・物資・管理義務・コミュニケーションなどについての責任	利用者に対する最適な結果の実現	業務から生じる個人的ニーズ
スーパーバイザーの役割	代行者で監督者	実践の権威者で開拓者	ファシリテーターで反射する人
責任の所在	組織	専門職規範と組織	バイジーの属する専門職団体

資料：Tony Morrison, "A health model of Supervision," *Staff Supervision in Social Care：Making a real difference for staff and service users*, 3rd ed., Pavilion Publishing Ltd., 2005より作成

重視したもので OJT に位置します。一方、臨床的・専門的スーパービジョンは主に援助事例に焦点をあてたスーパービジョンで、マンソンのいう専門性に依拠したモデルです。また、職務命令でスーパービジョン研修を受講したり、外部のスーパーバイザーを職場に招いてスーパービジョンを実施したりといった Off-JT（Off the Job Training）といった形態をとる場合もあります。私的スーパービジョンは、スーパーバイジーの個人的なニーズを契機とするスーパービジョンです[5]。スーパーバイジーが自主的にスーパービジョンを受ける方法で、スーパーバイジーの求めに応じたテーマを扱うこと、スーパーバイジーがスーパーバイザーを選択するといった点に特徴があり、SDS（Self Development System）に該当します。認定社会福祉士制度のスーパービジョンは SDS に該当するといえるでしょう。これらタイプの異なるスーパービジョンを相互補完的に活用することはスーパーバイジーの学びをさらに深めることにもなります。

　ハウとグレイは精神分析的アプローチ（臨床的・専門的スーパービジョンと同義；筆者）と管理的アプローチの両者を包含するスーパービジョン実践が重要な課題であると

5）2006 年から筆者をはじめ数名の教員やソーシャルワーカーが小さなユニット「ソーシャルワーカーサポートセンター名古屋」を立ち上げスーパービジョンを展開している。浅野正嗣編『ソーシャルワーク・スーパービジョン実践入門——職場外スーパービジョンの取り組みから』みらい、2011 を参照。

述べています [xi]。すなわち相互作用と個人の成長に焦点をあてる精神分析的アプローチと、管理職としての責任や権力を行使するといった管理的アプローチの統合がスーパービジョンをさらに発展させるという指摘です。雇用された機関や組織で質の高い援助業務を展開するうえで、このような統合したスーパービジョンアプローチへのニーズは高まるものと思われます。

5 スーパービジョンの合意点と普遍性

　社会福祉領域の職場は、数名の職員が勤務する小規模な事業所から、社会福祉専門職だけでも数十名というような比較的大きな組織の機関・施設まで多様です。スーパービジョンも組織の規模や職場の文化に合わせた取り組みがそれぞれに行われており、一律ではありません。野中はそれらの領域で展開するスーパービジョンの合意点を、概念は恣意的、専門職としての成長、教育責任の所在はいろいろ、職域による形態と方法を重視、一部で認定方式、スーパーバイザーの方法や技術は個別的、教育システムの責任、スーパーバイジー中心主義の 8 項目に整理しています [xii]。また、平木は、スーパービジョンに内在する普遍性を人間の相互作用と文脈を理解するメタ認知、安定したスーパービジョン同盟、スーパーバイジーのレベルに応じた指導、両者のアサーティブなコミュニケーション、ふり返りと評価を含む指導、スーパーバイジーの内的スーパーバイザーの育成の 6 点であると述べています [xiii]。

　これらの指摘はいずれもスーパービジョンを理解するうえで重要です。なかでも平木のいう「スーパーバイジーの内的スーパーバイザーの育成」は、スーパービジョンのプロセスにおいて、スーパーバイジーがスーパーバイザーをモデルにしながらスーパーバイジー自身のなかにスーパーバイザーが育っていくことを意味しています。スーパーバイジーがスーパーバイザーへ移行する準備段階ととらえることができます。

6 スーパービジョンという固有の指導方法

　スーパービジョンに関して窪田は、「よい先輩の助言によって目を開かされたり、適切な支持によって専門職としての自分を育てられたという体験は多いのに、それが

フォーマルなスーパービジョンを通じて獲得されている例は、本当に少ないのが現状である」と指摘しています[xiv]。ここでいうフォーマルなスーパービジョンとは、スーパービジョンの枠組みが定められ、認識されている正式なスーパービジョンといえるでしょう。そこでスーパービジョンの理解をすすめるために指導・助言とスーパービジョンの関係を図 1-1 に表してみました。

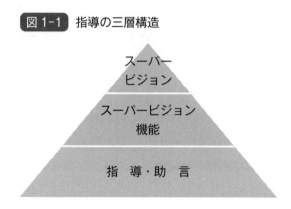

図 1-1 指導の三層構造

スーパービジョン

スーパービジョン機能

指　導・助　言

　図 1-1 の「指導の三層構造」は指導を三つのレベルに分けてみたものです。第一層は一般的に行われる「指導・助言」のレベルです。上司や先輩、同僚から指導・助言を受ける場面を想像してください。日常、そのときどきに必要な事柄に対して指導や助言が行われることを指しています。

　第二層は「スーパービジョン機能」です。スーパービジョン機能とは上司や先輩がスタッフに対して個別具体的な指導をすることを指しますが、上司や先輩とスタッフとの間にはスーパービジョンの契約やスーパービジョンという認識はなく、権限や責任性、継続性などが曖昧です。

　第三層の「スーパービジョン」は、上司や先輩（スーパーバイザー）とスタッフ（スーパーバイジー）との間にスーパービジョンが認知されており、スーパービジョンの契約、目的、方法、責任の所在などが明確になっている状態のことをいいます。すなわちスーパービジョンの枠組みが整えられている構造化された正式なスーパービジョンです。スーパーバイザーの責任性や権威性が明らかであり、スーパーバイジーの専門職としての成長を促進することを目標とするなど、スーパービジョンに対する両者の共通認識をベースとします。この第三層が「スーパービジョン」という指導方法になります。どのレベルの指導方法も意味のあることですが、スーパービジョンがどのようなも

のかという理解を共有することがスーパービジョンの効果を高めるための重要な要素の一つになります。

＜プレイング・スーパーバイザー＞

　認定社会福祉士に関するスーパービジョンは認定社会福祉士認証・認定機構により制度として規定され、頻度、時間、内容などが明確で構造的スーパービジョンの展開が可能となるよう工夫されています。しかし、相談援助、介護、リハビリテーション、保育など幅広い社会福祉領域の現場にスーパービジョンの認定制度が浸透するためには少し時間が必要です。

　OJT としてのスーパービジョンは、職制、配置状況、時間的制約などの職場環境によって、スーパーバイザーが、スーパービジョンだけではなくスタッフ業務を兼ねるプレイング・スーパーバイザーの役割を担うことがあります。その場合、スーパーバイザーはスーパーバイザー業務とスタッフ業務のバランスを考えなければなりません。スーパーバイザーがスタッフ業務に時間を多く割くとスーパービジョンが手薄になり、スタッフはスーパービジョンを受けることが困難になります。スーパーバイザーはスーパービジョンを業務にどのように位置づけるか、時間をどのように管理するのかといった組織内のスーパービジョンシステムを構築していくことが必要になります。

7　スーパービジョンの機能

　カデューシンは、スーパービジョンには管理的機能、教育的機能、支持的機能の三つの機能があると述べています。管理的機能は、所属する組織の目的や方針を理解し、専門性が発揮されているか、業務の配分が適正か、チームが効果的に機能しているかなどを指導し管理します。具体的な業務としてスタッフの募集と選考、スタッフの就任と部署配属、スーパービジョンの説明など 12 項目を挙げています [xv]。スーパーバイザーは部署内のマネジメントや所属組織と他部署とをつなぐ役割など、ミドルマネジャーとして組織のマネジメント機能の一部を担います。

　教育的機能は、ソーシャルワーク実践に必要な知識・技術・価値について記録や資料などにもとづいて検討するとともに、新たな知識や技術の習得に焦点があてられます。クライエント理解や社会資源の活用、援助の方法論などといった援助の具体的な方法が主要なテーマになります。

支持的機能は、スーパーバイジーが業務で抱えるさまざまな困難や問題に対して、ありのままに表現することができるようなスーパービジョン関係をつくり、スーパーバイザーがスーパーバイジーの苦悩を認め支えることをいいます。

　対人援助業務はストレスが高く、スーパーバイジーが燃え尽き状態や離職に追い込まれることも少なくありません。職場環境の改善とともにスーパーバイジーのストレングスやレジリエンスに着目して、スーパーバイジーのもっている力を認め支えることが求められます。支持的スーパービジョンはスーパービジョン機能の一つというだけではなく、スーパービジョンを展開するうえでのスーパーバイザーの基本的な姿勢ともいえます。スーパーバイザーはこれらのスーパービジョン機能を発揮してスーパーバイジーを支え育てるとともに、組織の目的・目標に資することが求められます。

8 スーパービジョンの形態

　スーパービジョンの形態は、一人のスーパーバイザーが一人のスーパーバイジーに個別に行う個人スーパービジョン、一人のスーパーバイザーが複数（少人数）のスーパーバイジーを対象とするグループスーパービジョン、スーパーバイザーを置かないでスーパーバイジー同士が対等な関係で行うピアスーパービジョン、スーパーバイジーの援助場面にスーパーバイザーが同席して行うライブスーパービジョンなどがあります。最近ではオンラインを活用したスーパービジョンも行われています。

　代表的な形態である個人スーパービジョンとグループスーパービジョンの特徴をみてみましょう。個人スーパービジョンは一対一で行われるため、スーパーバイジーが自分の内的な問題（苦しさや悲しみなど）をスーパーバイザーに話しやすく、スーパーバイザーとの関係性が強固なものになるといった利点がみられます。課題としては関係性の構築に一定の時間が必要となる、過度な依存や権威的な関係が生まれやすいといったことが挙げられます。

　グループスーパービジョンは、グループメンバーのそれぞれの見方や体験を共有できるなど多角的な理解を深めることができる、複数のメンバーが問題を共有できるなど費用対効果に優れています。しかし、援助者としての内的問題を表出しにくい、他者と比較するなどの課題がみられます。スーパービジョンの形態にはそれぞれ長所と課題があることを理解しておくことが大切です。

一方、学生を対象とした実習スーパービジョンは、実習先である施設・機関の指導者と大学・専門学校など実習担当教員の二人の指導者が実習生に対してスーパービジョンを行うという特徴があります。社会福祉士・精神保健福祉士の実習指導者になるためには指導者研修の受講など一定の要件を充たすことが必要となります。

9　スーパービジョンで扱う内容

　スーパービジョンで扱う主な内容は、ソーシャルワーカーが行う相談援助業務に関係する事柄を中心とします。塩村は、クライエントシステム、介入方法、クライエントシステムとワーカーの関係、ワーカーと所属組織の関係、社会資源の利用・制度・法律の適用、ワーカーとスーパーバイザーの関係、ワーカー自身の理解の7項目に分類しています [xvi]。近年では業務の効果や効率化、チーム連携が重視されるようになり、「業務の理解と開発」「他職種との協働」という二つがスーパービジョンのテーマとして顕在化しています。

　ワナコットは「スーパービジョンの焦点が、なぜ、そして、どのようにするのかよりも、何をするのかになってしまうリスクがある。感情がクリティカル・シンキングと意思決定に及ぼす影響が見失われ、仕事で必要な情緒的サポートをスーパービジョンから得るという経験をしていないスーパーバイジーが少ないことが明らかになっている」 [xvii]と述べています。職業人の感情労働研究の第一人者であるホックシールドは客室乗務員の研修場面のなかでスーパービジョンの必要性について、「『怒りを覚えたとき、あなたは何をするだろうか』。答えは、口汚くののしる、乗客を殴りたいと思う、バケツの中に向かって叫ぶ、泣く、食べる、たばこを吸う、独り言を言うであった」と記し、「私は、自分のところのスーパーバイザーたちに、女の子たちの気持ちを表に出させるように、と言い聞かせています。表に出すことは、とても大切なことです。そうしなければ彼女たちは、それをお客様に向けてしまいますから」 [xviii]と述べています。感情が業務（援助）にどのような影響を及ぼすのか、また、どのように対処するとよいのかといった視点からスーパービジョンの必要性を指摘しています。感情は労働の三要素（知的、肉体、感情）の一つです。クライエントにも感情があるのと同様にソーシャルワーカーにも揺れる感情があります。スーパービジョンはスーパーバイジーの担う相談援助業務全般に焦点をあてますが、スーパーバイジーの援助者としての感情を扱うことは、スー

パービジョンの重要な側面です。

10 スーパーバイザーに必要な知識と訓練

　スーパーバイザーになるには、スーパービジョンに関する知識や技術を身につけることが必要です。認定社会福祉士認証・認定機構の規定に従って必要な研修やスーパービジョンを受講するといった方法はその例です。カスローはスーパービジョンを行う能力を身につけるには複数のスーパーバイザーによるスーパービジョン経験やスーパービジョンのテクニックの体験、スーパービジョンを受けつつスーパービジョンを実施することなど、訓練を受ける必要があると述べています[xix]。スーパーバイザーはスーパービジョンにおける方法論をはじめ、組織やスーパーバイジーとの関係など、さまざまな課題に向き合うことになります。ソーシャルワーカーとしての共通の基盤はあるものの、スーパーバイザーとしてのスーパービジョン経験や指導の傾向などはスーパーバイザーによって多様です。スーパーバイザー同士がスーパービジョン実践について意見交換をするスーパーバイザー・ミーティングや、スーパービジョン実践例を通してスーパービジョン方法論を検討するスーパービジョン・カンファレンスなどを活用することは、スーパーバイザーの内省を促し新たな気づきを得られるなどスーパーバイザーを支える方法として有効です。

11 スーパーバイジーの心構え

　スーパーバイジーはスーパーバイザーの指導をただ待つという受け身の姿勢ではなく、スーパービジョンがどのような意味をもつのか理解して積極的に取り組むことが大切です。馬場は、スーパーバイジーの心構えとして「スーパービジョンを効果あるものにするためには、何よりも双方の、特にスーパーバイジーの自己開示、自己を表現する姿勢と、主体的にかかわる姿勢である。（略）そして面接の場で自分が感じたこと、考えたこと、その言動を選んだ際の判断などをそのまま話せることが、スーパービジョンを意義あるものにする」[xx]と述べています。スーパーバイジーが能動的かつオープンな姿勢でスーパービジョンに向き合うことの重要性の指摘です。

塩村は、スーパービジョンはスーパーバイジーとともにつくり上げていくものとして、スーパーバイジーの責任について、「スーパービジョンの準備をして毎回の目的を明確にする。フィードバックを自ら求め、得たものに対してオープンである。問題探索には非防衛的態度で臨む。クライエントに対する援助の疑問・困難・心配に正直である。スーパーバイザーとの関係あるいはスーパービジョンの方法について困難を感じたときにはスーパーバイザーとそれについて話し合う」（塩村、2000）と記しています。

　このようなスーパーバイジーの姿勢はスーパービジョンを意義あるものとするためにも大切です。スーパーバイジーはスーパービジョンについて一定の知識はあるものの、実際にスーパービジョンを受ける機会が少ないことも事実でしょう。スーパービジョンとはどのようなものか、スーパーバイジーに分かりやすく伝えることは、スーパーバイジーの動機づけを高めるためにも不可欠です。スーパーバイザーがスーパービジョンの契約や開始時にスーパービジョンについて説明することはスーパーバイザーの重要な役割の一つです。

第 I 部　理論編

　スーパービジョンはクライエントに最善の援助を提供するために、スーパーバイジーを支え指導し、専門職としての成長をはかることを目的としています。ソーシャルワーカーが一人ひとりのクライエントのニーズに的確に応えていくためには、内省的実践が欠かせません[xxi]。効果的なスーパービジョンは、スーパーバイジーにとって積極的で丁寧に傾聴してもらっていると感じられる環境のなかで、スーパーバイジーが尊重され、自由な感情の表出が許されること、特定の苦悩について取り組むことが留保されること、秘密保持による安全性が確保されることなどがスーパービジョン実践の必須条件です[xxii]。スーパービジョンの「計画性」や「継続性」「時間の確保」といった問題はスーパービジョンを実践していくうえで重要なテーマとなります。計画的で継続的なスーパービジョンが実施できる体制をどのように確立するかといったことは喫緊の課題といえます。

　本章ではスーパービジョンをどのようなものとして捉えることができるのか、ソーシャルワークを軸に心理学や社会学など隣接領域の知見をもとに多角的にみていくように努めました。読者の皆様のスーパービジョンの理解を深める一助となれば幸いです。

文献

i ゾフィア・T・ブトゥリム著、川田誉音訳『ソーシャルワークとは何か——その本質と機能』川島書店、1986 年、p.12

ii アルフレッド・カデューシン、ダニエル・ハークネス著、福山和女監修、萬歳芙美子・荻野ひろみ監訳、田中千枝子責任編集『スーパービジョン イン ソーシャルワーク 第 5 版』中央法規出版、2016 年、pp.14–19

iii Munson, C. E. Ph. D., *Handbook of Clinical Social Work Supervision* 3rd ed., Haworth Press, 2002, p.10

iv 福山和女編著『ソーシャルワークのスーパービジョン——人の理解の探求』ミネルヴァ書房、2005 年、pp.196–197

v 中村和彦「事例研究・事例検討の意味」米本秀仁・高橋信行・志村健一編、日本社会福祉実践理論学会監修『事例研究・教育法　理論と実践力の向上をめざして』川島書店、2004 年、p.29

vi エドガー・シャイン著、金井壽宏監訳、野津智子訳『謙虚なコンサルティング——クライアントにとって「本当の支援」とは何か』英治出版、2017 年、p.49

vii ジョン・ウィットモア著、清川幸美訳『はじめてのコーチング——本物の「やる気」を引き出すコミュニケーションスキル』ソフトバンクパブリッシング、2003 年、p.21

viii 永井則子『プリセプターシップの理解と実践——新人ナースの教育法』日本看護協会出版会、1999 年、p.27

ix P. ホーキンズ・R. ショエット著、国重浩一・バーナード紫・奥村朱矢訳『心理援助職のためのスーパービジョン——効果的なスーパービジョンの受け方から、良きスーパーバイザーになるまで』北大路書房、2012 年、pp.72–73

x Morrison, T., *Staff Supervision in Social Care : Making a real difference for staff and service users*, 3rd ed., Pavilion Publishing Ltd., 2005, p.35

xi Howe, K., Gray, I., *Effective Supervision in Social Work*, SAGE, 2013, p.4

xii 野中猛「スーパービジョンの要点」日本福祉大学、2012 年　www.rehab.go.jp/College/.../24/.../soudansien_09_kougi6.pdf　2017 年 8 月 8 日閲覧

xiii 平木典子『心理臨床スーパーヴィジョン　学派を超えた統合モデル』金剛出版、2012 年、p.30

xiv 窪田暁子「福祉実践におけるスーパービジョンの課題」『月刊福祉 AUG '97』全国社会福祉協議会、1997 年、p.18

xv アルフレッド・カデューシン、ダニエル・ハークネス著、福山和女監修、萬歳芙美子・荻野ひろみ監訳、田中千恵子責任編集『スーパービジョン イン ソーシャルワーク』第 5 版、中央法規出版、2016 年、pp.48–88

xvi 塩村公子『ソーシャルワーク・スーパービジョンの諸相——重層的な理解』中央法規出版、2000 年、pp.101–104

xvii ジェーン・ワナコット著、野村豊子・片岡靖子・岡田まり・潮谷恵美訳『スーパービジョントレーニング——対人援助専門職の専門性の向上と成長を支援する』学文社、2020 年、p.1

xviii A. R. ホックシールド著、石川准・室伏亜希訳、『管理される心——感情が商品になるとき』世界思想社、2000 年、p.26、p.136

xix F. W. カスロー編、岡堂哲雄・平木典子訳編『心理臨床スーパーヴィジョン』誠信書房、1990 年、p.11

xx 馬場禮子「スーパーヴァイザーとスーパーヴァイジーの相互関係」鑪幹八郎、滝口俊子編著『スー

パーヴィジョンを考える』誠信書房、2001 年、p.50

xxi　ドナルド・A・ショーン著、柳沢昌一・三輪建二監訳『省察的実践とは何か──プロフェッショナ
　　ルの行為と思考』鳳書房、2007 年、pp.307–325

xxii　ロバート・E・リー／クレッグ・A・エベレット著、福山和女・石井千賀子監訳「スーパービジョ
　　ンの 13 の基本原則」『家族療法のスーパーヴィジョン──統合的モデル』金剛出版、2011 年、p.29

第
Ⅰ
部

理論編

第2章 スーパービジョンの価値と倫理

本章の目的は、スーパーバイザーが大切にすべき「価値」「倫理」について論ずることにあります。ただし、スーパーバイザー「のみ」が身につけておくべき価値や倫理が数多くあるわけではありません。例えばソーシャルワーカーが大切にすべき価値・倫理とスーパーバイザーが大切にすべき価値・倫理の多くは重なるはずです。また、価値と倫理という言葉も明確に区別せずに使われることがあります。具体的には、援助専門職が必要とする条件として「知識・技術・価値」が挙げられる場合もあれば、「知識・技術・倫理」が挙げられる場合もあります。いずれも知識・技術の行使の背景となる大切なものとして「価値」「倫理」が理解されていることはわかりますが、どのような違いがあるのでしょう。

実は、スーパービジョンを行う者にとっても受ける者にとっても、このような基本的な概念の曖昧さが関係構築時の障壁になることがあります。本章ではこれらを整理しながら論じています。

1 価値と倫理

まず価値と倫理という語について考えてみましょう。

例えば日本ソーシャルワーカー連盟[1]の「ソーシャルワーカーの倫理綱領」(2020)では「価値」という言葉は「すべての人が人間としての尊厳を有し、価値ある存在であり、平等である」という文中で用いられています。つまり価値という言葉はここでは専門職の成立要件としてではなく、人間が生まれながらにしてもつものとして用いられています。それに対して「倫理」という語は本綱領では「ソーシャルワークの知識、技術の専門性と倫理性の維持、向上が専門職の責務であることを認識し」という脈絡で用い

---

1) 日本ソーシャルーワーカー連盟とは、日本ソーシャルワーカー協会、日本社会福祉士会、日本精神保健福祉士協会、日本医療ソーシャルワーカー協会というソーシャルワーク専門職4団体を構成メンバーとする連合体で、「ソーシャルワーカーの倫理綱領」は加盟4団体の倫理綱領にも採用されている。

られています。つまり、知識・技術と並ぶ、専門職が保持すべき要件としてとらえられているということでしょう。

　一方、日本社会福祉士会が、2017（平成29）年の第10回社会保障審議会福祉部会福祉人材確保専門委員会に提出した「ソーシャルワーク専門職である社会福祉士に求められる実践能力」（委員会提出資料）には、「社会福祉士は、包括的な相談支援体制の構築・維持における役割を果たすべく、これまで以上に価値・知識・技術を統合化する実践能力の強化が求められている」とあります。ここでは、倫理ではなく、価値が知識・技術と併記されています。また、同じ資料の「スーパービジョンの教育的機能」では「効果的・効率的・倫理的に業務を遂行するための知識・技術・価値・倫理を職員が習得して専門性を高められるよう教育する」とあります。ここでは、価値と倫理は知識・技術とともに必須の項目として併記されています。

　このように、価値と倫理という語の区別は論者によって異なり曖昧さが残ります。辞書には、「倫理」が「人として守るべき道。道徳。モラル」とされているのに対して、「価値」は「善きもの・望ましいものとして認め、その実現を期待するもの。（中略）特に、真・善・美など、普遍妥当性をもった理想的・絶対的価値をいう」とされています（三省堂辞書アプリ版『スーパー大辞林3.0』より抜粋）。大雑把にいえば、「倫理」が「守るべきモラル」で、「価値」は「望ましいもの、目指されるもの」ということができます。

　しかし、辞書をみても曖昧さがなくなったとはいえません。「価値は私個人が大切にするもの」であるのに対して、「倫理は社会的に求められるルール」であるとみることもできますし、「倫理は個人レベルで守るべきもの」であるのに対して、「価値は社会的に大切にされるべきもの」と解釈することもできるからです。そのような意味でも両者の区別が明確になりにくいのでしょう。

　本書はあくまでもソーシャルワーカーやスーパーバイザーの価値と倫理について論ずることが目的です。その意味では、専門職としての価値・倫理の区別をつけることが望まれます。そこで、本章では専門職が大切にするとともに目指すべき考え方や理念等を「価値」とし、その価値を実現するために必要とされ守られるべきルールや考え方を「倫理」と整理することにします。

2 価値・倫理の専門職間の違いと共通性

　ソーシャルワーカーの守るべき倫理とスーパーバイザーの守るべき倫理は異なるのでしょうか。また、カウンセラーや教員など、ほかの援助専門職が大切にする価値とソーシャルワーカーが守るべき価値は全く異なるのでしょうか。専門職のもつ価値や倫理は実は、相当程度共通すると考えられます。いくつかの専門職団体の倫理綱領をみながら、このことについて考えてみます。

　例えば、日本医師会の定める「医の倫理綱領」（2022）の第5条には「医師は医療の公共性を重んじ、医療を通じて社会の発展に尽くすとともに、法規範の遵守および法秩序の形成に努める」とあります。第5条の「医師は医療の公共性を重んじ」の部分を、「教師は教育の公共性を重んじ」「ソーシャルワーカーは社会福祉実践の公共性を重んじ」と置き換えればその後は共通するといえます。また、日本弁護士連合会の「弁護士職務基本規程」（2021）の前文には、「弁護士は、基本的人権の擁護と社会正義の実現を使命とする」とあります。これは「ソーシャルワーカーの倫理綱領」の前文にある「われわれは平和を擁護し、社会正義、人権、集団的責任、多様性尊重および全人的存在の原理に則り」というものとほぼ重なると考えられます。人権や社会正義はどの専門職においても前提とされる価値といえます。

　さらに、「個別化」「意図的な感情表現」「統制された情緒関与」「受容」「非審判的態度」「自己決定」「秘密保持」から構成されているバイスティックの7原則はソーシャルワーカー固有の原則でしょうか？　これらは、カウンセリングの分野でも教育の分野でも守られるべきものといえます。例えば、秘密保持はすべての対人援助にかかわる者が守らねばならない倫理的態度です。

　このように考えると、対人援助の専門職にはまず、目指すべき価値的態度（例えば社会正義の実現）や守るべき倫理的態度（例えば秘密保持）があり、そのうえでそれぞれの専門職がもつ固有の価値・倫理があると考えられます。

　スーパーバイザーの価値・倫理を考えるにあたっても、対人援助職に共通する価値・倫理、ソーシャルワーカーが大切にすべき価値・倫理、スーパーバイザーが大切にすべき価値・倫理が多層に重なり合っていることを意識する必要があるでしょう[2]。

2）　専門職の倫理・価値が一定の共通性をもつことをここでは論じたが、そもそも専門職全体の構造が一定の共通性を前提としてもち、そのうえで固有性をもつと考えられる。本章では触れることができないが、例えば小山（2012）で、少し論じた。

3 スーパーバイザーが守るべきこと —団体の倫理指針・行動規範を参考に

　ここでは既存のスーパーバイザーの倫理綱領について検討してみます[3]。「倫理綱領」とは専門職が守るべき価値や倫理について網羅的にまとめられているものであり、それらを検討・整理することで本章が論ずべきことがある程度明らかになると考えられるからです。

　しかし、専門職の倫理綱領は数多くあるものの、専門職のスーパーバイザーに特化した倫理綱領はほとんどありません。例えば、Google で「スーパーバイザー and 倫理綱領」で検索したところ 83 件しかヒットしませんでした（2021（令和 3）年 8 月 16日検索）。そのうち、日本キャリア・カウンセリング学会、日本社会福祉士会のサイトでは、スーパーバイザーの倫理綱領（指針や規範レベルも含む）そのものが独立して扱われています。日本キャリア・カウンセリング学会では「スーパーバイザーの倫理指針」が、日本社会福祉士会では「認定社会福祉士制度におけるスーパーバイザーの行動規範」が紹介されています。

　ここでは、二つのスーパーバイザーに関する行動規範・倫理指針についてみていき、スーパーバイザーが大切にすべき価値・倫理の枠組みについて考えてみます。

　まず、日本キャリア・カウンセリング学会の「スーパーバイザーの倫理指針」では「スーパーバイザーは、日本キャリア・カウンセリング学会倫理綱領の他に、以下の項目を遵守しなければならない」とあります。つまりキャリア・カウンセラーの倫理綱領が基本にあり、それに加えてスーパーバイザーの遵守項目があるといえます。一方、認定社会福祉士制度とは、日本社会福祉士会による社会福祉士のキャリアアップを支援するしくみです。社会福祉士の上位資格にあたる認定社会福祉士には倫理綱領はありません。ただし「認定社会福祉士制度におけるスーパーバイザーの行動規範」の前文には、「社会福祉士の倫理綱領に照らして公正性と一貫性をもってスーパービジョンを行うように努めなければならない」とあります。つまり、社会福祉士の倫理綱領を共有したうえで、認定社会福祉士制度下のスーパーバイザーの行動規範は存在するという考え方と

---

3 ） ここでは倫理綱領・倫理指針・行動規範などを明確に区別していない。一般的に、「倫理綱領」が包括的・抽象的に論じられる傾向があるのに対して、「社会福祉士の行動規範」が「社会福祉士の倫理綱領」を行動として具体化したものであるように、「行動規範」や「倫理指針」は、「倫理綱領」の下位に位置づけられ具体的、または補足的に説明しようとしたものであることが多いといえる。

いえます。

　日本キャリア・カウンセリング学会による「スーパーバイザーの倫理指針」は本文14条からなります。その構成は必ずしも整理されているとはいえません。そこで、恣意的になるものの、その内容をカテゴライズしてみます。本章を展開するにあたって、価値・倫理にかかわる項目を一つずつ検討することは困難ですが、カテゴリー化することで検討をしやすくできると考えられるからです。

　なお、あくまでもスーパービジョンにおける価値・倫理項目をグループ化することが目的ですから、すべての項目を取り上げているわけではありません。

①スーパービジョン関係の確認にかかわるもの

　スーパービジョンを実施するにあたってスーパーバイザーとスーパーバイジーが相互に確認しておくべきことや開始後、守るべきことについての項目です。援助関係（この場合はスーパービジョン関係）の開始における条件の確認などの基本的なステップです。第3条の「スーパーバイザーは、スーパーバイジーに、スーパービジョンの目標、ケース管理の方法、スーパーバイザーの選択するスーパービジョン・モデルを含むスーパービジョンのプロセスについて伝えること」等がそれにあたるといえます。

②カウンセラー＝クライエント関係の確認にかかわるもの

　スーパーバイジーであるカウンセラーがクライエントと援助関係を結ぶにあたって承知しておかなければならないことを、スーパーバイザーがスーパーバイジーに確認する項目です。例えば、第2条の「スーパーバイザーは、クライエントが守秘義務と必要な場合の秘匿特権のコミュニケーションについての権利と限界について知っていることを確認すること」等がそれにあたります。①の「スーパービジョン関係の確認にかかわるもの」が一般的な援助者―被援助者関係であるのに対して、②の「カウンセラー＝クライエント関係の確認にかかわるもの」は、被援助者であるスーパーバイジーが本来的には援助者でもあるという事実から発生するスーパービジョン関係の二重性にかかわる項目です。二重性については、スーパービジョンの価値・倫理を考えるにあたって極め

表 2-1 スーパーバイザーの倫理指針（日本キャリア・カウンセリング学会）

スーパーバイザーの倫理指針

日本キャリア・カウンセリング学会

　スーパーバイザーは、日本キャリア・カウンセリング学会倫理綱領の他に、以下の項目を遵守しなければならない。

1. スーパーバイザーは、スーパーバイジー（カウンセラー）がクライエントに対して、その地位や資格を明示したことを確認すること。加えて、クライエントがスーパービジョンで求められていることを承知したことを確認すること。
2. スーパーバイザーは、クライエントが守秘義務と必要な場合の秘匿特権のコミュニケーションについての権利と限界について知っていることを確認すること。
3. スーパーバイザーは、スーパーバイジーに、スーパービジョンの目標、ケース管理の方法、スーパーバイザーの選択するスーパービジョン・モデルを含むスーパービジョンのプロセスについて伝えること。
4. スーパーバイザーは、スーパービジョン記録をとるとともに記録を保管し、スーパービジョンで得られたすべての情報は秘密と考えること。
5. スーパーバイザーは、スーパーバイザーの専門的判断に抵触したり、スーパーバイジーに害になるようなすべてのスーパーバイジーとの多重関係を避けること。
6. スーパーバイザーは、スーパーバイジーと危機状況の扱いに関する手順を決めておくこと。
7. スーパーバイザーは、スーパーバイジーに対して、所定の評価計画として適切で、時宜にかなったフィードバックを提供すること。
8. スーパーバイザーは、クライエントに対して適切なカウンセリングができないスーパーバイジーに対して、必要な支援を提供すること。
9. スーパーバイザーは、スーパーバイジーが心身の障害を負って、クライエントが危機にある場合は、介入すること。
10. スーパーバイザーは、心身の障害を負ったスーパーバイジーが適切なカウンセリングを提供できないと予測した場合、資格を認証しないこと。
11. スーパーバイザーは、自己の能力以外の領域のスーパービジョンを行わないこと。
12. スーパーバイザーは、スーパーバイジーがカウンセリングに関わる法律と倫理を承知していることを確認すること。
13. スーパーバイザーは、スーパービジョンとカウンセリングに影響するような文化的な問題について調べておくよう、スーパーバイジーに指導すること。
14. スーパーバイザーは、スーパーバイジーとクライエントが、その権利と適正な手続きについて知っていることを確認すること。

施行日　この指針は2021年4月1日より施行する。

て重要であり、以降繰り返しふれることになります。

③スーパーバイザーの義務の確認にかかわるもの

「①スーパービジョン関係の確認にかかわるもの」の一部ともいえますが、関係というよりはスーパーバイザー自身の義務の確認にかかわる項目です。第4条「スーパーバイザーは、スーパービジョン記録をとるとともに記録を保管し、スーパービジョンで得られたすべての情報は秘密と考えること」等がそれにあたります。

④管理・評価的責任に関するもの（クライエントの危機時の介入、資格の不認証）

直接かかわるスーパーバイジーに対する責任だけでなく、スーパーバイジーの向こうにあるカウンセリング関係におけるクライエントに対する責任について定めたもので、「②カウンセラー＝クライエント関係の確認にかかわるもの」と同様、スーパービジョンに特徴的な機能といえます。第9条の「スーパーバイザーは、スーパーバイジーが心身の障害を負って、クライエントが危機にある場合は、介入すること」や第10条の「スーパーバイザーは、心身の障害を負ったスーパーバイジーが適切なカウンセリングを提供できないと予測した場合、資格を認証しないこと」等がそれにあたるといえます。

日本キャリア・カウンセリング学会の「スーパーバイザーの倫理指針」は、ソーシャルワーク・スーパービジョンにおける価値・倫理を考えるにあたっても大いに参考になります。カウンセリング分野のスーパーバイザー固有の倫理が論じられているというより、援助専門職共通のスーパーバイザー倫理が述べられていることがわかります。

2）認定社会福祉士制度におけるスーパーバイザーの行動規範

本規範は前文と5項目29条からなります。

前文において、「社会福祉士であるスーパーバイジーの成長を支援する」ことがスーパーバイザーの役割であるとしています。一般的にスーパービジョンの機能は「支持的」「管理的」「教育的」の3つとされていますが、本規範は「教育的機能」に強い焦点をあてているといえそうです。

また本文は、「説明責任」「個人情報の扱い」「スーパーバイジーとの関わり」「研鑽の義務」「社会的責務」に分類されています。これらを日本キャリア・カウンセリング学

表2-2 認定社会福祉士制度におけるスーパーバイザーの行動規範

認定社会福祉士制度におけるスーパーバイザーの行動規範

（2015年3月22日）

　本行動規範は、認定社会福祉士認証・認定機構（以下、「本機構」という。）が認定社会福祉士制度におけるソーシャルワークのスーパービジョンを行う際にスーパーバイザーが従うべき行動を示したものである。

　スーパーバイザーは、社会福祉士が人権と社会正義の原理に則り、サービス利用者本位の質の高い福祉サービスの開発と提供に努めることによって、社会福祉の推進とサービス利用者の自己実現を目指すことができるよう社会福祉士であるスーパーバイジーの成長を支援するというスーパーバイザーの役割を自覚するとともに、社会福祉士の倫理綱領に照らして公正性と一貫性をもってスーパービジョンを行うように努めなければならない。

　なお、本行動規範では、スーパーバイザーとスーパーバイジーの関係を中心に規定している。

1．説明責任

1．スーパーバイザーは、スーパーバイジーとの専門的援助関係についてあらかじめスーパーバイジーに説明しなければならない。

2．スーパーバイザーは、スーパービジョン契約に基づきスーパービジョンの内容、役割について伝えなければならない。

3．スーパーバイザーは、スーパービジョンにおける義務とスーパーバイジーの権利を説明し明らかにした上でスーパービジョンをしなければならない。

4．スーパーバイザーは、スーパーバイジーが必要な情報を十分に理解し、納得していることを確認しなければならない。

2．個人情報の取扱い

5．スーパーバイザーは、スーパービジョンの実施にあたり、必要以上の情報収集をしてはならない。

6．スーパーバイザーは、スーパーバイジーの秘密に関して、敏感かつ慎重でなければならない。

7．スーパーバイザーは、スーパービジョンを離れた日常生活においても、スーパーバイジーの秘密を保持しなければならない。

8．スーパーバイザーは、記録の保持と廃棄について、スーパーバイジーの秘密が漏れないように慎重に対応しなければならない。

9．スーパーバイザーは、スーパーバイジーの記録を開示する場合、本人の了解を得るようにする。

10．スーパーバイザーは、スーパーバイジーの個人情報の乱用・紛失その他あらゆる危険に対し、安全保護に関する措置を講じなければならない。

11．スーパーバイザーは、事例研究にケースを提供する場合、人物を特定できないように配慮し、その関係者に対し事前に承認を得なければならない。

3．スーパーバイジーとの関わり

12．スーパーバイザーは、自分の個人的・宗教的・政治的理由のため、または個人の利益のために、不当に専門的援助関係を利用してはならない。

13．スーパーバイザーは、スーパーバイジーとの専門的援助関係とともにパートナーシップを尊重しなければならない。

14．スーパーバイザーは、スーパーバイジーからスーパービジョンの代償として、正規の報酬以外に物品や金銭を受けとってはならない。

15．スーパーバイザーは、スーパーバイジーに温かい関心を寄せ、スーパーバイジーの立場を認め、スーパーバイジーの情緒の安定を図らなければならない。

16．スーパーバイザーは、スーパーバイジーを非難し、審判することがあってはならない。

17．スーパーバイザーは、スーパーバイジーが自分の目標を定めることを支援しなければならない。

18．スーパーバイザーは、自分の価値観や援助観をスーパーバイジーに押しつけてはならない。

19．スーパーバイザーは、スーパーバイジーに対して肉体的・精神的損害または苦痛を与えてはならない。

20．スーパーバイザーは、スーパーバイジーに対して性的差別やセクシュアル・ハラスメント、パワー・ハラスメントなどのハラスメントを行ってはならない。

21．スーパーバイザーは、スーパーバイジーの権利について十分に認識し、敏感かつ積極的に対応しなければならない。

4．研鑽の義務

22．スーパーバイザーは、スーパーバイザーとしての使命と職責の重要性を自覚し、常に専門知識を深め、理論と実務に精通するように努めなければならない。

23．スーパーバイザーは、スーパーバイザーとしての自律性と責任性が完遂できるよう、自らのスーパービジョンの力量の向上をはからなければならない。

24．スーパーバイザーは、性的差別やセクシュアル・ハラスメント、パワー・ハラスメントなどのハラスメントに対する正しい知識を得るよう学ばなければならない。

25．スーパーバイザーは、国際社会の動向やグローバルスタンダード等を視野に入れ研鑽に努めなければならない。

5．社会的責務

26．スーパーバイザーは、他のスーパーバイザーが非倫理的な行動をとった場合、必要に応じて関係機関や認定社会福祉士認証・認定機構に対し適切な行動を取るよう働きかけなければならない。

27．スーパーバイザーは、スーパーバイザーに対する不当な批判や扱いに対し、その不当性を明らかにし、認定社会福祉士認証・認定機構に報告しなければならない。

28．スーパーバイザーは、不当な扱いや批判を受けている他のスーパーバイザーを発見したときは、一致してその立場を擁護しなければならない。

29．スーパービジョンを担うスーパーバイザーは、その機能を積極的に活用し、公正で誠実な態度で後進の育成に努め社会的要請に応えなければならない。

会の「スーパーバイザーの倫理指針」と同じようにカテゴライズしてみると、「説明責任」は、「①スーパービジョン関係の確認にかかわるもの」と重なる部分が多く、「個人情報の扱い」や「スーパーバイジーとの関わり」は、「③スーパーバイザーの義務にかかわるもの」との共通性がみられそうです。

ただし、本規範における「スーパーバイザーとの関わり」のほうが具体的、かつ詳細で、また、「研鑽の義務」や「社会的責務」は日本キャリア・カウンセリング学会の「スーパーバイザーの倫理指針」ではふれられていません。一方、「②カウンセラー＝クライエント関係の確認にかかわるもの」は本行動規範では明示的にふれられているとはいえません。また、「④管理・評価的責任に関するもの」のカウンセリングケースに対する責任、例えば必要によって、スーパーバイジーを認証しないといった管理的評価をする機能も求められていません。

まとめれば、認定社会福祉士制度におけるスーパーバイザーの行動規範はスーパーバイジーを守り支えることにより焦点をあてており、日本キャリア・カウンセリング学会のスーパーバイザーの倫理指針はケースに対する責任、言い換えればスーパーバイザーによる管理的側面にも踏み込んでいるといえそうです。どちらがよいというものではありませんが、焦点のあて方に差があって興味深いものです。スーパービジョンを行う者は自らに明示的に求められていることだけでなく、ほかの専門職の綱領等からも学びたいものです。

日本キャリア・カウンセリング学会の倫理指針、認定社会福祉士制度におけるスーパーバイザーの行動規範の検討を通じ、本章で確認すべきことの一端がみえてきました。ここからは、これらを参考としつつ、スーパーバイザーが大切にしておくべき価値と倫理についてその内容を論じていくことにします。

4 スーパービジョンにあたって 大切にされるべき価値

1）対人援助レベルの価値

スーパーバイザーに限らず、対人援助専門職が具体的な援助関係に入る前にもっておくべき基本的態度として「生命倫理の原理」を挙げます。ここでは 2005 年に、国際連合教育科学文化機関（ユネスコ）第 33 回総会において採択された「生命倫理と人権に

関する世界宣言」をみます。生命倫理は「援助」そのものにかかわる原則ではなく、生命にかかわる科学的研究を行うにあたって求められる倫理的原則について論じたもので、内容のすべてが本章の趣旨に沿うものではありません。とはいえ、全28条に及ぶ宣言の内容は、「プライバシー及び秘密」「差別の禁止及び偏見の禁止」「連帯及び協力」など、スーパービジョン関係やスーパーバイザーの義務にかかわる項目としても有用な数多くの項目があります。

　それら具体的な価値・態度の前提となる基本的価値として、第4条「利益及び害悪」及び第5条「自律及び個人の責任」をここでは紹介します。援助にかかわるものがまずもつべき前提的価値と考えられるからです。

①利益及び害悪

　「患者、被験者及びその他の影響が及ぶ個人が受ける直接的及び間接的利益は最大に、また、それらの者が受けるいかなる害悪も最小とすべき」というものです。「利益は最大に害悪は最小に」といえば、あまりに当たり前です。しかし、援助者が常にこの原則に沿った行動をとれているかといえば難しいでしょう。現実的には、援助者が自らの都合や組織の都合を優先することはあり得ます。スーパーバイザーやワーカーがそのときとろうとしているその行動が、本当にスーパーバイジーやクライエントの利益につながるかどうか、少なくとも害悪を及ぼさないか、スーパービジョン関係を進めるにあたって絶えず照らし合わせるべき原則として大切にしたいものです。なお、これは、スーパーバイザーがスーパーバイジーとの関係において注意すべき態度（スーパービジョン関係）であると同時に、クライエントに対してワーカーが接するときの態度（ソーシャルワーク関係）であることも意識しておくべきです。

②自律及び個人の責任

　「意思決定を行う個人の自律は、当人がその決定につき責任を取り、かつ他者の自律を尊重する限り、尊重される」というものです。一般的にいわれるクライエントの自己決定の尊重につながる価値的態度です。これも援助者がもつべき基本的態度といえます。

　ただ、自己責任（当人がその決定につき責任を取り）と他者の自律の尊重が条件とされているところは社会福祉分野でいわれるよりは「厳しい」印象があります。ソーシャルワーカーの倫理綱領で、「クライエントの自己決定が本人の生命や健康を大きく損ね

る場合や、他者の権利を脅かすような場合は、人と環境の相互作用の視点からクライエントとそこに関係する人々相互のウェルビーイングの調和を図ることに努める」とある部分に相当すると考えられますが、その書きぶりは大きく異なります。前者は自己責任・他者の自律の尊重が自己決定権行使の前提となっていますが、後者では前提でなく調整の対象となっています。

　どちらに親近感を覚えるでしょうか。いずれにしても自己決定は他者の自律の尊重、関係者相互のウェルビーイングとのかかわりで検討する必要があるということは意識する必要があります。

　「利益及び害悪」が、「クライエント（スーパーバイジー）にとって」「クライエント（スーパーバイジー）のため」という志向性をもつ価値であるとすれば、「自律及び個人の責任」は「クライエント（スーパーバイジー）による」「クライエント（スーパーバイジー）が求める」という文脈で考えるべき価値といえます。両者は当然、大切な価値ですが時に矛盾します。本人の希望に寄り添えば本人のためにならないという場合はあり得るでしょう。場合によっては対立することもあるこの二つの基本的価値を出発点にしたうえでほかの価値も考えていく必要があります。

２）ソーシャルワークレベルの価値

　次にソーシャルワーカーが固有に大切にすべき価値はどのようなものでしょうか。医療専門職、司法専門職、教育専門職など、援助にかかわる専門職はすでに述べた「クライエントが求めることをする（利益の最大化・害悪の最小化）」「クライエントに必要なことをする（自律の尊重）」という点を共有しますが、さらに価値レベルでそれぞれの専門職が何を目指すのかということが意識される必要があります。

　外科医に求められる技術や知識と内科医に求められるそれとは異なるものの、両者が医師であることに変わりはありません。また、看護師と医師とでは必要な技術・知識に違いはあっても、ともに医療専門職であることに変わりはありません。国語の教員と数学の教員とでは必要とされる知識や技術は異なるものの、それでも教員（教育専門職）であることに変わりはありません。小学校の教員と高校の教員とでも同様です。

　専門職固有の価値を考えるにあたってはそれぞれの専門職が何を実現しようとするか（価値的項目）に焦点をあてるとわかりやすいでしょう。例えば、医師や看護師等の医療専門職は「人間の生命を守り健康を促進し、病気やけがを治そうとする」ことを目指

す職といえます。教育専門職は担当科目によって必要とされる知識は異なっても「人間の成長や発達を促進しようとする」職であることは共通します。

　それでは社会福祉専門職（ソーシャルワーカー）は何を目指す職といえるのでしょうか。児童、高齢、障害などのさまざまな分野を貫き、生活施設や相談機関などの働く場所を超えて共有される価値は「クライエントを社会的孤立や疎外から守り、社会生活を充実させていく」ことといえるのではないでしょうか。例えば、看護師は眼の前にいる高齢者の脈拍や血圧を測ることで健康状態を判断し、病院につれていくことで健康・安全を守ろうとします。一方の社会福祉専門職は、近隣住民や別居親族（子や孫）との交流を可能な形で実現し、クライエントの社会的孤立を防ごうとします。それぞれ専門職は自らが大切にすべき価値をしっかり意識することで、時に「対立」しつつも「連携」することが可能になるのです。

　「利益の最大化・害悪の最小化」「自律の尊重」をほかの専門職と共有しながら、「社会生活の促進（脱孤立）」を実現していこうとすることがソーシャルワークです。そして、それをワーカーが実現するべく努めることを支えるのが、スーパーバイザーの役割といえるでしょう。

3）そのほかの前提的価値

　「利益の最大化・害悪の最小化」「自律の尊重」「社会生活の促進（脱孤立）」がソーシャルワーカーの目指す価値であるとすれば、前提として守るべき価値というべきものがあります。後に述べる具体的なルールレベルの倫理的項目ではありませんが、援助にあたって前提としてもっておくべき態度ともいうべきものです。一般的に倫理綱領の前文に書かれている項目の多くがそれにあたるといってよいでしょう。

　「ソーシャルワーカーの倫理綱領」の場合、前文の「すべての人が人間としての尊厳を有し、価値ある存在であり、平等であることを深く認識する。われわれは平和を擁護し、社会正義、人権、集団的責任、多様性尊重および全人的存在の原理に則り」がそれにあたるといえるでしょう。前半部分はクライエント、ひいては人に対する認識について、後半部分はワーカー（スーパーバイザーも含む）のとるべき基本的態度について論じられています。クライエントを援助対象として扱い、問題のみ注目するのではなく、尊厳をもった価値ある一個の存在として認めるとともに、援助にあたっては人権尊重・多様性尊重等を前提とするという態度はスーパーバイザーが忘れてはならない前提とい

えるでしょう。

スーパービジョンを行うにあたって 守られるべき倫理

　すでに述べた価値がソーシャルワーカー、スーパーバイザーが目指すべきもの、守るべきものであるのに対して、本節ではスーパービジョン実践における倫理的な注意点について、第3節を参考にしつつ論じていきます。

1）スーパーバイジー＝スーパーバイザー関係（スーパービジョン関係）構築のための倫理的項目

　第1に意識すべきことは、実際に行われるスーパービジョン関係において守るべきことの確認です。日本キャリア・カウンセリング学会のスーパーバイザーの倫理指針でいえば、「スーパーバイザーは、スーパーバイジーに、スーパービジョンの目標、ケース管理の方法、スーパーバイザーの選択するスーパービジョン・モデルを含むスーパービジョンのプロセスについて伝えること」（第3条）といった項目が挙げられるでしょう。認定社会福祉士制度におけるスーパーバイザーの行動規範では、特に「説明責任」の項がそれにあたるといえます。

　スーパービジョンもこれから展開される援助関係が基本にある点では同じです。スーパービジョン開始時にその「目的」「内容」「方法」「回数」などを合意のもとに定め、「守秘義務の確認」や「記録の保存法の確認」などを行うことになります。

　これらは組織外スーパーバイザーによるスーパービジョンを受けるときに特に意識されることであり、組織内スーパーバイザーの場合は必ずしも回数や方法などを意識・確定した関係にならないこともあります。ただし、スーパービジョンの目的を共有するなど、スーパーバイザーとスーパーバイジーが、意識的な関係を構築することはのぞまれます。

2）ワーカー＝クライエント関係（ソーシャルワーク関係）支援のための倫理的項目

　スーパービジョン関係に特徴的な関係の二重性にかかわる項目です。一般的に援助は目の前にいるクライエントを支援しますが、スーパービジョンの場合は目の前のスーパーバイジーを支援するとともに、スーパーバイジーがワーカーとして接するクライエントを支援するという二重の目的をもちます。ワーカー（スーパーバイジー）がクライエントと接するにあたっておさえておかなければならない倫理的項目をスーパービジョンにおいて確認する項目です。内容的には前述のスーパーバイジー＝スーパーバイザー関係と重なります。クライエントに対してワーカーが必要事項を説明し、クライエントの理解を得ることの大切さを、スーパーバイジーに伝え、確認していくことが必要になるのです。

　スーパーバイジーを支えつつ、クライエントを守るというこの二重関係は一般的な援助関係よりも事態を複雑にします。クライエントを支えようとすれば、時にスーパービジョンは管理的側面を強く打ち出さざるを得なくなり、スーパーバイジーを支え育てていこうとすると支持的機能・教育的機能が重視されることになります。このようなジレンマ状況がしばしば生じることに、スーパーバイザーは特に注意をする必要があります。

3）対人援助レベルの倫理的項目

　上記2項目は援助関係を開始する段階（例えば契約時）に確認され、その後も意識され続けなければならない項目ですが、ここで取り上げるのはスーパーバイザー自身が援助にあたって意識しておくべきものです。

　とはいえ、例えばスーパーバイザーが自らの限界を意識し、専門性や力量を超えたスーパービジョンを行わないことなどは一般的な援助原則でいう自己覚知にかかわるものであり、「関係」にかかわる項目とは区別して意識しておくべきことでしょう（日本キャリア・カウンセリング学会「スーパーバイザーの倫理指針」第11条）。そのほか、ここでは詳細にはふれませんが、「認定社会福祉士制度におけるスーパーバイザーの行動規範」における「スーパーバイジーとの関わり」に含まれている項目、例えば、価値観のおしつけや差別・ハラスメントの禁止などはここにあたるでしょう。

4）スーパービジョン固有レベルの倫理的項目

特にスーパーバイザーとして意識しておくべき項目です。スーパーバイジーが担当するケースに対して、スーパーバイザーも責任をもつことを確認することが重要です。その責任を果たすにはワーカーの実践能力や効果を評価し、必要に応じてケースに介入するといった倫理的態度をスーパーバイザーはとる必要もあります（日本キャリア・カウンセリング学会「スーパーバイザーの倫理指針」第8条及び第9条）。

ただし、これは組織内におけるスーパービジョンでは明らかである一方、組織外におけるスーパービジョンの場合はケースに対して明確な責任は取り得ないこともあります。しかし、組織外におけるスーパーバイザーといえども自分が支援を行っているスーパーバイジーが抱えるケースの成否にも一定の責任をもつことになるという認識は忘れてはいけません。

5）その他具体的に注意すべき事項

ここまでスーパーバイザーが倫理的に注意すべきことをカテゴリー化を意識しながら説明してきました。最後に、特に留意しておきたいことを具体的にふれておきます。

①関係の二重性からくる問題

すでに述べたとおりスーパービジョンは目の前にいる支援の対象であるスーパーバイジーだけでなく、スーパーバイジーが支援しているクライエントも視野に入れなければなりません。ケースに介入することも場合によってはあり得ますし、そこまででなくともスーパーバイジーに対して強く管理的機能を行使することもあり得るでしょう[4]。

②関係の多元性からくる問題

スーパーバイザーはスーパーバイジーだけでなく、スーパーバイジーのクライエントも支援の対象となることに注意しなければなりません。「多元性」とはスーパービジョ

4）関係の二重性についてはしっかりと意識しておくべき項目だが、ケース（スーパービジョン関係でなく、その向こうにあるソーシャルワーク関係）へのかかわり方は、単純化はできない。組織外スーパーバイザーが直接クライエントにアプローチできるわけでも、ワーカーに対して指揮監督できるわけでもない場合が多いからである。組織内の関係でもその問題は生じ得る。とはいえ（どのような介入ができるかは別として）、スーパーバイジーだけでなく、ケースも視野に入っていなければならないということを繰り返し指摘しておく必要がある。

ン関係自体が複数の意味をもちうるということです。組織外スーパービジョンの場合は、その関係が一意的な場合がありますが、組織内スーパービジョンの場合は、スーパーバイザーとスーパーバイジーは、一般に上司と部下、先輩と後輩などの関係も同時にもつことが多いものです。実習スーパービジョンの場合も、評価者と被評価者、教師と学生といった側面をもちます。その結果、スーパーバイジーは悪い評価をおそれて失敗や悩みを報告・相談できないといったことも起こり得ます。率直な援助関係を構築しにくいという危険性があることを、多元的関係にあるスーパーバイザーは意識する必要があります。

③関係の非対称性からくる問題

　援助関係は上下関係的でなく対等な関係であることが大切です。これはスーパービジョン関係にも当てはまります。一方で、援助する側とされる側という非対称的関係であることも確かであり、そのため、倫理問題に注意を払わなければなりません。具体的にいえば、権力関係、依存関係、擬似的治療関係などに注意する必要があります。

　②の「関係の多元性」でふれたとおり、評価者であるスーパーバイザーの場合、スーパービジョン関係は権力関係「的」になりやすく、その結果、遠慮が生じて本音を言えない、率直な相談ができないなどが生じやすくなります。専門的援助のありようとしての管理的機能と、権力関係は混同されやすいので特に注意します。

　次に依存関係が生じやすいことに注意が必要です。スーパービジョンが順調に進みスーパーバイザーとの信頼関係がしっかり構築されることは望ましいことですが、行きすぎるとスーパーバイジーは多くのことでスーパーバイザーに頼ろうとしてしまいます。一つひとつの課題の解決にはそれでもよいといえますが、スーパービジョンを通してワーカーが専門的力量を身につけ、自立したワーカーへと育っていくという目標に対しては、依存関係はマイナスにはたらきます。

　また、依存関係は、スーパーバイジーの自己評価を下げてしまうおそれがあります。サポートシステムとしてのスーパービジョンは確かに必要であり有効ですが、ワーカーがスーパービジョンに依存しすぎると自分だけではよいソーシャルワークができないと自信をなくしてしまうことも起こり得ます。ひいては組織内スーパービジョンの場合は、クライエントや家族がケース担当者の頭越しに上司に交渉しようとするなど、ワーカーを侮るような態度をとることにもなりかねません。

　そのほか、スーパービジョンがワーカーにとっての擬似的治療の場になりかねないこ

とも注意が必要です。依存関係はあくまでワーカー＝クライエント関係を巡る課題ですが、さらに依存関係が続くとワーカー自身が抱える個人的な悩みや課題をスーパービジョンの場に出すことにもつながります。そうするとスーパーバイザー側も依存されることに慣れてしまい、ケースを超えた治療関係に踏み込んでしまうことになりかねません。あくまでもスーパービジョンはケースを支え、専門職としてのワーカーを育てるために実施されるのであって、ワーカーの病理的問題にまでは踏み込んではならないのです。ワーカーが個人的な悩み・課題を抱えている場合、スーパービジョンとは別の場を設けなければなりません。

④そのほかの残された倫理的課題

　スーパービジョンの価値と倫理について本章ですべてを論じ切れたわけではありません。特に近年、表面化しはじめた倫理的課題については、関係者が意識しておく必要があります。

　例えば、オンラインスーパービジョンにおける倫理問題については、しっかり議論されるべきでしょう。インターネット環境が整い、メールが日常的なコミュニケーションツールとして使われるようになった頃から、実習スーパービジョンにおけるメールの活用などが試行されるようになりましたが、やはりスーパービジョンは直接対面で行うという基本は揺らぐことがありませんでした。

　しかし、2020（令和2）年、新型コロナウイルス感染症が広がるなか、スーパービジョンを巡る状況も大きな変化をみせはじめました。Zoom をはじめとするリアルタイムでの動画双方向メディアの普及[5]に伴い、実習スーパービジョンのほか、例えば認定社会福祉士制度に基づくスーパービジョンにおいても Zoom 等のオンラインシステムを介して実施されるようになりはじめました。それ自体は、スーパービジョンの方法の選択肢を増やすという意味で基本的には歓迎することだといえます。北海道と九州といった遠く離れた場所に居住する者同士の、空間を超えたスーパービジョンが実際に始まっています。

　このとき、従来の対面によるスーパービジョンと倫理的課題は基本共有しつつも、これまでならあり得なかった倫理的課題が潜在的に存在することに注意が必要です。例え

5）　ビジネス分野では、Zoom 等のビデオ会議システムは以前からあり、テレビ電話も以前から手軽に使えるものとして存在していた。一方で、援助場面で利用する試みはあまりみられていなかった。

ば、従来のスーパービジョンの場合は物理的空間を共有することが基本的最低条件でした。スーパーバイザーとスーパーバイジーは必ず同じ部屋にいたのです。一方のオンラインスーパービジョンでは実施場所は問われなくなりました。スーパーバイザーとスーパーバイジーが、それぞれの自宅といった、任意の場所でスーパービジョンを行うことが可能になったのです。その場合、第三者が室内にいてもカメラの範囲から外れればその存在はわかりません。また、自宅などの場合、家族が部屋に入ってきたり、話し声が聞こえてきたり、スーパービジョンにふさわしい環境を確保することが難しいといえます。極端な例を挙げれば、移動中に携帯電話を用いたスーパービジョンすら（理屈上）可能になります。物理的空間を共有するという最低条件すら必要としない条件で行われるスーパービジョンのあり方について、ルールの設定などが求められています。

参考文献

- 福山和女編『ソーシャルワークのスーパービジョン——人の理解の探究』ミネルヴァ書房、2005 年
- 小山隆「第 3 章 援助専門職としての社会福祉援助」右田紀久惠・白澤政和監修、小寺全世・岩田泰夫・眞野元四郎ほか編著『岡村理論の継承と展開第 4 巻 ソーシャルワーク論』ミネルヴァ書房、2012 年
- 小山隆「第 2 章 スーパービジョンの倫理」一般社団法人日本社会福祉教育学校連盟監修『ソーシャルワーク・スーパービジョン論』中央法規出版、2015 年
- 小山隆「ソーシャルワーク実践における ICT 等の活用」『ソーシャルワーク研究』第 45 巻第 1 号、相川書房、2019 年

ホームページ URL

- 日本ソーシャルワーカー連盟（2020）「ソーシャルワーカーの倫理綱領」 http://jfsw.org/code-of-ethics/
- 日本社会福祉士会（2017）「ソーシャルワーク専門職である社会福祉士に求められる実践能力」（「第 10 回社会保障審議会福祉部会福祉人材確保専門委員会」委員会提出資料）https://www.mhlw.go.jp/file/05-Shingikai-12601000-Seisakutoukatsukan-Sanjikanshitsu_Shakaihoshoutantou/0000158098.pdf
- 日本医師会「医の倫理綱領」https://www.med.or.jp/doctor/rinri/i_rinri/000967.html
- 日本弁護士連合会「弁護士職務基本規程」https://www.nichibenren.or.jp/library/pdf/jfba_info/rules/kaiki/kaiki_no_70r.pdf
- 日本キャリア・カウンセリング学会「スーパーバイザーの倫理指針」https://jacc.or.jp/public_documents/guideline/supervisor_guidelines_20210401.pdf
- 認定社会福祉士認証・認定機構「認定社会福祉士制度におけるスーパーバイザーの行動規範」https://www.jacsw.or.jp/ninteikikou/overview/documents/16svkodokihan.pdf
- ユネスコ総会「生命倫理と人権に関する世界宣言」https://www.mext.go.jp/unesco/009/1386605.htm

第 3 章 スーパービジョン関係とスーパービジョンのプロセス

1 スーパービジョン関係とは何か

1）ソーシャルワーク・スーパービジョンにおけるスーパービジョン関係をとらえる視点

　ソーシャルワーク・スーパービジョンに関する先行文献において、スーパービジョン関係は、スーパーバイジーからみたスーパービジョン関係とクライエントからみた支援関係の重層性について、その重要性が強調されています（例：マンソン（1979）、ツイ（2005）、モリソン（2005）、デイビスら（2010））。一方で、その関係が実践のなかではあまり検証されていないことも指摘されています。

　マンソンは、スーパービジョンの理論的系譜をミード等に遡り、相互交流関係論や社会学、人類学における人間関係論との共通性からとらえる視点の重要性を指摘しています。マンソンの指摘は、スーパーバイジーとスーパーバイザーの関係性をとらえる視点を個人対個人という関係にとどまらず、システムとしてとらえることを含め、関係性の多面性や一つの事象を多様な角度からみることを強調しています。

　すなわち、関係性をすでに与えられたもの、規定されたものとして静的にとらえるのではなく、むしろ関係性をキーワードとして動的にダイナミックに行動する概念としてとらえ、スーパービジョンを通して、現状の関係性を整理し、俯瞰し、変えていくことを志向する場合も含みます。実践的にはとりわけ、スーパービジョン関係をスーパービジョンプロセスの展開とのかかわりからみていくことが必要です。

2）スーパーバイジーとスーパーバイザーの関係性のレベル —プロセスとの関連

　ホーキンスら（2012）は、スーパーバイジーとスーパーバイザーの関係性のあり方

について、四つのレベルを挙げています。

　レベル1は、スーパーバイザーへの依存が特徴的で、スーパーバイジーの心配や懸念にどのように寄り添うかが課題となります。レベル2は、依存と自立が複雑に絡み合い、スーパーバイジーにとってそれまでもっていた自信が揺らぎ、不確かになる場合もあります。スーパービジョン関係のなかで、一般化したような伝え方ではなく、特定のケースや状況に焦点をあてることが行われていきます。スーパーバイジーは、スーパーバイザーとの関係性の支えのもとに、不確かな思いや振り返りを再確認し、その先に専門職としての自信をもち歩んでいきます。レベル3では、スーパービジョン関係のなかで展開される内省や省察によって、専門職としての自信が増し、クライエントやその家族、また、地域の関係者等との関係性における心配や不安をみつめ直します。すべてのことをよしとするとは限りませんが、自らの選んできた行動や結んできた関係性において、その理由や根拠を自らの傾向を含めて、認めることができるようになります。スーパービジョンの関係性の進展とその速度は、異なる場合もありますが、緩やかな速度で、自らを見直すことにつながります。レベル4は、スーパーバイジーが行ってきたすべての側面が統合され、省察が深まります。自らの英知が生まれてくるときということもできます。スーパービジョンの関係性がその英知を無理に押し出すのではなく、スーパーバイジーの省察の積み重ねが、徐々に、自らのなかから新しい力を生み出していきます。この段階におけるスーパービジョン関係では、レベル1〜3の関係性を継続するのではなく、むしろ、関係性を離れることにも深く留意します。スーパーバイジーが自らのなかに、スーパービジョン関係をつくりだしているということもできます。言い換えれば、自らのなかにスーパーバイザーとしての自分がいるようなあり方です。

　また、ガーディナー（1989）は、関係性の進展とスーパーバイジー、スーパーバイザーの特徴について、三つの継続する局面を提示しています。

　第一の局面では、スーパーバイジーによって提示されたテーマや内容の表面的な理解が中心となります。スーパーバイザーが取り結ぶ関係性は、その表面的な概要が十分に伝えられるように図り、スーパーバイジーが抱えている困難や戸惑いをより明確にしたり、それらの源やあらわれている課題に焦点をあてたりできるように留意します。第二の局面では、スーパーバイジーの経験からスーパーバイジーがとらえなおし、課題等を再構成していきます。スーパーバイザーは、その道筋を辿るスーパーバイジーを、マンソンのいうように側面からの支持者として、また、時には積極的で能動的な促進者とし

て、影響を及ぼします。第三の局面では、第一、第二の局面では明確になっていなかった独自の学びの方法をスーパーバイジー自身が総合的に見つけ出します。それまでとは異なった見方やとらえ方、それを生み出す学び方が、スーパーバイジーのなかに培われていきます。

3）契約によって始まる関係性

　スーパービジョンの関係性は、契約から始まります。契約は、一回限りのものではなく、相互の関係性の進展と状況の変化、目標の達成度の振り返りと評価等を踏まえ、修正され再び改変されていくものです。開始段階で、スーパービジョンの強制力・スーパーバイザーの権威性等について、率直・オープンにスーパーバイザーとスーパーバイジーの間で話されることは極めて重要です。その後の関係性の進展を促進することに役立つだけではなく、不必要な痛みや否定的な体験を防ぐことにもつながります。

4）ワーカー・クライエント関係と　　スーパーバイザー・スーパーバイジー関係のパラレルな関係性

　ソーシャルワーカーがクライエントを援助するうえで、不安を抱き、難しさを覚え、自信をなくすような状況にあるとき、スーパーバイザーは、そのワーカーとスーパービジョン関係を結び、スーパーバイジーとしてのワーカーを支えます。そのクライエントとソーシャルワーカーおよびスーパーバイジーとスーパーバイザーの関係は同時併行的に表れているもので、図3-1に示すようにパラレルな関係性となっています。

図3-1 クライエント・ワーカー関係とスーパーバイジー・スーパーバイザー関係

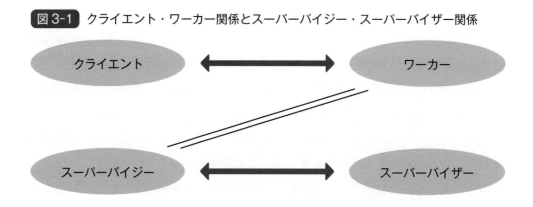

クライエント・ワーカー関係とスーパーバイジー・スーパーバイザー関係におけるパラレルな関係性には、さまざまな意味があります。ワーカーは、クライエントの援助を行うと同時に、わずかな時間差はありますが、スーパービジョンを通して、援助行為の経過や結果を見届けながら、自分の現場での実践内容や困難な点・進めることのできない状況等をスーパーバイザーに相談できます。相談するときには過去の経験や出来事、行動等の振り返りが必ず含まれています。スーパーバイザーはスーパービジョンにおけるコミュニケーションを通して、スーパーバイジーに支援や省察の機会を提供しています。また、場合によっては具体的なアドバイスや示唆が伝えられます。スーパーバイザーとの間で現実に起きている経過や示唆された方法について、時と場を変えて、クライエントと自分の関係に映し、スーパーバイザーの方法を学び、取り入れ活用することもできます。スーパーバイジーは具体的な行動等の変化にはつながらない場合であっても、自身の学びを深くし、それまでの経験のなかで見落としている点等を浮かび上がらせ俯瞰することができます。

　パラレルな関係性であるからこそ、直接的な指示やアドバイスではなく、いったん課題やテーマをスーパーバイジーがその人自身で手に取り、見つめて全体像を理解する助けとなります。間接性とパラレルな関係の相乗的な効果です。しかしながら、その思考過程のあり方は、スーパーバイジーが意識していることが大前提です。この関係性は、経験的に積み重ねて体得するものであるというより、むしろ、即時性の強い、瞬間的な気づきが学びの元にあり、気がつかないままに通り過ぎてしまうこともあります。スーパービジョンの経験をスーパーバイジーとして積み重ねることの意味の一つは、パラレルな関係性の醍醐味と、その実践へのインパクトを充分にとらえることができる力量の形成です。スーパーバイザーは、クライエントに直接かかわっていない場合にも、その支援や援助の方法の質を高めることで、このパラレルな関係性を媒介として間接的に影響を及ぼしています。

　スーパービジョン関係が職場の上司と部下の関係で行われているとき、パラレルな関係性そのものよりも、目前の課題やテーマ・問題解決に関心が寄せられることがありますが、スーパービジョンの目的、場、時等を考慮することによって、問題解決を図る場と、パラレルな関係性の両者を達成することもできます。

5）スーパーバイザーの傾向・方法の与える影響力

　スーパーバイザーは、ワーカーが利用者のために、また利用者とともに歩むことと同じように、スーパーバイジーとともに歩んでいるものです。言い換えると、スーパーバイジーの学習効果が高まるように、そのニーズに合わせた適切な方法が必要です。マンソンは、スーパーバイザーの傾向と方法を二つのレベルに分け、図3-2のように示しています。

図3-2 スーパーバイザーの傾向と方法

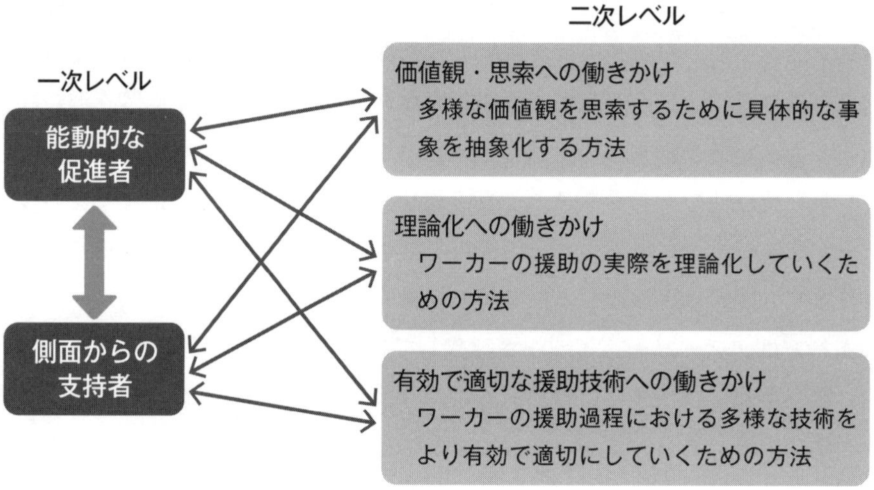

出典：C. E. Munson, Clinical Social Work Supervision. Haworth Press, 1993, p.104より改変（野村 2002）

　マンソンによれば、スーパーバイザーの傾向について、能動的な促進者と側面からの支持者という2者が認められます。一人のスーパーバイザーがどちらかの傾向を強くもつというのではなく、スーパーバイジーのニーズや関係性の進展に伴って適切に二つの立場を取り入れていきます。スーパーバイザーの得意、不得意というような技術面のことではなく、必ず二つの側面を兼ね備えるような能力が必要となります。

　さらに、マンソンはスーパーバイザーがはたらきかける対象について、ソーシャルワークの三つの基本的要素である価値観・倫理、知識、技術の3要素を示しています。

　第1は、価値観・思索へのはたらきかけで、スーパーバイジーとスーパーバイザーが相互に異なるオリエンテーションや信条をもつ場合、スーパーバイジーは自らの価値観・信条について、臆することなく、スーパーバイザーに表現することが保証されま

す。しかし、力関係の付随するスーパービジョン関係では、そのこと自体が容易ではなく、スーパーバイザーは、スーパーバイジーが戸惑いや自己防衛を軽減し、安全を確保しながら、その話に耳を傾けることが望まれます。

　第2は、ワーカーの援助の実際を理論化していくための方法が対象となります。スーパーバイザーは、熟達した経験を元にして、ケースや課題によってどのような理論や知識が意味をもつかを判断し、選択することができる能力をもっています。一方で、その独自の理論や理解は、自らのものであってもスーパーバイジーにとっては必ずしも学びたい対象ではないこともあります。さらに、スーパーバイジーの理論化の力や基本的な学習の傾向に合わせてスーパーバイジーの学習の進捗を育むことが望まれます。

　第3は、有効で適切な援助技術へのはたらきかけであり、スーパーバイザーは、ソーシャルワークの多様な技術に関して、スーパーバイジーよりも熟達し、高度な方法を習得しています。スーパーバイジー自身が解決方法をみつけだすことを重視して、その努力を支えることが基本であり、直接的に技術のアドバイスをすることは、スーパーバイジーにとって常によいとは限りません。しかし、例えば、緊急の対応や危機的な状況が課題であるスーパービジョンにおいては、明確な知識や技術をロールプレイ等を通して伝達することも望まれます。

6）スーパービジョン関係におけるスーパーバイザーの権威性

　スーパービジョン関係では、社会的な位置づけ、地域における立場、集団における役割、家族構造のなかの権威関係、性差による力関係、年齢差による力関係など、多様な力関係がはたらいています。権威関係にありながら、さらに重要なことは、スーパーバイジーとスーパーバイザーは互いにパートナーシップに基づく関係であることです。

　スーパービジョンにおける権威関係が成り立つ背景について、ハウ（2013）は、ラーベンによるモデルを元に、公の役割に付与された権威、報酬としての力、強制力、熟達した力、要求できる力、情報力という6点を挙げています。「公の役割に付与された権威」は、組織のなかで他者が業務を監督し、その課題を成し遂げるかどうかの決定権をもちます。「報酬としての力」は、人が資源や報酬を与えられることによりもつもので、例えば、金銭面で直接の関係はなくとも、評価を下す、紹介状を書くことのほか、新しいサービスの展開時および財源のコントロールにもかかわります。「強制力」は、遂行しない人に対して、忠告し、要求を加えることなどです。「熟達した力」は、

熟練した能力や知識をしっかりともっていることを元に、その権威が認められている場合です。「要求できる力」は、他者から価値を高く認められ、尊敬に値し、また好まれているなどの背景をもつ力です。「情報力」は、新しい展開の可能性を存分に認められている力です。

　スーパーバイザーは、これらの力や権威の根拠を理解したうえで、権威があることの責任を熟知し、多様な力を適切に活用することが望まれます。

2 スーパービジョン関係における コミュニケーションの機能と役割

　スーパービジョン関係は、人間と人間とのヒューマンコミュニケーションの一つであり、ある人が言語、非言語メッセージによって他者の心に意味を生じさせるプロセスです。リッチモンドら（2003）は、コミュニケーションの役割について「われわれが一生で出会うすべての関係を通じて、われわれを人間にする、つまり現在の姿にするプロセスにある」としています。ソーシャルワーク・スーパービジョンの先行文献において、スーパービジョンのコミュニケーションの機能・特質等についてふれた記述は限られていますが、それはいわば周知の前提としてとらえられているためと考えられます。本節では、エンパワメントの過程としてのコミュニケーション；言語の用い方の特質についてみていきます。

１）コミュニケーションはかかわり合う人間相互のエンパワメント

　スーパービジョンのコミュニケーションは、相互作用の過程であり、意志を伝達する過程であり、さらに影響を他者に及ぼす過程であるととらえられます。従来、コミュニケーションは、そのプロセス自体が相互をエンパワーすることについては、あまり明示されてきませんでした。介入や援助等のソーシャルワークにおける臨床的な関係を通じて、一方が他方に対して技術、価値観等を用い、はたらきかけるから影響を与えるというのではなく、コミュニケーションの過程そのものにエンパワーの意味が含まれているとする説がコミュニケーションの分野で紹介されており、スーパービジョンの関係性を理解する点で役に立つのではないかと考えます。ライアン（1995）は、コミュニケーションエンパワメントモデルを図3-3のように示しています。

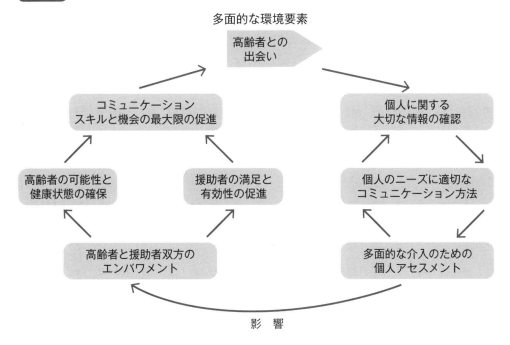

図3-3 コミュニケーション循環モデル

多面的な環境要素

高齢者との
出会い

コミュニケーション
スキルと機会の最大限の促進

個人に関する
大切な情報の確認

高齢者の可能性と
健康状態の確保

援助者の満足と
有効性の促進

個人のニーズに適切な
コミュニケーション方法

高齢者と援助者双方の
エンパワメント

多面的な介入のための
個人アセスメント

影　響

　専門的なアセスメントにより利用者がその暮らしや生活の質を高めるという一方で、かかわり、はたらきかけている専門職自身も利用者から力を与えられ、自らをエンパワーするという展開です。スーパービジョン関係において、スーパーバイジーとスーパーバイザー双方の成長を促し、スーパービジョンの効果やパートナーシップの重要性は、スーパービジョンというコミュニケーション過程そのものからも理解することができます。

２）スーパービジョン関係における言語コミュニケーションと　非言語コミュニケーション

　スーパービジョンでは、言語のもつ機能を最大限に生かすことが必要です。言語の機能には伝達性、生産性、時間的および空間的広がり、即時性、恣意性等が指摘されています。スーパービジョンの言語的コミュニケーションにおいて、言語の機能を改めて再確認することが望まれます。すなわち、伝達でき、文章は時と場合が許せば、確実に生み出すことができ、現在・過去・未来の事柄について限定して語ることができ、もし、

何かがあったらなどの仮定や想像の領域に関しても伝達でき、話し言葉と書き言葉は、異なる役割によって、保存し、何度も繰り返し、確認することができるなどの言語のもつ基本的な役割です。さらに、言語は、文化・社会・地域・集団等の限定された範域内で学習され、伝承されるもので、スーパービジョンは、専門職同士の共有の概念定義を活用するという特殊なコミュニケーションの機会でもあります。

　非言語コミュニケーションは、スーパービジョンの展開にあたり感情や意思等を伝えるうえで極めて大きな役割を果たしています。一度身についた非言語コミュニケーション方法は、意識せずに相手に伝わり、結果として、スーパーバイジーとスーパーバイザー間の相互交流の進展の内容を決めることにもなります。対人援助職であるスーパーバイジーとスーパーバイザーであるがゆえに、一つの意味が伝わるときの言語コミュニケーションと、非言語コミュニケーションの相乗作用や矛盾等について、注意深く明確に伝えられる力量が備わっていることが前提です。スーパービジョンを展開していくなかでコミュニケーションについて、スーパーバイザー自身の振り返りも必要です。「スーパーバイジーに肯定的にかかわりながら、傾聴しているかどうか？　また、傾聴するだけでなく共感を伝えることができているかどうか？」「質問をする際にプレッシャーを感じさせたり、ストレスを与えたりしていないか？」「批判的な言語・非言語・準言語を暗に含んでいないか？」等について、その都度、また、各回の振り返りの時点で留意しておく必要があります。

　ところで、ソーシャルワーク実践において、例えば、認知症高齢者、言語機能に課題のあるクライエントやその家族の担当者であるソーシャルワーカーが、現場におけるかかわりの難しさを背景として、クライエントの心理面、情緒面の理解や、援助のあり方・方法に対し、十分な自信をもち合わせていない場合もあります。基本的にスーパービジョンでは、スーパーバイジーの援助方法を深く振り返るなかで、スーパーバイジーが自らの感情や課題をスーパーバイザーに語ることによって明確化していきます。しかしながら、クライエントとの関係性や展開を言語というメッセージでとらえることが難しい状況にあって、それを言語化していく作業は容易ではありません。さらに、クライエントの思い・状況、また、家族や地域の動向は、急速に変化しています。スーパービジョンの関係性においては、充分に落ち着く時間の流れと場の設定が必要ですが、上述のような場合には、振り返りをする余裕などなく、すぐさま対応が求められます。スーパーバイジーにとって、非言語コミュニケーションから得られた多くのメッセージをスーパーバイザーにどのように伝えていくか、たとえスーパーバイザーがそのような課

題に習熟していたとしても、理解は容易ではありません。

　スーパービジョンの機能を多面的にとらえているプリチャード（1995）は、管理的・教育的・支持的に加えて評価的・コミュニケーションを重視し、その機能に言及しています。その背景には、コミュニケーション機能そのものに課題をもつクライエントの援助が大きな課題としてあることも考えられます。

　非言語メッセージの機能として、リッチモンドら（2003）は、①補完、②矛盾、③強調、④反復、⑤調節、⑥置換の６点を挙げており、スーパービジョン関係におけるコミュニケーションを実践的に理解するうえで参考になります。①補完は、言語メッセージの意味や理解を補い、結果として、そのメッセージの意味を明瞭または精緻にし、詳細に説明することができるようになります。②矛盾は、言語メッセージを補完するのでなく、言語メッセージと矛盾したり、対立したりすることを表現できます。③強調は、例えば、発話前の何らかのポーズは、発話の重要性を際立たせます。④反復は、繰り返しや言い直しなどの機能に役立つ非言語メッセージで、たとえ、言語メッセージがなくても、単独で存在します。⑤調節は、言語的相互作用を適宜状況に合わせて変化させることに役立ちます。⑥置換は、非言語メッセージが言語メッセージの代わりに送られる場合に起こります。

　スーパービジョンでは、例えば逐語の記述を元にしながら、スーパーバイジーとスーパーバイザー双方が、言語・非言語の本質的な機能や役割について、スーパービジョン関係の過程を通して振り返りのなかから抽出し、自らの傾向や特徴を再認識することが可能となります。

3 スーパービジョンにおけるプロセス

　スーパービジョンにおけるプロセスは、準備段階・開始段階・中間段階・終結段階という継続する四つの段階で示すことができます。時間の経過を元にした段階設定が諸論者により多少の違いはあれ示されていますが、その違いとは別に、モリソンとワナコットは図3-4に示すように共通する６点の要素を挙げています。

　加えて、ワナコット（2014）はスーパービジョンを成功させる要因として、図3-5に示す感情・気持ち、思考・認識および行動という三つの要素を挙げています。

　また、Interactional Supervision の著者であるシュルマン（1982）は、スーパー

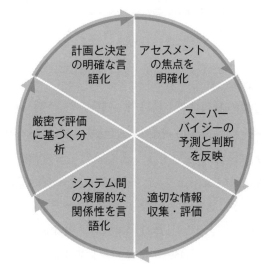

図3-4 スーパービジョン課程に共通に含まれる段階

計画と決定の明確な言語化

アセスメントの焦点を明確化

スーパーバイジーの予測と判断を反映

厳密で評価に基づく分析

システム間の複層的な関係性を言語化

適切な情報収集・評価

出典：Morrison and Wonnacott (2009)

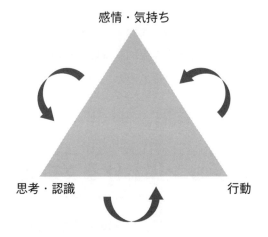

図3-5 スーパービジョンを成功させるために振り返りで必要なこと

感情・気持ち

思考・認識

行動

ビジョンの方法上の相違に留意しながらも、スーパービジョンにおける相互関係を重視し、共通する技法を言語・非言語の両者を含めて詳細に提示しています。具体的な質問の技法や応答・共感・明確化・直面化など、ソーシャルワークにおける技法と同様でもあり、さらにスーパービジョンに特有な技法として展開しています。ここでは、スーパービジョンにおけるそれぞれの段階と全体のプロセスの概要について、スキルや技法

に関する留意点も含めてみていきます。

1）準備段階

準備段階では、参加予定をしているスーパーバイジーが、スーパービジョンにおいて何を提示しスーパービジョンの関係性に何を望み、どのような期待等を抱いているのかというスーパーバイジーとしての個人の特徴が課題となります。スーパービジョンは、スーパーバイジーにとってそれが困難であるか否かにかかわらず、またその困難さの程度の違いにかかわらず、自分や自分の能力を試す学習の機会として位置づけられます。それは、意図的な挑戦であるからこそ、当然、心配や不安、自己防衛が伴います。言い換えれば、スーパービジョンを受けること自体が何らかのストレスを与えるものであることについて、この準備段階で、充分に理解されている必要があります。

2）開始段階

開始段階は、契約の過程と言い換えることもできます。スーパーバイジーとスーパーバイザーは、開始されるスーパービジョンの詳細について、異なる期待や考えをもっています。スーパーバイジーとスーパーバイザーは期待、目的等に関して、同意し、スーパービジョンにおいてどのように焦点をあてるかについて、決めていくプロセスを辿ります。相互の期待および経過に伴う役割の分担が課題となります。モリソン（2005）はスーパービジョンの開始の段階における契約に関し、具体的に、以下の項目を指摘しています。すなわち、目的・頻度・経費・守秘義務・およびその限界・関係する責任組織・予測される妨げ・安全性の確保・目標到達への限界・記録・準備課題・テーマ・フィードバックや振り返りの方法・葛藤等への対処方法・約束不履行への対処およびスーパーバイジーのスーパーバイザーに対するコンタクトの方法等の明記です。これらは、個人スーパービジョンにおいても、また、グループスーパービジョンにおいても、方法は異なりますが含まれています。さらに、契約は一回限りのものではなく、相互の関係性の進展と状況の変化、目標の達成度の振り返りと評価等を踏まえ、適宜、状況を見計らって修正され、改変されていくものです。

開始段階では、このほか、スーパーバイザーとスーパーバイジーの間で、スーパービジョンの強制力やスーパーバイザーの権威性等についても、オープンに話されることが

極めて重要です。その後の関係性の進展を促進することに役立つだけではなく、不必要な痛みや否定的な体験を防ぐことにもつながります。後の段階で、修正できる場合もありますが、初めの関係形成に十分配慮した、率直で自然な自己開示が欠かせません。シュルマンは、グループワークにおける波長合わせという技法をこの段階の個人スーパービジョン・グループスーパービジョンの共通技法として挙げています。また、シュルマンは、開始段階から中間段階にかけて必要になる八つのスキルを挙げています。すなわち精緻化、共感、感情を分かち合う、先の作業や仕事への要求、禁忌の部分の展開、権威にかかわるテーマの取り扱い、情報の共有です。精緻化では、例えば、一般から特殊へ、包み込み、焦点をあてて聴く、質問、内的な沈黙に辿りつく等のスキルが、スーパーバイジー自身の課題に向き合うための自己開示を進めていくと示されています。

3）中間段階

　中間段階は、発達・成長の時期です。スーパービジョンを通して、スーパーバイザーは、スーパーバイジーが専門職としての成長を本人のなかでどのように形づくり、展開・発展させ、融合や統合へと変化させていくのかを明確に把握し、理解する必要があります。さらに、その変化の契機をスーパーバイジー自身がどのように受け止め、とらえているかが重要です。スーパーバイザーとしては、スーパーバイジーの発達や成長をその場面に限って狭く考えるのではなく、スーパービジョンの場から離れて活躍するスーパーバイジーの姿を描きながら展開することも望まれます。それは単に事例にどのように対処するかではなく、現実の事例の援助において行動しているソーシャルワーカーとしてのスーパーバイジー自身と、スーパービジョンにおいて振り返りを元にして示される変化との統合のプロセスであるといえます。スーパーバイザーは問題解決の答えを先に示すのではなく、探索しているスーパーバイジー自身の歩みに寄り添うことが必要となります。スーパーバイジーの気づきはその人の自己決定であり、結果や言語表現だけでなく、プロセスも大切です。プロセスをともに歩むとき、スーパーバイザーは、スーパーバイジーが初めの予測よりも専門職として、また人間として質の高い答えを生み出していくことを発見します。そして、スーパーバイジーの気づきをスーパーバイザーが受け止めたときには、すでにスーパーバイジーは何歩も先に歩んでいることを理解できます。

中間段階について、ガーディナー（1989）は三つの局面を挙げています。第一の局面は、スーパーバイジーによって提示されたテーマや内容・課題の概要が明確にされ、焦点化が展開するように留意します。第二の局面は、スーパーバイジーの経験からスーパーバイジー自身が再構成していくことです。この局面はスーパーバイジーの宝探しのプロセスということもできます。第三の局面は、第一、第二の局面では明確になっていなかった独自の学びの方法をスーパーバイジー自身が総合的にみつけ出し、それまでとは異なる見方、捉え方が、スーパーバイジー自身に培われてきます。スーパーバイザーは先にどのようにしたらよいかを示すのではなく、その答えを探索しているスーパーバイジー自身の歩みに寄り添うことが必要となります。また、スーパーバイジーが援助介入において何を取り上げたのか、なぜ取り上げたのか問うと同時に、どのように取り上げたのか等について振り返りを進め、援助の全体を俯瞰することを通して、内省や省察を促します。

4）終結段階

　終結段階は、多面的にとらえられます。終了を迎えるときには、契約や合意から始まり、これまでに達成した詳細な内容の蓄積だけではなく、スーパービジョンの期間を共に終えたという満足感も含まれています。ケースバイケースではありますが、やむを得ない事情でスーパーバイジーが離れざるを得ない場合や、スーパーバイザーが継続できない場合には、別離に伴う寂しさだけではなく、何らかの不全感をもたらすこともあります。終結を決めるにあたり、力関係や権威関係が複雑に影響する場合もあります。

　どのような場合においても、スーパーバイザーとスーパーバイジー互いの視点の共有が大切になります。相互の視点が明確に言語化され、振り返りや評価が行われると同時に、残された課題やその後の学習の方向性、それらに取り組む意向や方法の再確認が行われます。スーパーバイジーとスーパーバイザー両者から相互にみた視点に基づく評価の相互性が欠かせません。

　終結段階におけるスーパーバイザー自身の振り返りの問いについてディビスら（2010）は、表3-1のように基本的な問いかけを4点に分けています。

　これらの4点にわたる問いかけは、スーパーバイジーに及ぼす影響等に関して、終結の時点で総括的に振り返り、見直し、評価する具体的な留意点としてとらえることもできます。

表 3-1 終結段階①

基本的な問いかけ４点
① 　スーパーバイジーにどのようなフィードバックをしたいと思っているのか、その方法
　　と実行の方策
② 　スーパーバイジーのその後のアクションへの問いかけ、アクションの明確化及び具体
　　化の方策
③ 　スーパーバイジー自身の評価への問い
④ 　スーパーバイザー自身の評価への問い

①スーパーバイジー自身の評価への問い

　スーパーバイザーとともに振り返る要点であり、スーパーバイザー自身がスーパービジョン関係を終えるにあたって責任をもって、スーパーバイジーの思いや認識を改めて明確にし次に進む力を育むことになります。例えば、「このスーパービジョンには、明確なゴールがあったのか、それは何であったのか」「初めの段階の契約は、スーパービジョンのプロセスのなかで変わってきていたが、当初の課題に加えて何をなぜ、追加してきたのだろうか」等、スーパービジョンの各回を遡り、経過における重要な転換点やその契機を改めて明確にし、振り返りを総括します。

　また、多様な側面から評価が行われます。「スーパービジョンが終わるに当たり自分の現場や状況において、何が変わったのだろうか」「何をスーパービジョンを通して学んだのか」「浮かんでくるさまざまな場面を改めて思い出しながら、スーパービジョンの経過のなかで何が好ましかったのか、役に立ったのか、意味のあることだったのか」「何を変えたのか」等が率直な語りを伴い、共有されます。

　さらに、スーパービジョン関係のなかで、「スーパーバイザーにどのようなフィードバックをしたらよいのか」「スーパーバイザーからどのような領域や焦点にかかわるフィードバックを得たいと思っているのか」等、スーパーバイザーとの関係性を客観視する視点も育まれます。そして、「これからどのような仕事を実践で行っていきたいのか、自分の意向やこれからの行動に関して、スーパービジョンの経過が影響しているのかどうか」等、終結を迎えて、次の歩みを進める契機がしっかりと形成されます。

②スーパーバイザー自身の評価への問い

　スーパーバイザーはスーパービジョンのプロセスのなかで、途切れることなく、スーパーバイザー自身のあり方、方法等について振り返りや評価を行っています。そして、終結段階は、それらの集大成ともいえる総括的評価と位置づけられます。「スーパーバイジーは十分に聞いてもらえたと感じているかどうか」「スーパービジョンが一貫して支持的であったかどうか」「スーパーバイジーは安全だと思っていたかどうか」「スーパーバイジーにとって親しみやすかったかどうか」「学ぶ機会として十分に展開できたかどうか」などの基本的な問いかけがあります。

　また、ある局面での展開とも重ね合わせながら、「スーパーバイジーが振り返りを進め理解や行動に反映できるように促したかどうか、十分でなかった点はあるだろうか、あの時点でもう少し焦点化を深めることができていたら、スーパーバイジーにとって満足度がさらに高まったかもしれない」など、全過程を改めて振り返り、総括としての評価が必要です。

　スーパーバイザーは全過程を振り返るなかで、終始気になっていた、自らの立ち位置、その立ち位置の理解や表現がスーパーバイジーに与える影響を、終結の段階になって問いかけることもあります。「もしも、スーパーバイザーと職場の上司を兼ねていたときに、その境界をはっきりさせていたかどうか」「契約は終結というこの時点でも、意味をもっているかどうか」など、そもそもの契約、同意の段階に遡り、達成とともに、その後の課題をみつけることにもつながります。

　さらに、スーパーバイジーとの関係性自体を改めて掘り下げることを全過程や、ある場面を想起して問い直します。例えば、「スーパーバイジーが望んでいないことをしなかったか」「スーパーバイジーに対して、自分の文化や価値を押しつけるようなことはしていなかったか」などが思い返されます。その反省や内省のうえに、今、目の前のスーパーバイジーに対して、また、この状況において問いかけることも大切です。例えば、「スーパービジョンを終結するときに、スーパーバイジーは自らのゴールを達成できたと考えているかどうか」「スーパーバイジーにどのようなフィードバックをしたいと思っているのか、どのような領域の向上がさらに必要なのか」などを真摯かつ明確に伝えることが欠かせません。以上のスーパーバイザー自身への問いかけは、個人スーパービジョンにおいても、またグループスーパービジョンにおいても含まれている重要な評価の要素です。

スーパーバイジーとスーパーバイザーの関係性およびスーパービジョンのプロセスを検討してきました。スーパービジョンの関係性は重要であるにもかかわらず再現性は限られており、可視化することは極めて難しい領域です。さらに、スーパービジョンの展開過程そのものは、特定の段階や要点を規則的に進捗させているとは限りません。しかしながら以上のことに十分に留意し、そのうえで、よりよい効果的なスーパービジョン実践との相乗関係をふまえることにより、これらの領域の知識体系は、検証が進んでいくととらえられます。

文献

- Brown, A. & Bourne, I., *The social work supervisor*, Open University Press, 1996
- Davys, A. & Beddoe, L., *Best Practice in Professional Supervision : A Guide for the Helping Professions*, Jessica Kingsley Publishers, 2010
- Gardiner, D., *The Anatomy of Supervision : Developing Learning and Professional Competence for Social Work Students*, Open University Press, 1989
- Hawkins, P., Shohet, R., *Supervision in the Helping Professions*, 4th ed., Open University Press, McGraw–Hill Education, 2012
- Morrison, T., *Staff Supervision in Social Care : Making a Real Difference for Staff and Service Users*, 3rd ed., Pavilion Publishing and Media Ltd., 2005
- Munson, C. E., *Handbook of clinical social work supervision*, 3rd ed., Routledge, 2002
- Pritchard, J. ed., *Good Practice in Supervision : Statutory and Voluntary Organizations*, Jessica Kingsley Publishers, 1995
- Richimond, V. P. & McCroskey, J. C., *Nonverbal Behavior in Interpersonal Relations*, 5th ed., Allyn & Bacon, 2003
- Shulman, L., *Skills of Supervision and Staff Management*, F. E. Peacock Publishers, 1982
- Tsui, M., *Social Work Supervision : Contexts and Concepts,* Sage, 2004
- Wonnacott, J., *Developing and Supporting Effective Staff Supervision*, Pavilion, 2014
- 野村豊子・片岡靖子・岡田まり・潮谷恵美訳『スーパービジョントレーニング——対人援助専門職の専門性の向上と成長を支援する』学文社、2020 年

第4章 ソーシャルワーク教育における実習

1 ソーシャルワーク実習と実習スーパービジョン

　ソーシャルワーク実習は、ソーシャルワーカーを志望する学生にとって、福祉現場での体験を通じ、科目別に学習してきた価値・知識・技術を統合し、専門性に転換する貴重な機会です。また、社会福祉士国家試験と精神保健福祉士国家試験の受験資格を取得するために必須で、将来のキャリア形成の基盤づくりに欠かせません。

　ソーシャルワーク実習の成否や学びの到達度に大きく影響するのが実習スーパービジョンです（伊藤、2022）。適切なスーパービジョンが実践に有益であることは、バラクら（2009）の実証研究やワナコット（2012）の先行研究レビューなどから明らかになっています。同じように、ソーシャルワーク実習においてもスーパーバイザーの対応が実習生の思考や行動・態度に大きな影響を与えるので、適切なスーパービジョンは、実習の教育効果を高めるのに役立ちます。

　施設・機関が多忙な業務のなかで実習生を受け入れて、実習スーパービジョンを行うのは容易ではありませんが、施設・機関にとっても実習スーパービジョンは意義のあることです。実習指導者が、実習生や養成校教員とのかかわりのなかで自らの実践を振り返ったり、実践や施策などについて新しい情報にふれたりすることは、実践の改善につながります。また、それは組織の機能の向上や次世代の職員候補生を育てることにもなります。

　養成校にとって、実習教育の適切な実施は教育機関としての責務です。同時に、実習スーパービジョンはメゾレベルのソーシャルワーク実践でもあります。その実践を通してソーシャルワーク専門職の維持・発展に寄与するとともに、実習担当教員は実習生の取組みや実習指導者とのかかわりを通して自らの実践を振り返り、福祉現場の実態や最新の動向を学ぶことができます。

　また、地域共生社会の実現という点では、さまざまな社会的課題に対応するために、ソーシャルワーク機能を十分に発揮できる人材の養成が喫緊の課題です。そのような人

材養成には、適切なスーパービジョンを通じたソーシャルワーク実習が不可欠です。

本章では、そのようなソーシャルワーカー養成のための実習スーパービジョンを取り上げます。社会福祉士・精神保健福祉士の養成課程に位置づけられていない実習であっても、実習生がソーシャルワーカーを志望する場合には参考にできると思います。

2 ソーシャルワーカー養成課程における実習スーパービジョンの位置づけ

ソーシャルワーカー養成課程で実習スーパービジョンが何を意味し、スーパーバイザーの役割を誰がどのように担うのかについては、関係者の間で必ずしも一致しているとはいえません。2021（令和3）年度に導入された社会福祉士養成課程と精神保健福祉士養成課程のカリキュラムには、福祉の現場で行われる「ソーシャルワーク実習」と養成校が行う「ソーシャルワーク実習指導」が含まれています。厚生労働省から科目ごとに「ねらい」と「教育に含むべき事項」が示されていますので、それらをみていきましょう。

精神保健福祉士養成課程の「ソーシャルワーク実習」（210時間）の「ねらい」の一つは「実習指導者によるスーパービジョンを受け」ることとされ、「教育に含むべき事項」には「実習指導者によるスーパービジョンと、ソーシャルワーク実習指導担当教員による巡回指導及び帰校日指導等」が挙げられています。一方、実習指導担当教員が担当する「ソーシャルワーク実習指導」（90時間）には、「教育に含むべき事項」として「巡回指導（訪問指導、スーパービジョン）」が位置づけられています。

一方、社会福祉士養成課程の「ソーシャルワーク実習」（240時間）のシラバスには、スーパービジョンという言葉はでてきませんが、「ソーシャルワーク実習指導」（90時間）では「教育に含むべき事項」として「実習及び実習指導の意義（スーパービジョンを含む。）」が示されています。

以上のように、厚生労働省が示している両課程のシラバスでは、「教育に含むべき事項」としてスーパービジョンが示されていますが、誰が担うのかについては齟齬があり曖昧です。

一方、日本ソーシャルワーク教育学校連盟による実習指導・実習ガイドライン（2020）では、実習指導担当教員の役割の一つとして「実習スーパービジョン（巡回・帰校日指導他）」が、実習指導者の役割として「実習中のスーパービジョン（定期的・

突発的）をはじめとする実習指導（実習プログラムの説明や実習記録の確認含む)」が示されています。また、実習指導担当教員と実習指導者の両者がスーパーバイザーとして、スーパービジョンの三つの機能、すなわち管理的機能、教育的機能、支持的機能を担うと記されています。実習指導・実習ガイドラインでは「実習スーパービジョン」は、実習指導に含まれており、主に実習中に行うものとされています。ただし、実習開始前や実習後においても、教育的・心理的なサポートのためにスーパービジョンが必要とされることがよくあります。ガイドラインのなかでも、実習スーパービジョンは実際には実習開始前から始まっていると述べられています。

　これらの状況を踏まえたうえで、第4章では、スーパーバイジーである実習生と、スーパーバイザーである実習施設の実習指導者（以下、実習指導者）および養成校の実習指導担当教員（以下、実習担当教員）の間で行われるスーパービジョンの準備段階から終結までを取り上げます。

3　実習スーパービジョンのねらい

　スーパービジョンは、支援の質の向上や、実践者自身とその実践、さらに専門職を継続的に発展させていこうとするものです（Hawkins & McMahon, 2020）。実習スーパービジョンも長期的に支援の質の向上や専門職としての成長につながってはいますが、まずは実習が適切に行われるようにすることに主眼が置かれます。表4-1は、「ソーシャルワーク実習指導」と「ソーシャルワーク実習」のシラバスで示された、それぞれの「ねらい」です。その達成が実習スーパービジョンでは求められます。

表4-1　社会福祉士・精神保健福祉士養成課程における「ソーシャルワーク実習指導」と「ソーシャルワーク実習」のねらい

養成課程	ソーシャルワーク実習指導のねらい	ソーシャルワーク実習のねらい
社会福祉士養成課程	①ソーシャルワーク実習の意義について理解する。 ②社会福祉士として求められる役割を理解し、価値と倫理に基づく専門職としての姿勢を養う。	①ソーシャルワークの実践に必要な各科目の知識と技術を統合し、社会福祉士としての価値と倫理に基づく支援を行うための実践能力を養う。 ②支援を必要とする人や地域の状況を

	③ソーシャルワークに係る知識と技術について具体的かつ実践的に理解し、ソーシャルワーク機能を発揮するための基礎的な能力を習得する。 ④実習を振り返り、実習で得た具体的な体験や援助活動を、専門的援助技術として概念化し理論化し体系立てていくことができる総合的な能力を涵養する。	理解し、その生活上の課題（ニーズ）について把握する。 ③生活上の課題（ニーズ）に対応するため、支援を必要とする人の内的資源やフォーマル・インフォーマルな社会資源を活用した支援計画の作成、実施及びその評価を行う。 ④施設・機関等が地域社会の中で果たす役割を実践的に理解する。 ⑤総合的かつ包括的な支援における多職種・多機関、地域住民等との連携のあり方及びその具体的内容を実践的に理解する。
精神保健福祉士養成課程	①ソーシャルワーク（精神保健福祉士）実習の意義について理解する。 ②精神疾患や精神障害のある人のおかれている現状を理解し、その生活の実態や生活上の困難について理解する。 ③ソーシャルワーク（精神保健福祉士）実習に係る個別指導及び集団指導を通して、精神保健福祉士が行うソーシャルワークに係る知識と技術について具体的かつ実際的に理解し実践的な技術等を体得する。 ④精神保健福祉士として求められる資質、技能、倫理、自己に求められる課題把握等、総合的に対応できる能力を習得する。 ⑤具体的な実習体験を、専門的知識及び技術として概念化し理論化し体系立てていくことができる能力を涵養する。	①ソーシャルワーク実習を通して、精神保健福祉士としてのソーシャルに係る専門的知識と技術の理解に基づき精神保健福祉現場での試行と省察の反復により実践的な技術等を体得する。 ②精神疾患や精神障害、メンタルヘルスの課題をもつ人びとのおかれている現状に関する知識をもとに、その生活実態や生活上の課題についてソーシャルワーク実習を行う実習先において調査し具体的に把握する。 ③実習指導者からのスーパービジョンを受け、精神保健福祉士として求められる資質、技能、倫理、自己に求められる課題把握等、総合的に対応できる能力を習得する。 ④総合的かつ包括的な地域生活支援と関連分野の専門職との連携のあり方及びその具体的内容を実践的に理解する。

4 実習スーパービジョンにおける スーパーバイジーとスーパーバイザー

　専門職間で行われるソーシャルワーク・スーパービジョンとソーシャルワーカー養成のための実習スーパービジョンとで大きく異なるのは、スーパーバイジーとスーパーバイザーの属性と位置づけです。

図4-1 実習スーパービジョンの構造

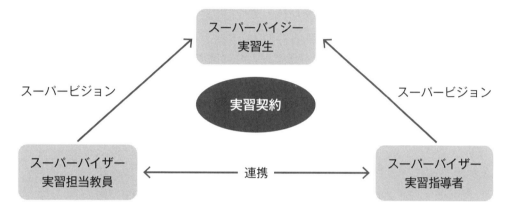

1）学生であるスーパーバイジー

　一般的なソーシャルワーク・スーパービジョンのスーパーバイジーは実務についている専門職です。一方、実習スーパービジョンのスーパーバイジーである実習生は養成校の学生であり、専門性を獲得する途上にあります。実習中は慣れない場所で、慣れない人とともに、慣れないことをして過ごすため、不安や緊張、ストレスなどを感じ、日々の課題をこなし、記録をつけることに苦心して疲れてしまうのはよくあることです。実習生がストレスや時間のマネジメント、コミュニケーションなどでうまくいかないことも珍しくありません。そのため、実習生に対するケアやサポートは不可欠です。たとえ実習が順調に進み、問題がないようにみえる場合でも、新たな気づきを得たり、学びを深めたりするために、スーパーバイザーの温かいかかわりやフィードバックは必要です。

２）複数のスーパーバイザー

　一般的には並行して複数のスーパーバイザーからスーパービジョンを受けることは、あまり勧められません。スーパーバイジーのなかに混乱を生じさせる可能性があるからです。一方、実習生には、常に実習指導者と実習担当教員という２人のスーパーバイザーがいます。２か所の実習施設で連続して実習を行う場合、実習の事前準備と実習後の振り返りのプロセスの一部が重なるため、同時期に３人のスーパーバイザーからスーパービジョンを受けることもあります。また、実習では日によって取組みの内容や場所が変わり、スーパーバイザー以外の職員からスーパービジョンや指導を受けることもあります。さまざまな視点から助言やアドバイス、指導を受けることは、物事の多面性に気づき、学びを深めることに役立ちますが、時には混乱を生じさせることもあります。そのため、スーパーバイザーはその点に留意して、ほかのスーパーバイザーと連携することが必要です。

３）スーパーバイザーの要件

　専門職間で行われるスーパービジョンでは、職場で上司や指導的立場にある専門職がスーパーバイザーになる場合と、職場外の専門職が契約によりスーパーバイザーになる場合があります。スーパーバイザーになるための要件は特にありません（認定社会福祉士制度のスーパービジョンでは、登録スーパーバイザーでなければなりません）が、職能団体等が開催するスーパービジョン研修を受講していることが多いようです。

　一方、社会福祉士と精神保健福祉士の養成課程における実習スーパービジョンでは、実習指導者と実習担当教員に一定の要件が求められています。

　社会福祉士［精神保健福祉士］の実習指導者になるには、３年以上の実務経験を有する社会福祉士［精神保健福祉士］であることに加え、社会福祉士［精神保健福祉士］実習指導者講習会を受講することが必要です。

　一方、社会福祉士［精神保健福祉士］の実習担当教員になるには、養成校で「ソーシャルワーク実習」「ソーシャルワーク実習指導」を５年以上担当した経験があるか、社会福祉士［精神保健福祉士］実習担当教員講習会を受講しているかのどちらかが必要です。

　これは言い換えると、実習担当教員に関しては、ソーシャルワーク実践の経験が全く

ない、あるいはソーシャルワークを専門としない教員でも旧カリキュラム時代に5年以上の担当経験があるか、当該講習会を受講することで実習を担当することが可能ということです。講習会ではスーパービジョンについても学びますが、短時間で習得できるものではなく、実習スーパービジョンを適切に行うための支援等が望まれています。

4）スーパーバイザーが担う二重の役割

実習スーパービジョンでは、スーパーバイザーは二重の役割を担います。実習指導者は、クライエントを支援するソーシャルワーカーであると同時に、そのクライエントに実習生がかかわれるように支援するスーパーバイザーです。クライエントの最善の利益を追求することと、実習教育の効果を最大限に高めることの両方を考えねばなりません。実習担当教員も、指導と成績評価を行う教員として学生に対応するとともに、スーパーバイザーとして実習生をあるがままに受容し支えることが必要です。

また、実習指導者と実習担当教員は、自分自身だけでなく互いの立場や役割も考えて、ともに担当する実習生に対して、それぞれスーパービジョンを行うという複雑な状況に置かれます。実習担当教員の説明や指示と、実習指導者のそれとが異なっていたり、実習担当教員と実習指導者との間で信頼関係が築かれていないと、実習生のなかに混乱や疑念が生じることがあるので、スーパーバイザー同士、すなわち実習担当教員と実習指導者が相互理解を深め連携していくことが求められます。

5）スーパービジョン契約

スーパービジョンを行うにあたり、スーパーバイザーとスーパーバイジーは、事前にスーパービジョンの内容、期間、回数、時間、場所、経費、連絡先、守秘義務などについて話し合い、契約を締結してからスーパービジョンを行います。職場でスーパービジョンが業務として実施される場合は、口頭での事前打ち合わせと同意だけになりますが、それも契約です。職場外では必ず契約書を交わします。

しかし、「ソーシャルワーク実習」「ソーシャルワーク実習指導」には、養成カリキュラムの一部として実習スーパービジョンが含まれているので、実習スーパービジョンのためだけの契約はありません。学生が養成校で「ソーシャルワーク実習」「ソーシャルワーク実習指導」の履修登録を行うことが、スーパービジョンを受けることについての

同意となり、詳細は実習指導を通じて明確にされます。また、養成校は実習施設との間に、ソーシャルワーク実習委託契約書（協定、合意書、覚書などの場合もある）を交わしますが、そのなかに実習施設における実習指導（スーパービジョン）についての事項も含まれています。実習スーパービジョンの具体的な内容や方法については、実習指導者と実習生の間でオリエンテーションや打ち合わせのなかで話し合われます。実習現場でのスーパービジョンについては、実習施設や実習指導者の方針、実践現場の状況等によって異なっています。

5 実習スーパービジョンの機能

スーパービジョンには、管理的機能、教育的機能、支持的機能があります（カデューシン、2016）。三つの機能は重なっているところもあり、同じ場面で複数の機能が同時に必要なこともあります。その点に留意して、実習スーパービジョンにおけるこれらの三つの機能についてみていきましょう。

1）管理的機能

スーパーバイザーは、機関の方針と手続きに基づいて目標が達成されるように運営管理を行います（カデューシン、2016）。実習では、養成校と実習施設がそれぞれの方針や計画を踏まえて実習について契約を結び、実習指導者と実習担当教員を中心とする実習指導体制を築き、実習の事前準備から実習終了後の評価まで一連のプロセスがプログラム計画にそって適切に進められるように運営管理を行います。これらの多くはスーパーバイザーが担うというより、組織的に行われるもので、実習マネジメントと呼ばれ、実習スーパービジョンとは区別されています。

では、実習スーパービジョンでの管理的機能は何かというと、実習生が適切に実習を遂行できるように、主にそれぞれの実習生に対して行うマネジメントを指します。実習生が行うべきことを適切に行っているかどうか継続的に点検（モニター）し、できていない場合は状況を確認して改善できるように指導や調整を行い、最後に評価をするのが管理的スーパービジョンです。たとえば、実習計画書や実習記録などを適切に書き、期限までに提出できているか、実習の場面や状況に相応しい服装や身だしなみ、振る舞い

ができているか、計画や指示に応じた取組みができているかなどに着目します。できていない場合の対応は、注意喚起や指導等の実習生への働きかけだけですむときもあれば、実習マネジメントでの連絡調整が必要なときもあります。より深く理解するための学習や心理的なサポートが必要な場合は、管理的機能と同時に、教育的機能や支持的機能も必要になります。

２）教育的機能

　教育的機能は、ソーシャルワーカーが業務を遂行するために知るべきことを教えたり、学べるように支援したりすることです（カデューシン、2016）。ソーシャルワーカーを職場で育成する方法として、OJT（On the Job Training）と教育的スーパービジョンがあります。OJT は、同じ職階または同じ職務をもつ職員のグループを対象として、そのグループの一般的な教育ニーズに基づいて計画され、グループ全員に行われます。それに対して、教育的スーパービジョンは、教育内容をスーパーバイジーにあわせて個別化したもので、OJT を補うものといえます。教育的スーパービジョンでは、業務の遂行にあたり何らかの課題を抱えるスーパーバイジーに対し、そのニーズと状況に応じた個別の教育プログラムによってソーシャルワーク業務の遂行に必要な知識、スキル、態度を教えたり、学べるように支援したりします。

　実習においては、実習生が学ぶ必要があること、すなわち厚生労働省から示されている「ソーシャルワーク実習指導」のシラバスに基づいて、実習担当教員は授業計画を作成し、実習生が実習の事前学習や事後学習を行うように指導します。そのなかで学習が上手く進まない、実習計画の立案が難しいといった実習生に対する個別の支援が教育的スーパービジョンです。実習中の訪問指導や帰校日指導では、実習生の学習状況やねらいの到達度を確認し、効果的に学べるようにかかわることが重要であり、そのために教育的スーパービジョンが行われます。

　実習施設では「ソーシャルワーク実習」のシラバスに基づいて基本実習プログラムが作成されます。それを基にして、実習指導者は、一人ひとりの実習生に応じた（実習計画案とも整合する）個別実習プログラムを作成します。実習中は、そのプログラムの実施を通して、実習生が学べるようにするとともに、実習生の学習状況やねらいの到達度をモニターし、それに応じた教育的スーパービジョンを行います。

　なお、学びの内容と方法にかかわることは教育的スーパービジョンですが、学ぶため

の取組みを適切に、あるいは計画どおりに行っているかどうか、点検や評価を行うことは管理的スーパービジョンでもあり、学ぶことに強いストレスを伴う場合は支持的スーパービジョンも必要となります。

3）支持的機能

　支持的機能は、業務のストレスに対応する手助けをすることで、ストレスを予防したり軽減したりすることです（カデューシン、2016）。実習生は多くのストレスを抱えます。実習前と実習後は、養成校で定められたスケジュールにそって、次々と課題をこなさなければなりません。実習中は、実習プログラムに応じて動き、慣れない環境のなか、実習計画で設定した課題に取り組み、疲れていても毎日、記録を書く必要があります。クライエントや職員、ほかの実習生、そしてスーパーバイザーとの関係がストレスの元になることもあります。過度なストレスや継続的なストレスは心身によくない影響を及ぼすことが知られていますので、実習を実り多いものにするために、実習生のストレスへの対応は重要で、支持的なスーパービジョンが必要となります。

　実習生が不安や緊張、ストレスなどを抱えている場合、その感情の表現を促し、共感的な応答によって支持します。また、慣れないなかでは不安や緊張、ストレスがあるのは当然であり、そのなかで課題に取り組むにはどうしたらよいか、現実的な方法を一緒に考えます。課題遂行が難しくなるほど、あるいは体調を崩すほどストレスが大きい場合は、ストレスが軽減できるように課題の量や内容、環境を変える、周囲の協力や配慮を求めるなどの環境調整を行うといった対応が必要となります。スーパーバイザーが支持的で、実習生が自分の状況をスーパーバイザーに安心して話せることが極めて重要です。

　実習生が、環境のなかの自分について考え、理解を深めることを支援するのは教育的機能ですが、防衛的にならずに自分自身を探り、気づきを得るためには、批判されない安全な環境であることが重要です。その点では、実習生の自己覚知を促し支えるには支持的機能も不可欠です。

6 実習スーパービジョンの方法と展開

　スーパービジョンを行ううえで大切なのは、スーパーバイザーとスーパーバイジーの間に信頼関係があり、スーパービジョンの方法や進め方、それぞれの役割等について契約が結ばれて合意が成立していることです。スーパーバイザーとスーパーバイジーの関係は、スーパービジョン全体のプロセスに影響してくるので、関係形成には十分に留意しなければなりません。

　スーパービジョンをいつ、どこで、どのように行うかはさまざまです。時間については、定期的あるいは設定された日時に行う場合と、随時、必要に応じて行う場合があります。スーパービジョンを行う場所も、事務室や会議室などプライバシーが守れて落ち着いて話せる場所もあれば、実践が行われている現場や移動中であったり、オンラインで行うこともあります。オンラインでのスーパービジョンでは、直接の対面ではなく、顔しか見えないことから情報量が少ないこと、そして、個人情報保護の点で課題が残っていますが、移動の時間やコストがかからず、感染症のリスクがないため、近年、増えてきています。スーパービジョンの行い方として最もよいのは、定期的にプライバシーが守れる落ち着いた場所でスーパービジョンを行いながら、必要と思われる時と場所にスーパービジョンを追加することです。

　スーパービジョンの形態には、個別スーパービジョンとグループスーパービジョンがあります。個別スーパービジョンでは、スーパーバイジーは1人だけなので、そのニーズに焦点をあてたスーパービジョンが可能です。しかし、1人のスーパーバイザーが複数のスーパーバイジーを担当している場合、それぞれに個別スーパービジョンを行うと大変時間がかかります。

　一方、グループスーパービジョンでは、複数のスーパーバイジーは互いに学び合うことができて効率的ですが、個人のニーズに焦点をあてる時間が十分あるとは限らず、グループのなかでは自身をあまり表出できない人もいると思われます。個人スーパービジョンにするかグループスーパービジョンにするかは、それぞれのメリットとデメリットを踏まえて選ぶことが必要です。

　これらのスーパービジョンの方法は、一般の専門職間のスーパービジョンでも実習スーパービジョンでも、基本的には変わりません。具体的な内容を実習前・実習中・実習後に分けて説明します。

1）実習前

　実習スーパービジョンを行うにあたって、実習担当教員と実習指導者は、互いに連携・協働する指導体制を構築するとともに、実習生との間でエンゲージメント、すなわち信頼関係とともに、共通のねらいに向けてともに真剣に取り組む関係を築くことが大切です。実習スーパービジョンでは、前述のようにスーパービジョンのための契約はありません。したがって、実習指導や打ち合わせを通じて、スーパービジョンについて理解し、合意ができるようにすることが必要です。

　実習担当教員は、養成校においてふだんから実習生の様子をみて、事前学習や事前準備の進捗状況を確認し、著しく遅れている、不安や困難を感じている様子がみられる場合は、個別スーパービジョンを行います。

　実習指導者は、実習生の施設訪問を受けて、実習生の実習計画案と実習指導者の実習プログラム案について、両者が現実的で整合性があり、実習の効果を高めるものとなるように打ち合わせを行い、合意できるようにします。また、実習生の不安や疑問に耳を傾け、実習開始に向けたオリエンテーションを行います。これらの個別の対応も実習スーパービジョンです。

2）実習中

　実習スーパービジョンのスケジュールと場所については、実習指導者、実習担当教員、実習生の間で明確にしておくことが大切です。実習担当教員は、週に1回、実習生に対してスーパービジョンを行うことになっています。そのうち少なくとも1回は実習施設で行う訪問指導で、あとは実習生が養成校に戻ってきてスーパービジョンを受ける帰校日指導でもかまいません。原則として実習スーパービジョンは対面で行いますが、新型コロナウイルス感染症拡大のために、これらをオンラインで行わざるをえなかったところもあります。実習指導者は、実習施設の方針と現場の状況に応じて、定期的なスーパービジョンと随時のスーパービジョンを行います。

①定期的なスーパービジョン

　実習担当教員、実習指導者のどちらが行う場合でも、定期的なスーパービジョンでは、まず観察、傾聴、質問、実習記録の点検などを通して、実習生の心身の状態、実習

の取組み状況、目標の達成度などについて確認します。そして、実習生の取組みのなかで優れているところ・頑張っているところ・よく耐えているところなどを取り上げて、プラスのフィードバックをします。これは、実習生が自分自身のストレングスに気づき、理解を深めることが、緊張や不安をほぐすのに役立ち、自己肯定感や実習に取り組む意欲・動機を支え、さらに実習指導者との関係を強めることにつながるからです。

　そのあと、実習生の課題を確認し、その内容と実習生の状態に応じた対応をします。課題の内容がマネジメントにかかわる場合は、管理的スーパービジョンを行います。その詳しい状況と何が必要・重要なのか、実習生が理解し、改善に向けて取り組めるようにアクションプランをつくり、実行できるように支援します。なんらかのリスクの可能性がある場合は、その予防やリスクに直面した場合に備えてリスクマネジメントをすることも大事です。

　不安や緊張、ストレスがあるようなら、支持的スーパービジョンを行います。感情を表出できるように促し、共感的に応答します。そして、その感情やストレスにどのように対応するかを一緒に吟味し、その取組みを支えます。必要な場合、周囲の人の理解や協力を求められるように支援したり、実習生が自ら話すのが難しい場合は本人の承諾を得てスーパーバイザーがアドボカシー（代弁）をします。

　課題が学びにかかわることであれば、教育的スーパービジョンとして、コルブ（2015）の経験学習モデルに基づいて、体験から学べるように支援します。実習生が課題にかかわる体験を詳細に思い出し、多面的に振り返ることができるように耳を傾け、質問したり、話の内容を整理したりします。そして、振り返ったことから汎用性のあることを導きだせるように、振り返りの内容を理論やモデルに基づいてとらえる、価値や倫理の観点から、または立場や役割の異なる人の視点からみる、ミクロ・メゾ・マクロの各レベルでの実践について検討するなど、さまざまな観点から考察できるように支援します。スーパーバイザーは、気づきや理解を促すために質問したり、経験や知識を共有したり、問題解決の方法を一緒に検討したりします。そのなかで実習生が課題についてその後どのように取り組むのか検討したうえで、アクションプランをたてて実行できるように支援します。

　実習スーパービジョン終了後は、必要に応じて実習指導者と実習担当教員の間で情報共有や環境調整を行い、スーパービジョンの記録をつけます。

②随時、必要に応じて行うスーパービジョン

　実習生が何らかの場面を体験して、すぐにフィードバックを得ることが学習に有効な場合には随時、スーパービジョンが行われます。例えば、クライエントのアセスメントをする、調査のために家庭訪問をする、会議やカンファレンスに出席する、クライエントとともに作業や活動をする、イベントに参加するなど、現場で同席、同行、活動して、その場で、あるいは、その後の移動中や施設に戻ってからスーパービジョンが行われます。特定の場面に関する背景や事情について実習指導者から情報を提供し、そこでの考えや気持ち、態度や行動、その影響などをさまざまな角度から検討して、実践について深く学ぶ機会になります。

　このほか、設定されているスーパービジョンの日まで待てない場合や突発的な事態や予定外のことが起こったときにもスーパービジョンは行われます。例えば、実習生が何かについて至急、実習指導者に相談したいとき、実習指導者が早期の指導が必要だと考えるとき、急な日程変更や事故などのために予定どおり実習が実施できない場合などにも、急遽、実習スーパービジョンが行われることがあります。

　以上の実習スーパービジョンは、個別でもグループでも行われます。実習生が1人の場合や、個人のプライバシーにふれる内容をほかの実習生に聞かれたくないと実習生が望む場合は、個人スーパービジョンになります。しかし、同期間に同じ場所で複数の実習生が実習をしている場合や帰校日指導では、グループスーパービジョンになることが多いようです。仲間の実習生とグループで話すことで、実習生は安心し、ほかの実習生から学ぶことができます。

3）実習後

　実習指導者は、実習生の評価を行います。

　実習担当教員は、事後学習のなかで、実習生それぞれが自らの実習を振り返るとともに、ほかの学生の実習体験報告を聞いて学びを共有できるようにします。実習報告書の作成や実習報告会の開催準備なども学びを深め共有する機会となりますが、そのプロセスで実習生が大きなストレスを感じたり、心のなかに抱えた感情を整理することが難しかったりする場合は、個人スーパービジョンを行います。最後に、実習の事前・事後も含めて実習生の評価を行います。

7 実習スーパービジョンの課題と今後の方向性

少子高齢化や人口減少などの社会状況の変化によりニーズが多様化・複雑化し、福祉にかかわる既存の制度では対応が難しくなってきました。このような状況に対応するため、国は「地域共生社会の実現」に向けた取組みを行っています。これは、人々がさまざまな生活課題を抱えながらも住み慣れた地域で自分らしく暮らしていけるよう、地域の住民や多様な主体が支え合い、住民一人ひとりの暮らしと生きがい、そして、地域をともに創っていこうというものです（厚生労働省、2019）。その実現に向けて、厚生労働省社会保障審議会福祉部会福祉人材確保専門委員会「ソーシャルワーク専門職である社会福祉士に求められる役割等について」（2018）では、①複合化・複雑化した課題を受け止める多機関の協働による包括的な相談支援体制や、②地域住民等が主体的に地域課題を把握して解決を試みる体制の構築が求められており、そのために、社会福祉士がソーシャルワークの機能を発揮することが必要だと述べられています。報告書をふまえて、2019（令和元）年の社会福祉士養成課程における教育内容の見直しが行われました。

また、精神保健福祉士法は長期入院患者の社会復帰を支援することを主たる目的として制定されました。社会環境の変化のなかで精神保健福祉士の対象や課題も多様化・複雑化し、その役割は社会生活の支援へと拡大し、厚生労働省精神保健福祉士の養成の在り方等に関する検討会の「精神保健福祉士の養成の在り方等に関する検討会中間報告書」（2019）では、精神保健医療福祉の向上のための政策提言や社会資源の開発と創出にまで拡大しています。そのため、社会福祉士と同様、2019（令和元）年の精神保健福祉士養成課程における教育内容の見直しが行われることになりました。

これらのソーシャルワーカー養成課程の見直しに対応し、「地域共生社会の実現」に向け期待されている役割を果たすため、日本ソーシャルワーク教育学校連盟や日本社会福祉士会では、研究事業で実習指導者や実習担当教員の講習会、現任ソーシャルワーカー対象の研修、スーパーバイザー対象の研修等のプログラム開発を行っていますが、それはまだ始まったばかりです。養成課程での実習スーパービジョンは次世代ソーシャルワーカーの養成に大きく影響します。期待される役割を担える人材養成に資する実習スーパービジョンが求められており、実習スーパーバイザー養成プログラムの開発・普及が必要とされています。

引用文献

- Barak, M.E.M., Travis, D.J., & Pyun, H., "The impact of supervision on worker outcomes：A meta-analysis," *Social Service Review*, 83(1), 2009, pp.3-32
- 畑亮輔「実習プログラミング論」公益社団法人日本社会福祉士会編『新版社会福祉士実習指導者テキスト』中央法規出版、2022 年、pp.112-169
- Hawkins, P. & McMahon, A., *Supervision in the Helping Profession*, 5th ed., Open University Press, 2020
- 伊藤新一郎「実習指導概論」公益社団法人日本社会福祉士会編『新版社会福祉士実習指導者テキスト』中央法規出版、2022 年、pp.3-42
- Kadushin, A., Harkness, D., *Supervision inSocial Work*, 5th ed., Columbia University Press, 2014
- Kolb, D.A., *Experiential Learning：Experience as the source of learning and development*, 2nd ed., Pearson Education, 2015
- 公益社団法人日本社会福祉士会『厚生労働省 令和 2 年度 生活困窮者就労準備支援事業費等補助金 社会福祉推進事業 地域共生社会の実現に向けた現任社会福祉士の研修プログラムの開発とスーパービジョンの実態把握に関する調査研究事業報告書』2021 年
- 厚生労働省「地域共生社会に向けた包括的支援と多様な参加・協働の推進に関する検討会」（地域共生社会推進検討会）最終とりまとめ、2019 年 https://www.mhlw.go.jp/content/12602000/000581294.pdf
- 厚生労働省「精神保健福祉士養成課程のカリキュラム（案）」『精神保健福祉士養成課程における教育内容等の見直しについて』2019 年 https://www.mhlw.go.jp/stf/newpage_05546.html
- 厚生労働省「社会福祉士養成課程のカリキュラム（案）」『令和元年度社会福祉士養成課程における教育内容等の見直しについて』2019 年 https://www.mhlw.go.jp/stf/seisakunitsuite/bunya/hukushi_kaigo/seikatsuhogo/shakai-kaigo-yousei/index_00012.html
- 日本ソーシャルワーク教育学校連盟「ソーシャルワーク実習指導・実習のためのガイドライン」『厚生労働省 令和元年度生活困窮者就労準備支援事業等補助金社会福祉推進事業 社会福祉士養成課程の見直しを踏まえた教育内容及び教育体制等に関する調査研究事業実施報告書』2020 年、pp.21-77
- 渡辺裕一「実習マネジメント論」公益社団法人日本社会福祉士会編『新版社会福祉士実習指導者テキスト』中央法規出版、2022 年、pp.44-86
- Wonnacott, J., *Development and Supporting Effective Staff Supervision*, Pavilion Publishing and Media Ltd, 2014

ソーシャルワーク・スーパービジョンの現状と今後の展望

1 ソーシャルワーク・スーパービジョンの現状

1）ソーシャルワーク・スーパービジョンの発展

議論を進めていくための前提となるソーシャルワーク・プラクティスとソーシャルワーク・スーパービジョンの関係を図示します（図5-1）。

図 5-1　ソーシャルワーク・スーパービジョンとソーシャルワーク・プラクティス

ソーシャルワーク・スーパービジョン　　　　ソーシャルワーク・プラクティス

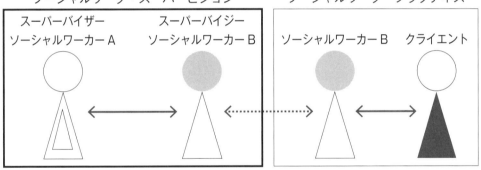

スーパーバイザー　　　スーパーバイジー
ソーシャルワーカー A　　ソーシャルワーカー B　　ソーシャルワーカー B　　クライエント

ソーシャル・ケースワークとソーシャルワークの発展と、それに伴うソーシャルワーク・スーパービジョンの発展を振り返っておきます。表5-1に、その時期を二つの段階（1930 ～ 1969 年と 1970 ～ 2002 年）に分けて示しました。

表 5-1　1930 年から 2002 年までのソーシャルワーク・スーパービジョンの主要文献

（ソーシャル・ケースワークの進展とスーパービジョン）

(1930) Robinson, V.P., *A Changing Psychology in Social Casework*. Chicago： University of Chicago Press.

(1936) Robinson, V.P.. *Supervision in Social Case Work*. Chapel Hill： University of North Carolina Press.

(1949) Robinson, V.P.. *The Dynamics of Supervision under Functional Controls： a Professional Process in Social Casework*. Philadelphia：University of Pennsylvania Press.

(1967) Dorothy E. Pettes. *Supervision in Social Work：A Method of Student Training and Staff Development*.

(1969) Kent Bessie. *Social Work Supervision in Practice*. Pergamon Press.

（ソーシャルワーク・プラクティスの進展とスーパービジョン）

(1974) *Alfred Kadushin*, "22. Supervisor-Supervisee：a Survey (pp244-257)", (Copyright 1974, National Association of Social Workers, Inc. Reprinted with permission from *Social Work*, Vol. 19 (May 1974)

(1979) Carlton E. Munson (Edited by) *Social Work Supervision：Classic and Critical Issues*. The Free Press.

(1992) Alfred Kadushin (Third Edition). *Supervision in Social Work*. Columbia University Press.

(2002) Carlton E. Munson. (3rd Ed.) *Handbook of Clinical Social Work Supervision*. The Haworth Social Work Practice Press.

2）ムンソンとカデューシンのソーシャルワーク・スーパービジョン

　ムンソン（2002）とカデューシン（1992）のソーシャルワーク・スーパービジョンの定義を示します（表 5-2、表 5-3）。

表5-2 ムンソンの「クリニカル・ソーシャルワーク・スーパービジョン」の定義

クリニカル・ソーシャルワーク・スーパービジョンは、
　①一つの相互過程であり、
　④教育的、管理的、援助的な分野において、
　③スーパーバイジーの（ソーシャルワーク）実践を支援、指導するために
　②スーパーバイザーが任命、あるいは指名される。
スーパーバイジーは、
　①ソーシャルワーク学位（学士、修士、博士）を与えるソーシャルワーク学校の卒業生
　　であり、
　③個人、集団、家族への介入方法を通して、
　②身体的、経済的、社会的、心理的機能上の困難を克服するため、人々を支援する実践
　　に従事している者である。

表5-3 カデューシンのソーシャルワークにおけるスーパービジョンの
　　　　スーパーバイザーの定義

ソーシャルワーク・スーパーバイザーは、
　②スーパーバイジーの責任ある業務活動を指導、協力、発展、そして評価する権限が与
　　えられているところの
　①機関の管理スタッフ・メンバー／資格をもったソーシャルワーカーである。
この責任を実現するために、
　④スーパーバイザーは、建設的な関係の枠組みにおいて、スーパーバイジーとの相互関
　　係のなかで、
　③管理的、教育的、そして支持的機能を遂行する。
スーパーバイザーの最終目的は、
　⑥機関の方針と手続きに基づいて、
　⑤機関のクライエントに、量的にも質的にも、最も可能なサービスを提供することであ
　　る。

　ムンソンの"クリニカル・ソーシャルワーク・スーパービジョン"は、ともにソー

シャルワーカーであるスーパーバイザーとスーパーバイジーが所属する機関が一般的に異なっていて、スーパーバイザーの"クリニック"において、あるいは、スーパーバイジーが所属する機関に出かけてきて臨床的（クリニカル）スーパービジョンを行うものです。他方、カデューシンの"スーパービジョン・イン・ソーシャルワーク"は、一般的にスーパーバイザーとスーパーバイジーが同一の機関や施設に所属し、上司と部下といった関係であることもあり、両者の相互関係のなかで、スーパーバイザーはスーパーバイジーに対し管理的、教育的、支持的機能をもち、その役割を遂行するものです。

2 ムンソンとカデューシンのソーシャルワーク・スーパービジョンを超えて

1）2000 年から 2021 年までのソーシャルワーク・スーパービジョンの発展

　先の 1930 ～ 1969 年と 1970 ～ 2002 年に分けて示した表 5-1 の後の時代である 2005 ～ 2021 年までのソーシャルワーク・スーパービジョンの主なる文献を示します（表 5-4）。

表 5-4　2005 年から 2021 年までのソーシャルワーク・スーパービジョンの主要文献

（新たなソーシャルワーク・スーパービジョンの発展）

(2005) Tony Morrison (Third edition). *Staff Supervision in Social Care : Making a Real Difference for Staff and Service Users*. Pavilion Publishing and Media Ltd.

(2012) Jane Wonnacott. *Mastering Social Work Supervision*. Jessica Kingsley, *Publishers*.

(2005) Ming-sum Tsui. *Social Work Supervision : Contexts and Concepts*. Sage Sourcebooks for the Human Service Series.

(2012) Bill McKitterick. *Supervision*. Social Work Pocketbooks, In association with Community Care. The McGraw-Hill Company.

(2012) Peter Hawkins and Robin Shohet (4th Edition). *Supervision in the Helping Professions*. Open University Press, McGraw-Hill Education.

(2013) Kate Howe and Ivan Gray. *Effective Supervision in Social Work*. SAGE.

(2013) Robert Taibbi. *Clinical Social Work supervision : Practice and Process*. Pearson Education, Inc.

(2015) Liz Beddoe and Jane Maidment (Edited by). *Supervision in Social Work : Contemporary Issues*. Routledge.

(2017) Kenneth V. Hardy and Toby Bobes (Edited by). *Promoting Cultural Sensitivity in Supervision : A Manual for Practitioners*. Routledge.

(2019) Trish Hafford-Letchfield and Lambert Engelbrecht (Edited by). *Contemporary Practices in Social Work Supervision : Time for New Paradigms*. Routledge.

(2020) Amanda M. Nickson, Margaret-Anne Carter, and Abraham P. Francis (2020). *Supervision and Professional Development in Social Work Practice*. SAGE.

(2021) Allyson Davys and Liz Beddoe (Second Edition). *Best Practice in Professional Supervision : A Guide for the Helping Professions*. Jessica Kingsley Publishers.

2）カデューシンのソーシャルワーク・スーパービジョンの 機能的モデルの限定性

ワナコット（2012）は、「機能的モデルを超えて（Beyond a functional model）」（pp.24-27）のなかで、「スーパービジョンの文献の多くは、三つか四つの機能を満たすスーパービジョンであり、スーパービジョンにおける機能的モデルに焦点化している」と述べています。ソーシャルワーク・スーパービジョンを三つの機能に限定することに関し三つの問題点を示しています（表 5-5）。

表5-5　スーパービジョンを三つの機能に限定することの問題点

①１回のスーパービジョンにおいて、すべての三つの機能に当てはめることは困難である

②三つの機能の相互の関係性は、分離不能であることを意味している

③ある一つの機能を避けた、ある程度時間をかけることがないとするならば、そのスーパービジョンは信頼できないものとなる

3）ワナコットのソーシャルワーク・スーパービジョン

　機能的モデルを"超える"ものとして、ワナコット（2012）のソーシャルワーク・スーパービジョンの概略図を示します（図5-2）。「ソーシャルワーク・スーパービジョン過程におけるサイクルの四つの要素」を挙げて、ソーシャルワーク・スーパービジョン："4×4×4モデル"の全体の過程を図示化しています。このモデルの特徴は、過程の段階が一方的で構造的（ストラクチュラル）な従来的なスーパービジョンと異なり、循環的であり、進んだり、戻ったりする柔軟で構成的（コンストラクティブ）なものになっていることにあります。

① エクスペリエンス（experience）
② リフレクション（reflection）
③ アナリシス（analysis）
④ アクション（action）

図 5-2 ソーシャルワーク・スーパービジョン："4×4×4 モデル"

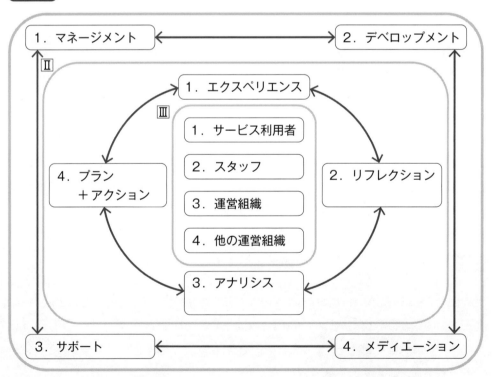

出典：ワナコット（2012）を参考に作成

3 新たなソーシャルワーク・プラクティスとソーシャルワーク・スーパービジョンの発展と展望

1）新たなソーシャルワーク・プラクティスの発展

ソーシャルワーク・スーパービジョンは、ソーシャルワーク・プラクティスの進展と呼応し発展してきました。ソーシャルワークの発展を理解することなしに、ソーシャルワーク・スーパービジョンの発展を理解することはできません。例えば、人格変容をも含めるムンソンのクリニカル・ソーシャルワーク・スーパービジョンは、「診断主義ケースワーク」から発展したものですし、機関の機能を取り入れたカデューシンのスーパービジョン・イン・ソーシャルワークは「機能主義ケースワーク」の発展の延長にあるといえるからです。

そこで、「ソーシャルワーク・スーパービジョン」と「ソーシャルワーク・プラクティス」の関係を、最初に示した図を用いて確認しておきます（図5-3）。Bというソーシャルワーカーが、あるクライエントに対しソーシャルワーク・プラクティスを実際に行っていることが前提です。そしてソーシャルワーカーBは＜スーパーバイジー＞として、そのソーシャルワーク・プラクティスに関し、ほかのソーシャルワーカーAである＜スーパーバイザー＞からソーシャルワーク・スーパービジョンを受けることになります。

ソーシャルワーカーBが行っているソーシャルワーク・プラクティスは、その専門

図5-3　ソーシャルワーク・プラクティスとソーシャルワーク・スーパービジョン

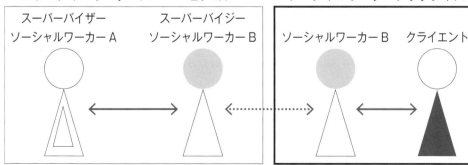

知識としての理論や方法、そして専門技術が日進月歩で変化し進歩しています。ここでは、これからのソーシャルワーク・プラクティスである「プログレッシブ・ソーシャルワーク」を概観し、その後、それらに対応するソーシャルワーク・スーパービジョンについて述べます。

① 「プログレッシブ・ソーシャルワーク」とは何か

　先に、1900年代から2000年までのトラディショナル・ソーシャルワークについて概観しました。その後の全体的経緯を、ここでは三つの段階として示しておきます（表5-6）。一つ目が1900年代の＜ソーシャル・ケースワーク＞＜ソーシャル・グループワーク＞＜コミュニティ・オーガニゼーション（コミュニティ・ワーク）＞の発展した時期、二つ目が"ケース""グループ""コミュニティ"が取れて、それに代わり、"プ

表5-6 ソーシャルワーク・プラクティス理論・技術の歴史的概観

I. トラディショナル・ソーシャルワーク				
1. 1900年代　ケースワークの発展				
（基礎理論）	（ソーシャルワーク）	（時制）	（変容）	
精神分析（フロイド）	診断主義ケースワーク	過去	本能	
精神分析（ランク）	機能主義ケースワーク	現在	機能	
クライエント中心（ロジャース）		現在	感情	
行動・学習理論（アイゼンク）	行動・ケースワーク	未来	行動	
認知・行動理論（ベック）	認知・行動・ケースワーク	未来	認知	他
2. 1980年代　ソーシャルワーク・プラクティスの発展				
システム理論	システム・ソーシャルワーク			
生態学（エコロジカル）	エコロジカル・ソーシャルワーク			
	ライフ・モデル・ソーシャルワーク			
ストレングス理論	ストレングス・モデル・ソーシャルワーク			他
II. プログレッシブ・ソーシャルワーク				
3. 2000年代　プログレッシブ・ソーシャルワークの発展				
急進的	ラディカル・ソーシャルワーク			
構造的	ストラクチュラル・ソーシャルワーク			
省察的	リフレクティブ・ソーシャルワーク			
構成的	コンストラクティブ・ソーシャルワーク			
批判的	クリティカル・ソーシャルワーク			他

ラクティス"という言葉をつけて、＜ソーシャルワーク・プラクティス＞として確立してきた時期です。一つ目と二つ目の時期のソーシャルワークを、ここでは「トラディショナル・ソーシャルワーク」と呼び、その後 2000 年以降のソーシャルワークを「プログレッシブ・ソーシャルワーク」と呼ぶことにします。

　これからのソーシャルワーク・スーパービジョンを理解するために、なぜトラディショナルなものからプログレッシブなソーシャルワークへと変遷してきたか、その歴史的経緯をふまえ、ソーシャルワークの発展の三つの段階を大まかに振り返ります。

(1) 1900 年代：「診断主義」と「機能主義」ケースワーク等の発展と専門性の確立

　1900 年の前後、歴史は、西ヨーロッパから、科学、産業化、工業化、都市化が発展したアメリカへと大きく動いていきます。ヨーロッパから渡った膨大な移民がニューヨークやシカゴで生活を開始します。新移民といわれ、それまでのアメリカという国をつくりあげた"ワスプ（WASP）"といわれる"ホワイト""アングロサクソン""新キリスト教徒"ではなく、例えばイタリアからの"旧キリスト教徒（カソリック）"、あるいは"ユダヤ教徒"が都市の一部に"スラム"を形成し生活を始めました。福祉制度や医療制度は整備されていませんでした。多くは社会の階段を上がってスラムから脱出したものの、一方で"貧困"から抜けだせない人たちも多くいました。

　慈善組織団体（C. O. S.）で働いたメアリー・リッチモンドは、1917 年に医学をモデルとする"社会的困難（social difficulties）"を"診断（diagnosis）"する『社会診断（Social Diagnosis）』を記し、1922 年に『ソーシャル・ケース・ワークとは何か？』を出版しました。そのなかでケースワークを直接援助活動（direct activities）と間接援助活動（indirect activities）とに二分し、前者は人格（personality）にはたらきかけ、後者は環境（environment）や状況（situation）にはたらきかける手法としました。以降、前者が強調され、"case work／casework"として発展し、caseworker と呼ばれることになります。その方法は、個人対個人（individual by individual）、つまり対象を個別化（individualize）し、その目的は人格の成長（to develop personality）として定義されました。

　その"人格（personality）"の概念は、ドイツにおいてフロイドによって体系化された「精神分析（Psycho-analysis)」の影響を受け、ケースワークに取り入れられていきました。精神分析は、当初ヒステリーの治療技法であった催眠療法から、新たに患者を寝いすに寝かせ、フロイドがその背面に座る背面方法により、患者が自由に話し、その内容を連想するという方法（free-association）を用い、夢解釈、転移解釈、抵抗解

釈等の無意識を意識化するための治療技法である「解釈技法（techniques of interpretation）」を開発していきました。"人格（personality）／精神（psych-）"には構造があるとして、エス／イド、自我、超自我という概念化も行いました。

フロイドの精神分析は、エロス（生の本能）やタナトス（攻撃性／死の本能）といった"欲動"を中心としたものでしたが、その後、例えば、フロイドの娘であるアンナ・フロイドやハルトマン等によって、「自我」の機能（力動（ego-dynamics））、特に、自我防衛機制（ego-defense mechanism）の一つである自我と外界（社会）との"自我適応／社会適応"に焦点化する「自我精神（力動）心理療法（Ego-dynamic Psycho-therapy）／自我心理学」が発展していきました。その概念を取り入れたケースワークは、「自我力動ケースワーク（Ego-dynamic casework）」と呼ばれます。後には「診断主義（派）ケースワーク」といわれるようになり、その金字塔ともいえるフローレンス・ホリスの『ケースワーク：心理社会療法（Casework：Psycho-social therapy）』として結実しました。

他方、精神分析医でもあったランクの考えをもとに、アメリカのプラグマティズムと結びついて、ソーシャルワーカーが所属する機関における"機能（function）"を取り入れた「機能主義（派）ケースワーク」が発展しました。シカゴ大学のタフトが、過去を問題とするというより、現在の"意志（will）"を強調し、ドイツ語のそれに対応する"self-determination（自己決定）"と英訳し、『意志療法（Will Therapy）』という題名のもとに出版しています。後に、ランクは伝統的精神分析学派から破門されています。その「機能主義（派）ケースワーク」は、「診断主義（派）ケースワーク」とともに二大主流となり発展していきました。

その「機能主義ケースワーク」からの影響を受け、過去を問題とすることなく、現在の気持ち（feeling）に焦点化し、「クライエント中心療法（client-centered therapy）」として、ロジャースが体系化しました。また、現在のクライエントとの"ケースワーク・リレーション"に特化し、その原則をまとめたものにバイステックの『ケースワーク・リレーションシップ（Casework Relationship）』があります。

その後、精神分析療法に対し、ヒステリー、不安神経症、強迫神経症の治療効果に疑問が投げかけられるようになります。人間の精神の変容、あるいは、"人格変容（personality change）"に対して効果がみられないとし、例えばアイゼンクは人格変容ではなく、行動変容（behavior change）を目的とする行動療法（behavior therapy）を提唱しました。犬やハトの動物実験によって実証されたとする実験心理学

として発展してきたパブロフの無条件反射や条件反射、スキナーのレスポンデントといった行動理論（behavior theory）や学習理論（learning theory）が"行動心理療法（behavior psychotherapy）"として発展していきました。その理論と技法を取り入れたのが、「行動・ケースワーク（behavioral casework）」で、フィシャー（1978）の『効果的ケースワーク・プラクティス（Effective Casework Practice）』があります。行動療法の技法として、ない行動を身につけ、その行動を学習し訓練していく「強化（enforce）」技法は効果がみられました。しかし、すでに身につけている行動、例えば、"タバコを吸う""過度にお酒を飲む"といった行動を「消去（extinguish）」する技法に疑問がもたれ、その行動を禁止するための"罰則技法"は原則としてつかわれないが、脱感作法（desensitization）が開発されたが課題は残されました。

　その後、人間の「認知（cognition）」に焦点化した「認知療法（cognitive therapy）」がベック等により開発され、うつ病の治療に効果があるとして注目されるようになります。その後には、「認知」と「行動」をくっつけ「認知行動療法（cognitive behavioral psychotherapy）」となりました。「認知・行動・ケースワーク」として導入され普及していきました。

⑵ 1980 年代：「ソーシャルワーク・プラクティス」の誕生と進展の要因

　ここでは、ソーシャル・グループワークやコミュニティ・オーガニゼーションの発展についてはふれませんでしたが、特にソーシャルケースワークの発展において、1900 年代の「診断主義」と「機能主義」ケースワークとその他ケースワークの、その後の発展に共通する二つの特徴を挙げることができます。一つは、リッチモンドのケースワークの定義に示された「個人対個人（individual by individual）」である「個別化」が進んだということです。二つ目は、リッチモンドがケースワークを「直接援助活動（direct activities）」と「間接援助活動（indirect activities）」とに分け、専門性の高まりとともに、前者へと特化し、「人格の成長（to develop personality）」を目的とするものへと傾斜していきました。つまり、一対一の"面接（interview）"、あるいは"相談"として、面接室のなかではじまり、面接室のなかで完結するということが顕著になりました。それは、ケースワークを"心理療法（therapy）"であるとするホリスの『ケースワーク：心理社会療法（psychosocial therapy）』にみることができます。「面接」や「相談」は、クライエントや利用者が原則として、その面接のあるクリニックや機関、施設にやってくることができ、料金が払え、ある程度自我が強く、対話が可能で、定期面接に耐えられる人たちに対するものへと"専門化"が進み、"小さな精神

科医"と揶揄されることもありました。

　その傾向が深まるなかで、パールマンは"ケースワークは死んだ"という論文を著します。リッチモンドの「ケース・ワーク」以来、人格への理解とはたらきかける直接援助へと傾斜し、人をとりまく環境や状況の理解とはたらきかける間接援助が見失われたことへの警鐘をならしました。そして、本来あった、"何のための""誰のための"ケースワーク、ソーシャルワークであるかという、その使命や専門価値が見失われたのではないかということで、全国ソーシャルワーカー協会に設置された委員会で議論が行われ、バートレットの『ソーシャルワーク・プラクティスの共通基盤（common base）』において、ソーシャルワークの「専門知識（professional knowledge）」とともに、「専門価値（professional values）」の再評価がなされるとともに、それを"共通基盤"とする専門職の"倫理綱領（code of ethics）"が作成されました。

　リッチモンドの「直接」と「間接」を統合する考えから、"状況・環境における人（a person in his/her situation）"が謳われていくことになります。その理論的発展として、環境と人と、その相互関係を理解しはたらきかけるための概念枠として「システム理論」が導入され、「システム・ソーシャルワーク」が発展していくことになります。ほかには、「エコロジカル・ソーシャルワーク」や「ライフ・モデル・ソーシャルワーク」があります。それらの新たな理論の導入とともに、従来あった"ケース""グループ""コミュニティ"という言葉が取れて、「ソーシャルワーク・プラクティス（social work practice）」と、統一してジェネリックなソーシャルワークのプラクティスとして確立していくことになります。同時に、専門職としては、"ケースワーカー""グループワーカー""コミュニティワーカー"という呼び名はなくなり、"ソーシャルワーカー（social worker）"として統一され、その名称が『ソーシャルワーカー倫理綱領』として、全米ソーシャルワーカー協会の専門的アイデンティティとして遵守されていくことになりました。学会においても、「ジャーナル・オブ・ソーシャルケースワーク（Journal of social Casework）」は、その"ケースワーク"という言葉をなくし、「ファミリーズ・イン・ソーサイアティ（Families in Society）」というタイトルに変更され現在に至っています。

(3) 2000年以降：「プログレッシブ・ソーシャルワーク」の登場と今後

　ソーシャルワーク・オウラクティスの範囲は、個人から、その環境へと拡がり、クライエントの"問題"は、その個人のなかに原因があるというより、その人をとりまく環境、特に"社会"に原因があり、そのことによって、その人に"問題"が結果となり、

例えば"貧困"となっていると、その原因のとらえ方が、個人から社会へと向いていくことになります。その考え方は、以前から伝統的にありましたが、モダンからポストモダンという時代を経て、新たな装いをもって体系化されていきます。例えば、資本家と労働者、あるいは、政府と国民といった"大きな物語"で語られ、その対象は原因となっている資本主義社会であり、政府であり、体制であるとして、その方法はポリティカルなものとして考えられるようになります。

　その一つが、1960年代にはすでにみられるようになっていた、ソーシャルワークのなかに浸透し発展していくことになる「ラディカル・ソーシャルワーク」です。しかしながら、ソーシャルワーク・プラクティスにおいて、"大きな物語"による実践は、対象が"その資本主義社会"であり"その政府"であり、"その制度"であることになり、本来、ソーシャルワークの特徴とする"一人の人間"としての「クライエント」が、そのプラクティスのなかで"見失われ"、"置き去りになる"ことが明らかになってきました。"クライエントの利益を最優先に考える（Client is primary.）"、"クライエントのいるところから始める（Start where s client is.）"といったソーシャルワーク・プラクティスの価値であり原則が失われ、ソーシャルワーカーとしてのプロフェッショナル・アイデンティティを失ってしまうことが明らかになってきました。そこで、「ラディカル・ソーシャルワーカー」への批判が起こり、その反省から新たなソーシャルワーク・プラクティスが模索されることになります。

　ソーシャルワーカーが自らの反省から、ソーシャルワーカー自身、正しい問題と考えていたことに、自らが"批判的考え（critical thinking）"をもって、ソーシャルワーク・プラクティスを行っていくという「クリティカル・ソーシャルワーク」が登場してきます。例えば、ポスト・モダンといわれる哲学や社会学からの影響を受け、"政府と国民"や"資本家と労働者"といった"大きな物語"ではなく、"国民と国民の間"や、"国民と国民のなかにある社会構造としての社会不正義"といった"小さな物語"や、大局的な"グランド・セオリー"から、地に足のついたといった局所的な"グラウンデッド・セオリー"へといった考え方の転向が行われることになります。

　その"自己"や"社会"において、絶対的価値から相対的価値へ、普遍的真理から"事実は社会的に構成される（Reality is socially constructed.）"といった構造主義から構成主義へと、その考え方が大きく変化していくことになります。そして、プラクティスの対象が"政府"や"制度"から、もう一度、「その人（a person）」「そのクライエント」へと戻っていきます。クライエントとの"会話""対話"をもとに、その関

係は"権威的""一方的"なものではなく、"リフレクティブ（reflective）"が提唱され、その英語は「省察」と邦訳され、それは「リフレクティブ・ソーシャルワーク」として、プログレッシブ・ソーシャルワークの一つとして発展しています。

②プログレッシブ・ソーシャルワークの主なる文献

「プログレッシブ・ソーシャルワーク」の主な文献を挙げます（表5-7）。

表5-7 新たなソーシャルワーク理論とその文献

ラディカル・ソーシャルワーク（Radical Social Work）

(1976) Roy Bailey and Mike Brake (Ed.). *Radical Social Work*. Pantheon Books.

コンストラクティブ・ソーシャルワーク（Constructivism, Constructionist Social Work）

(1991) David D. F. Fisher. *An Introduction to Constructivism for Social Worker*. Praeger.

(1993) Joan Laird (Ed.). *Revisioning Social Work Education : A Social Constructionist Approach*. The Haworth Press.

(1998) Cynthia Franklin and Paula S. Nurius (Ed.). *Constructivism in Practice : Methods and Challenges*. Families International, Inc.

(1998) Mary K. Rodwell. *Social Work Constructivist Research*. Garland Publishing, Inc.

(2000) Nigerl Parton and Patrick O'Byrne. *Constructive Social Work : Towards a New Practice*. Macmillan Press, ltd.

(2012) Stanley L. Witkin (Ed.). *Social Construction and Social Work Practice : Interpretations and Innovations*. Columbia University Press.

ストラクチュラル・ソーシャルワーク（Structural Social Work）

(2004) Colleen Lundy. *Social Work and Social Justice : A Structural Approach to Practice*. Broadview Press.

(2007) Bob Mullaly. *The New Structural Social Work*. Oxford University Press.

(2011) Collen Lundy (2nd Ed.). *Social Work a, Social Justice, & Human Rights : A Structural Approach to Practice*. University of Toronto Press.

クリティカル・ソーシャルワーク（Critical Social Work）

(1999) Bob Pease and Jan Fook (Ed.). *Transforming Social Work Practice：Postmodern Critical Perspectives.* Routledge.

(2007) Jan Fook and Fiona Gardner. *Practicing Critical Reflection：A Resource Handbook.*

(2009) Robert Adams, Lena Dominelli and Malcolm Payne (Ed.) (2nd Ed.). *Critical Practice in Social Work.* Palgrave Macmillan.

(2009) June Allan, Linda Briskman, and Bob Pease. *Critical Social Work.* Read How You Want.

(2012) Jan Fook (2nd Ed.). *Social Work：A Critical Approach to Practice.*

(2013) Jan Fook and Fiona Gardner (Ed.). *Critical Reflection in Context：Application in Health and Social Care.* Routledge.

リフレクティブ・ソーシャルワーク（Reflective Social Work）

(1983) Donald A. Schön. *The Reflective Practitioner：How Professionals Think in Action.* Basic Book（ドナルド・A・ショーン『省察的実践とは何か：プロフェッショナルの行為と思考』柳沢昌一・三輪健二監訳、鳳書房、2007年）

(2016) Christine Knott and Terry Scragg (4th Ed.). *Reflective Practice in Social Work.* SAGE Publishing Inc.

(2019) Ken Moffatt. *Post Modern Social Work：Reflective Practice and Education.* Columbia University.

アンティオプレッシブ・ソーシャルワーク（Anti-Oppressive Social Work）

(2002) Lena Dominell. *Anti-Oppressive Social Work Theory and Practice.* Palgrave Macmillan.

その他のソーシャルワーク（Other Social Work）

(2005) Malcom Payne. (3rd Ed.). *Modern Social Work Theory.* Palgrave Macmillan.

(2015) Joyce Lishman (3rd Ed.) (Ed.). *Handbook for Practice Learning in Social Work and Social Care：Knowledge and Theory.* Jessica Kingsley Publishers.

2）新たなソーシャルワークに基づく
これからのソーシャルワーク・スーパービジョン

ソーシャルワーク・スーパービジョンは、ソーシャルワーク・プラクティスの進展と呼応し発展してきました。先に、そのソーシャルワークの発展を理解しないで、ソーシャルワーク・スーパービジョンの発展を理解することはできないと指摘し、その発展をみてきました。ここでは、ソーシャルワーク・スーパービジョンに焦点を戻し、プログレッシブ・ソーシャルワーク・プラクティスの発展に影響を受け、ソーシャルワーク・スーパービジョンがどのように進展してきたか、また、その展望について議論を進めてみましょう。

①リフレクティブ・ソーシャルワークとクリティカル・ソーシャルワークに基づくソーシャルワーク・スーパービジョン

ショーン（1983）は、「従来的専門家と省察的実践者」において、その両者を比較し、その違いを表にまとめています（表5-8）。

表5-8 従来的専門家と省察的実践者（Expert and Reflective Practitioner）

従来的専門家（Expert）
自分では不確かだと思っても、知っていることを前提にされており、知っている者としてふるまわなければならない。

省察的実践者（Reflective Practitioner）
知っていることを前提にされているが、私だけがこの状況下で、関連する重要な知識をもつ人間なのではない。私が不確かであることは、自分にとっても相手に対しても学びの機会になりうる。

従来的専門家（Expert）
クライエントと距離をおき、専門家の役割の保持に努めるのがよいだろう。クライエントに、自分が専門家であることを理解させるとともに、「甘味料」のような温かさと共鳴の感情を伝えるとよい。

省察的実践者（Reflective Practitioner）

クライエントの考え方や感情を知るよう努めてみよう。置かれている状況のなかで、クライエントが私の知識を発見し、その知識に敬意を示してくれるのならば、喜んで受け入れよう。

従来的専門家（Expert）
クライエントからの反応のなかに、プロフェッショナルである私の社会的人格に対し、服従と尊敬の気持ちがあるかどうかを探してみるとよい。
省察的実践者（Reflective Practitioner）
自由な感覚およびクライエントとの真の結びつきを探求してみよう。プロフェッショナルとしての体裁を取り繕う必要はもはやないから。

（317 頁／ Page 300）

ハウ（2019）は、リフレクティブ・ソーシャルワークとスーパービジョンについて述べています。クリティカル・ソーシャルワーク（critical social work）とリフレクティブ・ソーシャルワーク（reflective social work）と、スーパービジョンに関連したものとして、次のような記述があります。「より平凡ではあるが同じく重要なものは、ワーカーが批判的に自己覚知（critical self-awareness）を進めていくのを援助するときに、よいスーパービジョンが果たす役割である。1 対 1 のスーパービジョンも、グループスーパービジョンも、非常に多くの利益をもたらす」（p.219）と述べ、「すぐれたスーパービジョン（reflective supervision）は、ソーシャルワーカーが自分自身とクライエント双方の考えと感情を深く理解するのを手助けする」ことを指摘している。また、リフレクティブ・ソーシャルワーク（reflective social work）については、「このような熟考（reflection）の「プロセス」によって、ワーカーは自分自身とサービス利用者の間に生じていることを熟考（reflect）するようになる」（p.220）と述べています。

この「リフレクティブ（省察）」を取り入れ、児童福祉の領域におけるソーシャルワーク・スーパービジョンに応用した一つの例として、ミネソタ大学で開発した「リフレクティブ・スーパービジョン」（Reflective Supervision & Consultation： Perspectives from Child Welfare Professionals-Bing video）をインターネット上でみることができます。

第Ⅰ部 理論編

② 「クリティカル（批判的）ソーシャルワーク・プラクティス理論」から「リフレク
　ティブ（反射性／熟考／省察的）・ソーシャルワーク・プラクティス理論」へ ………

(1)「熟考的／省察的な実践（reflective practice）」と「批判的な熟考（critical
　reflection）」

　　ハウ（邦訳、2011）は、"リフレクティブ（reflective）（「熟考的／省察的」）" と
"クリティカル（critical）（「批判的」）" の関係と、その融合について、「『熟考的な実践
と批判的な成熟』はソーシャルワークに対する十分に明確化されたアプローチの基礎と
なります。熟考的（リフレクティブ）な実践と批判的（クリティカル）熟考（リフレク
ティブ）についてフックの著書（Fook 2002, 2007）では、ポストモダニズム、ポス
ト構造主義、批判的（クリティカル）ソーシャルワーク、熟考的（リフレクティブ）な
実践、反射性の要素を融合させている」（邦訳、p.217；原書、p.171)）と述べていま
す。

　　続いて、この融合されたアプローチを簡潔に説明しています。「このアプローチは、
ソーシャルワーカーがパワーについて批判的に熟考すること－誰がパワーをもってい
て、誰がもっていないか－を促している。ワーカーはまた、言葉－特に専門家が使う言
葉－がいかにサービス利用者と彼らの生き方を方向づけ、限定しているかに気づく必要
がある。この点を考えてみると、我々はなじみの領域に立ち返っている。すなわち、こ
れらの点は、批判的理論と批判的ソーシャルワークの考え方なのである」（邦訳、

p.217；原書、pp.171-172)

フック（Fook 2007：368）は、この融合されたアプローチを、「批判的な熟考／省察の過程（クリティカル・リフレクティブ・プロセス）（Critical Reflective Process）」と呼び、「批判的な熟考（クリティカル・リフレクティブ）には、2つの段階、すなわち分析と変化の段階がある」と、ハウ（邦訳、2011、p.217；原書、p.172）は説明しています。二つの段階を、ハウの説明を引用して概略的に示してみよう。

「批判的な熟考／省察の過程（クリティカル／リフレクティブ・プロセス）」の2つの段階：
分析と変化

（ア）　分析の段階（The stage of analysis）：「*解体（de-construction）*」
　批判的な熟考における分析の段階は、「*解体（de-construction）*」の段階である。ここでワーカーと利用者は他の人びとがパワーを利用していることや、あるいは誤用していることに気づくようになる。そして、彼らは利用者自身の考え、思い、言葉、可能性についても気づくようになる。

（イ）　変化の段階（The stage of change）：「*再構築（re-construction）*」
　変化の段階は、いわば「*再構築（re-construction）*」の段階である。サービスの利用者が自らを再評価しはじめる。彼らはパワーを取り戻し、身震いしながら少なからぬ不安を抱えて、自分自身の人生の意味内容を再びコントロールする可能性を想像する。

(2)「曲がった小道の実践（The crooked path of practice）」
　以上をまとめると、ハウ（邦訳、2011）は、ソーシャルワーク・プラクティス理論の進展を精査することで、ラディカル（急進的）・ソーシャルワーク、ポストモダニズム、ポスト構造主義、クリティカル（批判的）・ソーシャルワーク、リフレクティブ（熟考／省察的）・ソーシャルワーク、反射性等を説明し、最後に、「ラディカル（急進的）・ソーシャルワーク・プラクティス理論」「クリティカル（批判的）・ソーシャルワーク・プラクティス理論」「リフレクティブ（熟考／省察）・ソーシャルワーク・プラクティス理論」を融合させ、「批判的な熟考／省察の過程」を提唱しています。そして、後のほうの章で「最善の実践（Best Practice）」の具体例として、「曲がった小道の実践（The crooked path of practice）」（邦訳、pp.240-243）について述べています。

「批判的で、熟考的で（a critical and reflective way）サービス利用者との仕事をするときには、インターベンションの小道がまっすぐなことはめったにない。それはねじれている。それはあっちへ行ったり、こっちへ来たりしている。したがって、結果は簡単に予測できない。実践の青写真はない。我々にできる最善のことは、注意深さと好奇心と深い思いやりをもって旅行することである。そのときに、我々は不確実な旅行をしているサービス利用者を伴い、案内してより意味のある、ストレスのない未来へと導いていくのである」（邦訳、pp.240-241；原書、p.191）と述べています。
　その部分を参考にして、事例風に「80歳台前半のアメリアとソーシャルワーカーのイモゲンとのかかわり」として、相互のかかわりの経過を書き出してみましょう。

80歳台前半のアメリアとソーシャルワーカーのイモゲンとのかかわり

アメリアとボブの経緯
　アメリアはアルツハイマー型の認知症と診断され、公営住宅に一人で暮らしている。彼女は、従兄のボブからいくらかの支援を受けている。ボブは60歳台で、アメリアとは特に親密なわけではない。ボブには、自分の家族と子どもがいる。アメリアは、もはや一人暮らしはできない状態になっており、施設ケアがおそらく最も適切であるということが最初の申請書類であった。少なくとも、最初の段階では、ボブもこの計画を支持していた。

ソーシャルワーカーのイモゲンのかかわりの経過
（1）　ソーシャルワーカーのイモゲンは、かかわりはじめたとき、時間をかけ、注意深く「彼女の生活史を聴く」ことによってアメリアを理解しようとした。
（2）　すると、彼女の現在の家が安心の源であり、安全な場所であることがすぐに明らかとなった。
（3）　物理的にだけでなく、心理的にもアメリアにとって家のもつ意味は「最善の実践」の出発点でなければならない。
（4）　イモゲンがだんだん自分のことを理解してくれてきていることを感じ取って、アメリアは徐々にソーシャルワーカーと「信頼関係」を築くようになった。
　①　アメリアにとって家と近隣が重要なことを「受け止めて」、イモゲンは徐々にコミュニティ基盤の支援が受けられるように交渉できるようになった。
　②　そのことでアメリアは自分の家にとどまれるであろうし、彼女はそうしたいと強く思っていた。

③　コミュニティ基盤の支援の選択肢のなかには、デイケア、ホームケア、高齢者団体によるボランティアの支援があった。

④　特に印象的なことは、イモゲンが「個人の物語」に実際に注意を払うことによって発展させた理解のレベルである。アメリアは、以前に保健専門職者が「押しつけようとした」「ケアの解決策」の試みには疑問をもったが、今回の「注意深く発展させてきた信頼関係」のなかで、「自分自身の物語」から明らかにしてきた支援の選択肢には疑いをもたなかった。

（5）　イモゲンは、アメリアの認知症は進行しているので、事態は変化していくことを知っていた。しかし、彼女はアメリアのペースで進めていく準備もしていた。すなわち、彼女のニーズや状況の変化に対応して、絶えず協議、再協議ができるだけのアメリアとの関係を維持した。

（6）　幻覚をもちはじめる可能性のあるアメリアは、自宅ではますます不安を感じるようになってきているということが徐々に明らかになってきた。長い間、施設ケアに抵抗してきたのはアメリアであったし、最終的にはそこが最も安全な場所だということに合意したのもアメリアであった。

（7）　アメリアに寄り添い、彼女のペースに合わせ、彼女の変化する能力に対する気持ちを大切にしながら、ワーカーは支援を受けない自立した状態から、支援を受けながら自立への移行を比較的にスムーズに、またきめ細かく進めた。

（8）　そして最終的には施設ケアへと移行した。

　　この例からみえてくるソーシャルワーク・プラクティス理論のエッセンスを、ハウ（邦訳、2011）は、大きく2点にまとめています（邦訳、p.242）。

（1）　イモゲンは「内的なアメリアの物語に入り込んだ」。そして、その結果として、彼女の実践は調和し、きめ細かく、効果的になった。ケース全体を導く単一の理論、政策、法律などというものはない。むしろ、イモゲンは「アメリアが体験している世界をそのままに理解する」ことで、それぞれのときに、さまざまな考え、支援、そして資源を利用できた。

（2）　イモゲンは発生するかもしれないリスクを思い悩まないようにした。その代わり彼女は「アメリアの視点から世界を見る」ようにした。それゆえ、イモゲンは「保健や社会

的ケアのマネージャーが表明したリスク」にではなく、「アメリアのニーズに即して対応した」。ソーシャルワーカーは、…「アメリアの声を探し求め、それをアセスメントの中心に据えた」。…これは、アセスメントを1回限りの行事とする考え方には抵抗するソーシャルワーカーなのである。それは実践に対して、不確実性と矛盾を知って無力感に陥ってしまうのではなく、「批判的な分析」に基づいて「思いやりある行動をする」ことを要求する。

　以上のことから、「トラディショナル・ソーシャルワーク・プラクティス」に基づいた"真っすぐな道の実践"のソーシャルワーク・スーパービジョンと、「プログレッシブ・ソーシャルワーク・プラクティス」に基づいた"曲がった小道の実践"のソーシャルワーク・スーパービジョンは異なったものになります。その特徴は、スーパービジョン過程の段階が一方的で構造的（ストラクチュラル）な従来的スーパービジョンと異なり、相互に関係し合い、進んだり、戻ったりする柔軟に構成的（コンストラクティブ）なものになっていることです。

参考文献

- Fischer, J., *Effective Casework Practice : an eclectic approach*, McGraw-Hill Book Company, 1978
- Fook, J., *Social Work : Critical Theory and Practice*, London, Sage Publications Ltd., 2002
- Fook, J., "Reflective Practice and Critical Reflection," Lishman, J., ed., *Handbook for Practice learning in Social Work and Social Care : Knowledge and Theory*, 2nd ed., London, Jessica Kingsley, 2007, pp.363–375
- デビッド・ハウ著、杉本敏夫訳『ソーシャルワーク理論入門』みらい、2011 年
- Kadushin, A., *Supervision in Social Work*, 3rd ed., Columbia University Press, 1992
- Kadushin, A., Harkness, D., *Supervision in Social Work*, 5th ed., Columbia University Press, 2014
- Munson, C. E., ed., *Social Work Supervision : Classic Statements and Critical Issues*, The Free Press, 1979
- Munson, C. E., *Handbook of Clinical Social Work Supervision*, 3rd ed., The Haworth Social Work Practice Press, 2002
- ドナルド・A・ショーン著、柳沢昌一・三輪建造監訳『省察的実践とは何か——プロフェショナルの行為と思考』鳳書房、2007 年
- Wonnacott, J., *Mastering Social Work Supervision*, Jessica Kingsley, Publishers, 2012

第 II 部

ソーシャルワーク・スーパービジョンの取組み

第6章 ソーシャルワーク・スーパービジョンの展開例
－個別スーパービジョンの開始から終了まで

本章では、ソーシャルワーク・スーパービジョン（以下、SV とする）の実際について、認定社会福祉士並びに認定上級社会福祉士制度における個別 SV の具体例を、SV の理論的枠組みを活用しながら提示を試みます。

1 ソーシャルワーク・スーパービジョンの実際

1）認定社会福祉士並びに認定上級社会福祉士制度における SV の位置づけ

認定社会福祉士制度は、社会福祉士のキャリアアップを支援するしくみとして設けられています。認定社会福祉士制度には、認定社会福祉士および認定上級社会福祉士の 2 種類があり、スーパービジョン実績を含む、認められた機関における研修の受講が要件の一つとなっています。SV（受ける・実施する）の実績は、認定社会福祉士認証・認定機構（2020）で定められた登録規定に従って定められた専門職団体からの推薦、研修会受講、申請、審査を経て登録されたスーパーバイザー（以下、バイザーとする）との契約に基づいて行われたものに限られます。一方、スーパーバイジー（以下、バイジーとする）は、定められた手順に従って、原則として 1 回につき 1 時間以上、1 年間に 6 回以上の定期的かつ継続的実施および終了することで 2 単位となります。

2）ソーシャルワーク・スーパービジョンの理論的枠組み

SV については、さまざまな定義や目的、さらに方法・理論がありますが、本章では SV 実践の実際を、トニー・モリソン（2005）が "Staff Supervision in Social Care (3rd ed.)" において提示したスーパービジョンモデルを下地として著わされた、ワナコット（2014）の "Developing and Supporting Effective Staff Supervision" を

理論的枠組みとして説明を試みます。

2 具体例を読み解く前に

1）取組みの概要

　すでに述べたとおり、本 SV 実践は、認定社会福祉士並びに認定上級社会福祉士制度における SV 実践です。バイザーは、認定社会福祉士の資格を取得することを目指し、本 SV を受けることを希望しており、社会福祉士の生涯研修を受講し、意欲的に SV に臨んでいます。

　SV を実施する前に、バイジーと SV 実施および内容について合意を図るため、事前打ち合わせを行いました。SV への取組みの動機づけ、役割と責任の明確化、守秘義務などについて説明、確認しました。さらにバイジーについて、ソーシャルワーカーとしての経験、SV 経験の有無、バイジー自身の SV に対する認識や期待と不安、バイジーの組織内での地位、学習スタイル、業務への信念や目的などについてアセスメントを行いました。

　バイジーは、豊富なソーシャルワーク実践の経験がありました。また、さまざまな質問に対しても明確に言語化でき、ソーシャルワーカーとしての信念と誇りをもっていました。SV 経験はなく、バイジーからは「これまで、経験則で実践してきた」「常にこれでよかったのかと不安を抱えながら実践してきた」との言葉が聴かれました。SV に対するイメージや不安について尋ねると、「初めてでイメージが湧かない。しかし、自身のソーシャルワーク実践の根拠が明確になるのではとの期待がある。その一方で、自身の実践の未熟さが明らかとなることも怖い」という言葉も聴かれました。

　SV の計画としては、まずバイザーとバイジーの良好な関係性の構築をとおして、バイジーの心理的安全性[1]を保障したいと考えました。そのうえで、バイジーのソーシャ

1）エイミー・C・エドモンドソン（2021：134）は、「心理的安全性とは、大まかに言えば『みんなが気兼ねなく意見を述べることができ、自分らしくいられる文化』のこと」としている。さらに自分の意見が職場で重視されていると実感するのが当たり前となる組織を「フィアレスな組織」と呼んでいる。心理的安全性は、個人と個人の間ではなく、職場集団（ワーク・グループ）のなかに存在し、組織内の学習やパフォーマンスが向上し、共通の目標を達成することに集中できるようになるとしている。スーパーバイジーの所属組織や部署、さらにスーパービジョン関係において心理的安全性は不可欠である。

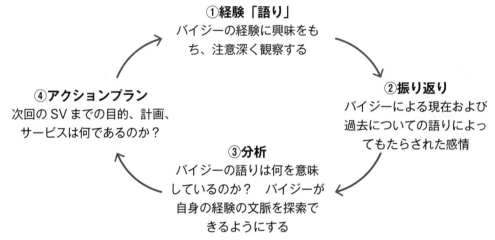

図6-1 スーパービジョンサイクル

①経験「語り」
バイジーの経験に興味をも
ち、注意深く観察する

②振り返り
バイジーによる現在および
過去についての語りによっ
てもたらされた感情

③分析
バイジーの語りは何を意味
しているのか？　バイジーが
自身の経験の文脈を探索で
きるようにする

④アクションプラン
次回の SV までの目的、計画、
サービスは何であるのか？

出典：Morrison, T., *Staff Supervision in Social Care*, Pavilion, 2005, p.155

ルワーク実践をとおして、事前打ち合わせで確認を行った SV のテーマである「自身の
ソーシャルワーク実践をソーシャルワーク理論・モデル・アプローチおよびソーシャル
ワーク倫理・価値を活用して振り返ることで、自身の実践の根拠を確認したい」（バイ
ジーの言葉）との内容に沿って SV を行うこととしました。

　しかし本契約の SV においては、組織外 SV であるため、管理的機能についての SV
の発揮、現在担当されている事例に対してタイムリーな SV が困難であることの説明も
行いました。

　毎回の SV のプロセスは、図6-1 に示したサイクルで実施しました。

2）キーワード

　ソーシャルワーク実践の言語化、アカウンタビリティの発揮、ソーシャルワーク理
論・モデル・アプローチの活用、自身のソーシャルワーク実践の振り返り、組織外 SV

3）読者へのメッセージ

　ここで紹介する SV 実践事例では、バイジーである、医療ソーシャルワーカーへの
SV 実践を紹介します。6 回にわたる SV 実践のポイントを提示しています。また、各

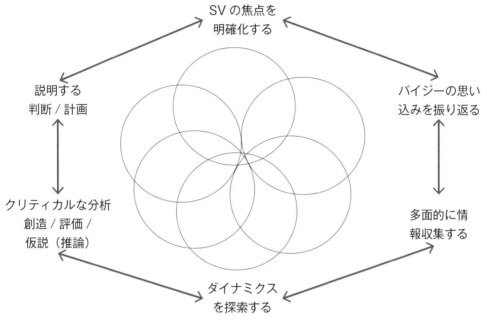

図6-2 最前線の実践をスーパービジョンするための六つのステップモデル

SV の焦点を
明確化する

説明する
判断 / 計画

バイジーの思い
込みを振り返る

クリティカルな分析
創造 / 評価 /
仮説（推論）

多面的に情
報収集する

ダイナミクス
を探索する

出典：Wonnacott, J., *Developing and Supporting Effective Staff Supervision*, Pavilion, 2014, p.81

回の SV で、ワナコット（2014：81）による SV するための六つのステップモデル
（図 6-2）を参考に、ステップごとに留意する点に焦点をあて紹介を試みました。この
サイクルは、連続的かつ循環的なプロセスであり、一つの実践や応答が他のまたは全て
の反応を生じさせます。

3 ソーシャルワーク・スーパービジョンの具体例

１）契約のあり方と内容

①ソーシャルワーク・スーパービジョンの枠組み

　認定社会福祉士認証・認定機構で定められた登録規程に従って定められた SV を 1 年
間の契約で実施した、個人を対象とした実践です。

　バイジーの組織外のバイザーとの契約にて実施しました。契約にあたっては、自己

チェックシートをもとに、医療ソーシャルワーカーとしての経験や思い、職場内の位置づけ、SV のテーマなどについて話し合いました。

②契約者は誰と誰か

　急性期病院の医療ソーシャルワーカーとして 10 年勤務している社会福祉士で、A 県社会福祉士会より紹介・依頼があったバイジーと、福祉系大学に勤務する教員との関係。

③契約の内容

　契約期間は 1 年間。大学内の面談室にて、事前面談と事後面談以外に 6 回（2 か月に 1 回程度）の SV の実施を契約。

④準備

　事前準備として、契約書、自己チェックシートの作成をバイジーに依頼しました。

２）個別スーパービジョンの流れ

①回数と期間

　20××年 9 月 1 日から 20××＋ 1 年 8 月 31 日を期間とし、契約期間の間に 6 回の SV の実施契約を締結しました。

②各回の進め方

事前面談

　事前面談では、契約内容について確認したうえで、バイジーの SV の目的やテーマについて話し合いながら、バイジー自身の実践および SV（受ける・実施する）経験やイメージ、組織内外のスタッフや機関との関係性およびポジショニングなどについてアセスメントを行いました。ワナコット（2014：33）は、効果的な SV は、図 6-3 に示した四つのステークホルダーに対して肯定的な影響があるとともに、SV のプロセスにも影響を与えているとしています。そのため、SV のプロセスにおいて、常に、これらの四つのステークホルダーを念頭において実践していきました。

　バイジーの実践事例をもとに、自身のソーシャルワーク実践の言語化をとおして、自身の実践を振り返るとともに、ソーシャルワーク理論・モデル・アプローチおよびソーシャルワーク倫理・価値を活用してソーシャルワーク実践の根拠を説明できることを目標とすることに合意し、各回の SV については表 6-1 のように実施しました。

図6-3 四つのステークホルダー

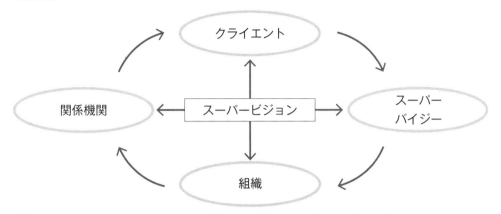

出典：Wonnacott, J., *Developing and Supporting Effective Staff Supervision*, Pavilion, 2014, p.33

表6-1 各回のソーシャルワーク・スーパービジョンの実施内容

回	ソーシャルワーク・スーパービジョンの内容	留意点
第1回目	クライエントシステム（困難事例）へのソーシャルワーク実践の言語化	SVの焦点化、クライエントシステムについて多面的な視点でのアセスメントおよびクライエントとの相互作用上で生じた自己の感情への気づきと言語化を支援するとともにバイジーの思い込みを振り返る。
第2回目	クライエントシステム（困難事例）のアセスメント	多面的な視点での再情報収集およびアセスメントを支援する。
第3回目	ワーカーシステム（外来看護師部門）へのはたらきかけ	クライエントシステムとターゲットシステムのダイナミクスの探索を支援する。
第4回目	地域システムへのはたらきかけ	生活困窮者支援をテーマに地域システム（関係機関）のダイナミクスの探索および働きかけを支援する。
第5回目	組織内の葛藤へのはたらきかけ	自組織の地域包括ケアシステム内での役割について整理・管理者のダイナミクスの探索およびはたらきかけの計画を支援する。
第6回目	COVID-19による生活困窮者支援対策（ライフレスキュー事業）の提案	地域ニーズを組織内外にフィードバックし、ライフレスキュー事業展開へ支援する。

3）ソーシャルワーク・スーパービジョンの内容

第1回目（20××年10月Y日）

　医療費未払いのAさん（58歳、糖尿病で外来通院中）の事例をとおしてSVを実施しました。バイジーにより提示された課題は、Aさんの人物像の理解ができないことと、組織から期待されている医療費未収金の徴収への対応が遅々として進まないことでした。

　Aさんは認知症の母親（82歳）との二人暮らしであり、母親の年金とAさんの日雇いの収入で生計を立てています。バイジーは、「典型的な8050問題の事例」と表現しました。本SVでは、クライエントであるAさんについて多面的な視点でアセスメントをすることから、クライエント理解を深めるとともに、クライエントとの相互作用で生じたバイジーの感情を取扱うことに焦点をあて実施しました。表6-2は、バイザーとバイジーとのSV場面の一部です。

表6-2 クライエント理解を深めるためのSV場面の一部

発言者	SV場面でのバイザーとバイジーの対話内容
バイジー	「定職に就かず、母親の年金に頼って生活をしている、典型的な8050問題の事例だと思っています」
バイザー	「典型的な8050問題の事例だと思っているのですね」
バイジー	「はい。今まで定職に就かず、日雇いで、週に2回程度、公共施設の清掃業務に携わっている程度です。母親の年金がなければ生計が維持できないんです」
バイザー	「お母様の年金収入がないと生計が維持できない状況なんですね。Aさんがお仕事について話されているご様子についてもう少し詳しくお聞かせくださいませんか？」
バイジー	「そうですね。早朝から仕事に取りかかり、黙々と公共施設の清掃を行っていることを詳しく話してくださいました。仕事に真面目に取り組んでおられることは理解できました」
バイザー	「なるほど、真面目に仕事に取り組まれている……。どうですか、お話されている時のAさんの表情はどのような雰囲気で、どのような印象を持ちましたか？」
バイジー	「いつもは、積極的にお話されない方なんですが、詳しく説明してくれました。そうですね……、今思い出すと、誇らしげに話してくれました。キラキラしているというか……」

バイザー	「誇らしげで、キラキラされていたのですね。Aさんにとって、公共施設の清掃業務はどのような意味があると思いますか？」
バイジー	「Aさんにとって、公共施設の清掃業務は、やり甲斐のある、また誇りと思っている仕事なんだと思います。また、仕事への取り組みは丁寧で、人の役に立っているとの思いをもっているとも思います」

　バイザーは、バイジーのクライエント理解を深めるための質問を行ったことで、以下の図6-4のようにクライエントの認識と感情の変化が生じました。さらに、バイジーのクライエントに対する肯定的な認識と感情の変化は、本事例に対するバイジーの推論（図6-5）をも変化させました。推論が変化したことで、次回のAさんとの面接における情報収集およびアセスメントの焦点と内容についてアクションプランを立て、SVを終了しました。

　本SVでは、「8050問題」との先入観、さらに所属機関からの「医療費支払いについて同じ言い訳を繰り返し、話にならない」との依頼内容や印象による影響、組織からの役割期待へ応答しようとしたことから、否定的な姿勢で面接に臨んでいたことが明らかとなりました。「Aさんは、あなた（バイジー）をどのような人だと思っていますか？」とのバイザーへの質問に対して、「今までかかわってきた人達と同じく、未収金の取り立て人」との気づきも得たようでした。バイジーとクライエントとの一つひとつ

図6-4 バイジーのクライエント理解およびバイジーの感情の変化

毎月支払時の面接において、同じ説明を繰り返す。少額しか返済できていない。

就労意欲がなく、母親の年金に頼って生活している。

→ 毎月、必ずソーシャルワーカーの面接に訪れ、支払計画について説明する。また、少額ずつではあるが、返済しようとの意志がある。
清掃業務に誇りをもって、誠実に取り組んでおられる。また、認知症の母親を介護しながら就労を継続している。

図6-5 Aさんに「何が起こっているか」についてのバイジーの推論の変化

母親の年金に依存して、生計を維持しているAさん。

→ 認知症の母親を介護するために、日雇いの仕事に従事せざるを得なかったAさん。

の応答の意味について多面的な視点で振り返るための質問を繰り返すことにより、クライエントを肯定的に受け止められるようになりました。

第 2 回目（20××年 11 月 Y 日）

　翌月もＡさんとの面接を予定していたとのことで、前回計画した再情報収集およびアセスメントの結果により、クライエント理解がどのように深まり、変化があったかをテーマに SV に取り組みました。

　バイジーの情報収集およびアセスメントを支援する際には、クライエントの生活史年表、ジェノグラム、エコマップの作成が有効です。バイジーとともに作成することから、バイジーがどのような情報を得ることができ、また不足している情報は何であるのか、また情報の事実とバイジーの感情や感覚、推論などが区別・整理されます。さらに、再情報収集およびアセスメントによって生じたバイジーとクライエント間のダイナミクスに注意を払うことも重要です。

　表 6-3 は、バイジーの情報収集およびアセスメントを深め、整理するためのバイザーの質問例です。

　バイジーにより行われた再情報収集およびアセスメントに対して、表 6-3 の質問をすることにより、さらにクライエント理解が深まりました。「Ａさんは、母親の介護に従事するため仕事を辞め、たったお一人で頑張ってこられたことが理解できました。母親の介護についての苦労を述べることが全くなく、むしろ自分なりに工夫して介護されている姿に接し、Ａさんの多くのストレングスを理解することができました」との発言につながりました。

　バイザーが「今、Ａさんは、あなた（バイジー）をどのような人だと思っていますか？」と前回と同様の質問を行うことによって、バイジーとクライエントのダイナミクスを探索しました。バイジーからは「今は、よき理解者。Ａさんの頑張りを評価・賞賛してくれる存在だと思っている」との返答がありました。さらにバイザーの、「それは、Ａさんのどのような言動で理解できましたか？」との質問に、「前回よりも多弁に、生き生きと語ってくれました。ぶっきらぼうな態度から笑顔に変化し、帰りには、『長時間話を聴いてくれてありがとう』とお礼を言って帰られました」との返答でした。

　残された課題は、クライエントと病院スタッフの相互作用が良好でないことと、近隣との関係も希薄であり、さらにバイジーに期待されている役割である未収金への対応が未着手であることでした。この点について、アクションプランを立てるためにさらに

表6-3 情報収集およびアセスメントを深め、整理するためのバイザーによる質問例

情報収集およびアセスメントを深め、整理するためのバイザーによる質問内容
「改めてＡさんについてどのような認識、印象をもちましたか？」
「認知症がある母親を介護するＡさんの母親への思い、介護に対する信念についてはどのように理解されましたか？」「また、それはＡさんのどのような言葉や態度でそう判断されましたか？」
「Ａさんと認知症がある母親との関係性については、どのような印象をもちましたか？　またＡさんのどのような言動でそのように判断しましたか？」
「Ａさんの母親への思いを理解した時、あなた（バイジー）にどのような感情が生じましたか？」
「Ａさんが生活保護の申請を拒否された時、どのような表現、態度でしたか？」「その背景には、Ａさんにどのような信念や思いがあると思いましたか？」「また、Ａさんは生活保護についてどのように理解されていましたか？」
「Ａさんと病院スタッフ、Ａさんと近隣との関係性についてはどのような状態ですか？」「また、それはどのような発言で理解されましたか？」「Ａさんは、病院スタッフや近隣との関係について、どのように表現されていましたか？」
「Ａさんを理解するために、ほかのスタッフや機関にはたらきかけて得られた情報はありますか？」「得られた情報についてどのような印象をもちましたか？」
「２回目の面談で、Ａさんはあなた（バイジー）をどのような人だと理解していますか？」「Ａさんとの力動（ダイナミクス）で、１回目の面談と変化したこと、変化しなかったことは何ですか？　また、それはＡさんのどのような言動で理解しましたか？」

SV を実施しました。

　上記の残された課題のうち、優先するべき課題、最もよい変化が生じやすいターゲットシステムはどこであるかについて検討を行いました。バイジーより「未収金は、少額ではあるが返済意志はあり、優先課題ではないと考えます。それよりも、病院スタッフ間（ワーカーシステム）との良好な相互作用を構築することで、Ａさんのサポート体制を強化していくことが優先だと考えます」との返答が聞かれました。多くの病院スタッフのなかで、主治医、外来看護部門をターゲットシステムとし、Ａさんとの良好な相互作用を促進することを目的として SV を終了しました。

第3回目（20××＋1年1月Y日）

　ターゲットシステムであった主治医、外来看護部門へのはたらきかけの実践について SV を行いました。主治医、外来看護スタッフともに、A さんに対する印象は、「ぶっきらぼうな人」「血糖コントロールが不良、指導するも聞き入れない」といったものでした。バイジーは、カンファレンスを開催し、A さんの状況を説明するとともに、今後のアプローチの方法について、A さんなりの血糖コントロールの努力を受け止め、コンプリメントし、血糖や体重の数値を視覚化し、A さんの工夫や努力を探索する方針に変更しました。1 か月後に再度カンファレンスを実施したところ、病院スタッフと A さんとの良好な相互作用が促進されたことが報告されました。バイジーによるアプローチによってバイジーと主治医、外来看護部門との良好なコミュニケーションが促進され、A さんに対して肯定的な認識へと変化し、さらに血糖コントロールも良好になったとのことでした。

　毎月訪れる A さんとの面談では、「主治医から褒められた。外来看護師から母親の介護についてアドバイスをもらった」など笑顔で報告されていることから、良好なコミュニケーションが促進されていることが判断できたとの報告もありました。

　前回の SV でのアクションプランを具体的に実践につなげた行動力をコンプリメントするとともに、残された課題についても検討を行いました。

第4回（20××＋1年3月Y日）

　第 3 回目の SV で確認したアクションプランは、A さんの事例をもとに地域システムへとはたらきかけることを課題としていました。バイジーは、生活困窮者支援をテーマに、A さんの事例をもとに、社会福祉協議会、行政の高齢者福祉課、地域包括支援センター、民生委員などへのはたらきかけおよび地域ケア会議の開催を行っていました。

　50 歳代の息子と母親の二人暮らしとのことで、地域は A さんの家族を把握できておらず、地域から孤立している状況がうかがえたとのことでした。

　A さんへのアプローチについて、各機関の役割を確認・共有するとともに、生活困窮者の早期発見、支援体制整備などについて、地域のなかでのシステム構築へとつながったことも報告されました。

　A さんの状況について、母親の要介護認定を受入れ、通所サービス利用につながり、母親が生き生きと通所サービスに通う姿に、A さん自身がより前向きに療養に取り組み、生活保護申請にもつながったとの報告がなされました。

バイザーより、「頑なに生活保護申請を拒否されていたＡさんが、あなたの提案を受入れたのは、どのような対応があったからなのでしょうか？」とバイジーに問いかけました。バイジーの「うまくできたこと」に焦点をあて問いかけることにより、バイジーが自身の力を自覚し、さらに言語化を促進することで、その力をほかのソーシャルワーク実践でも根拠をもって活用することにつながります。バイジーは、「未収金を支払うための生活保護申請という視点から、母親の介護に熱心に取り組むＡさんを支援するための制度利用という視点への転換が大きかったと思います」と説明しました。バイザーはバイジーのこの気づきに対して支持的に対応するとともに、この気づきが今後、バイジーのソーシャルワーク実践にどのように役立つかについて質問することで、バイジーのソーシャルワーク実践の変化を促進しました。

バイザーによるバイジーの失敗への過度な反応は、さらに新たな失敗を生じさせ、さらにバイザーによる失敗の過度な管理につながり、バイジーは自信を喪失し、バイザーと距離をとり始め、ＳＶ関係は悪化していくこととなります。そのため、バイジー自身の力で得た気づきを支持し、さらに強化するためのイメージやプランを促進するための問いかけも必要です[2]。

Ａさんの事例が終結になったことから、本ＳＶで残された課題について検討を行いました。バイジーからは、Ａさんの事例より、地域包括ケアシステム構築が求められているなかで、自組織の役割が不明確であること、自組織から地域への発信がないという課題が提示されました。

バイジーからの上述の提案に対し、「Ａさんの事例から、生活困窮者支援システムの構築をテーマに地域ケア会議で提案を行われたのは、ご自身のどのような思いからですか？」とバイジーに問いかけました。この問いかけは、バイジーの提案に対して関心を示すことで、バイザーとバイジー関係が開放的であることを示すことが可能となります。さらに、院内システムへのはたらきかけから地域システムへのはたらきかけが必要であるとの視点の拡大についてコンプリメントしました。

自組織の管理者などへどのようにはたらきかけを行っていくかについて、次回のテーマとしました。

2）マンゾーニ＆バルスー（2007）は、バイジーの失敗に対するバイザーの過度な反応は、バイザーが懲罰的になり、否定的な点に注目しているとバイジーが感じ、過小な報告もしくは反応にとどまり、パワーレス、自己防衛的となるとしている。このサイクルを、セットアップ・トゥ・フェイル・シンドロームと呼んでいる。

第5回目（20××＋1年4月Y日）

　自組織の組織図、組織内の指示命令系統および決裁の仕組み、自組織の理念などについてバイジーより報告が行われました。さらに、所属部署内のバイジーと管理者および上司との関係性、各部署との相互作用の状況についても情報収集およびアセスメントを行いました。

　ターゲットシステムとなる自組織について詳細にアセスメントを行うことで、直属上司（副看護師長）と管理者である医師とのコミュニケーション不足、他部署とのコミュニケーション不足も明らかとなりました。自組織の実践内容や課題、事業計画の自組織内への発信が不足していることも明らかとなりました。

　バイザーは組織外の立場であるため、SVの教育的機能を活用することとしました。自組織や所属部署についてシステム論、ソシオグラム、エコマップなどを活用して視覚化することを支援するとともに、各スタッフとの良好なコミュニケーションを促進するためのアクションプランを協働作業にて立案しました。

　バイジーの地域へのかかわりについての報告を通しての理解、権限の委譲、承認を得るための説明について、シミュレーション、リハーサルを行うとともに、組織へ提案する際に生じる可能性のあるリスクについても検討を行いました。

第6回目（20××＋1年6月Y日）

　COVID-19感染拡大による、自組織内のシステム構築と地域の生活困窮者支援システム構築の必要性についてSVを行いました。Aさんを通して構築した支援システムを地域全体に拡大していくこと、さらに自組織の役割について提示する必要性についてバイザーより提示されました。

　既に、院内外の組織との連携の中心としてバイザーが位置づけられていました。地域のなかの生活困窮者の早期発見システムについて、行政、地域包括支援センター、社会福祉協議会、民生委員協議会と連携・協議を行い、自組織が地域から期待されている支援内容を確認し、自組織の管理部門で説明、承認を得て、生活困窮者支援システムをライフレスキュー事業として院内組織に位置づけました。院長および事務長の直轄事業として組織され、定期的にライフレスキュー事業として地域のなかで会議を開き、生活困窮者支援を展開するまでに至りました。

事後面談

　6回にわたるSVについての振り返りを行いました。バイジーは、各回のSVの個人記録を読み返したうえで、事前面談で記入した自己チェックシートを活用して、バイジー自身の変化について振り返りを行いました。

　ミクロレベル、メゾレベルで変化が見られたのは、自己チェックシートの（1-2-1）「理論・モデルに基づくアセスメント」、（2-2-1）「理論・モデルに基づく組織のアセスメント」、（3-2-1）「理論・モデルに基づく地域のアセスメント」が、それぞれ1「適切にできていない」→3「概ね適切にできている」へと変化しました。具体的には、システム理論、エコロジカルモデルの活用により、個別事例、組織、地域全体が俯瞰でき、それぞれのシステムへのはたらきかけを行えるようになったことであると説明がなされました。さらに、3-3「アセスメントに基づく目標の設定と地域福祉活動・事業の計画立案」の（3-3-1）「アセスメントに基づく目標設定」、（3-3-2）「アセスメントに基づく地域福祉活動・事業の計画立案」も同様に、それぞれ1「適切にできていない」→3「概ね適切にできている」へと変化しており、バイジーから、「地域をソーシャルワーク理論・モデル・アプローチを活用してアセスメントするという意識が今まで乏しかったことが大きく変化した」との言葉も聞かれました。

　今までアセスメントができているとの自己認識でしたが、ソーシャルワーク理論・モデル・アプローチの活用、さらに多面的な視点で根拠をもってアセスメントが行え、アセスメント力が向上した実感があるとのことでした。

　さらに、自組織をシステム論で俯瞰することで、組織の変化を促進するために、どこに、だれにはたらきかけることが適切であるかが理解でき、自組織の理念を再度確認することで、自身の実践や提案の根拠を明確に提示することにつながったとのことでした。

4）まとめ

　バイジーは、SV実施以前よりも、経験豊かで優れたソーシャルワーク実践を展開されていました。SVは、優れたソーシャルワーク実践の言語化を促進し、根拠をもった実践へとつながることが示されました。

　本SV実践は、図6-1、さらにモリソン（2001：32）により提示された管理的機能・発達的機能・支持的機能・媒介機能によって構成された「スーパービジョン4×4

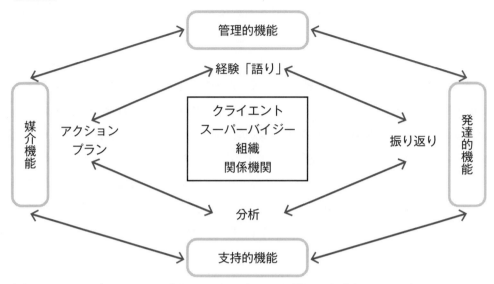

図6-6 スーパービジョン4×4×4（統合）モデル

出典：Wonnacott, J.,（PowerPoint slide8）*Developing and Supporting Effective Staff Supervision : A reader to support the delivery of staff supervision training for those working with vulnerable children, adults and their families*, Pavilion, 2014

×4（統合）モデル」（図6-6）を枠組みとして、さらに図6-2の「最前線の実践をスーパービジョンするための六つのステップモデル」により整理を試みたものです。

SVの多様な理論のなかで、モリソンとワナコットの理論を活用した背景には、多様化、複雑化そして複合化する生活問題に対して、総合的かつ包括的なソーシャルワーク実践が求められていること、特に、他機関や多職種との連携・協働による支援体制の構築が必要であり、連携・協働を促進する「媒介機能」が重要となってくると考えたことにあります。

さらに、本SVで心掛けたのは、SV関係における心理的安全性の保障です。

心理的安全性は、本来的には、職場集団（ワーク・グループ）内で求められる文化ですが、SVにおいても必要な文化であると考えています。

本SVでは、バイジーが率直に、気兼ねなく自分の考えや意見が述べられることができるSV関係性の形成に留意したことと、バイジーにより言語化された内容を非難・否定せずに受け止め、効果的な質問を通して、バイジーのソーシャルワーク実践の視点や根拠をバイジー自身の力で言語化できるよう促進したことにあります。また、バイジーから提示されたアクションプランを支持的に受け止めたうえで、プランにより生じるリスクについて、「このプランを実施することで考えられるリスクにはどのようなことが

考えられますか」という質問を通して、生じる可能性について引き出すとともに、それらのリスクに対して、「それぞれのリスクを低減させるために考えられる方法としてどのようなことが考えられますか」と質問することで、バイザー自身がその対処についても提示をするようにはたらきかけました。さらにバイザーとバイジー関係において心理的安全性を保障することで、SV の終了後、バイジーから SV の内容の率直な評価を受けることも可能となります。SV は、バイザーとバイジーがともに成長する場であるためにも心理的安全性を保障していくことは重要です。

　バイジーは、SV を通して心理的安全性を実感することから、バイジーとクライエント関係、バイジーと組織内外のスタッフとの関係性にも影響を与えます。すなわち、バイジーとクライエントシステム間の関係性そのものが、バイジーとクライエント関係に影響を与えるパラレルプロセス（図 6-7）となります。このパラレルプロセスは、精神分析理論の「転移」と「逆転移」に端を発し、サールズ（1955）によって、初めて指摘された概念です。また、カデューシン、ハークネス（2014：253）は、このパラレルプロセスで起こることは、システムの境界をまたいだ再生であるともしています。さらにマザーソール（2018）は、このパラレルプロセスを対人的現象と心的内在的現象の二つに分類し、この両方として見ることに価値があるとしています。すなわち、バイザーとバイジーとの対人的、心的内在的関係性がそのまま、ソーシャルワーク実践におけるバイジーとクライエントシステムとの関係に影響を及ぼし、間接的な介入の一部となることを意識しなければなりません。

図6-7 パラレルプロセス

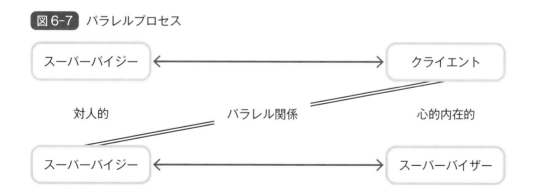

引用文献

- エイミー・C・エドモンドソン著、野津智子訳、村瀬俊朗解説『恐れのない組織──「心理的安全性」が学習・イノベーション・成長をもたらす』英治出版、2021 年
- Kadushin, A., Harkness, D., *Supervision in Social Work*, 5th ed., Columbia University Press, 2014
- 塩村公子『ソーシャルワーク・スーパービジョンの諸相──重層的な理解』中央法規出版、2000 年
- Morrison, T., *Staff Supervision in Social Care : Making a real difference for staff and service users*, 3th ed., Pavilion Publishing and Media Ltd, 2001
- Mothersole, G., "Parallel Process : A Review", *The Clinical Supervisor*, 18(2), 1999, pp.107–121
- 認定社会福祉士認証・認定機構（2022）『認定社会福祉士制度　スーパービジョン実施要綱』https://www.jacsw.or.jp/ninteikikou/supervision/documents/svjisshiyoko_20220923.pdf,2022.2.27
- Robinson , V. P., *The Development of a Professional Self*, AMS Press, 1978
- Searles, H. F., *The Informational Value of the Supervisor's Emotional Experiences*, Psychiatry, 18(2), 1955, pp.135–146
- Wonnacott, J., *Developing and Supporting Effective Staff Supervision : A reader to support the delivery of staff supervision training for those working with vulnerable children, adults and their families*. Pavilion, 2014

参考文献

- Manzoni, J. F. & Barsoux, J. L., *Set-up-to-Fail Syndrome : Overcoming the Undertow of Expectations*, Harvard Business Review Press, 2007
- Wonnacott, J., *Developing and Supporting Effective Staff Supervision*, Pavilion, 2014
- ジェーン・ワナコット著、野村豊子・片岡靖子・岡田まり・潮谷恵美訳『スーパービジョントレーニング──対人援助専門職の専門性の向上と成長を支援する』学文社、2020 年

　スーパービジョン（以下 SV）の形態のなかで個別 SV は中心的な位置を占めるものです。本例は、モリソンの SV モデルを活用した認定社会福祉士のための個別 SV 実践例です。6 回の SV のプロセスに沿って記述されており、展開のポイントが分かり易く示されています。以下、展開に沿って簡単な解説をします。

　計画的・継続的な構造化された SV は準備、開始、展開、終結のプロセスをたどります。

　準備段階では SV のための契約の重要性が述べられています。スーパーバイザー（以下バイザー）もスーパーバイジー（以下バイジー）も SV を明確に意識して、お互いに準備を始めていきます。バイジーが SV に求めるものや、バイザーが SV で提供できるものについて明らかにすることは SV 契約の第一歩です。また、バイザーとバイジーの良好な関係を構築するために「心理的安全性を保障する」ことは SV の土台となるものです。

　展開においてバイザーは「六つのステップモデル」を活用するとともに、「四つのステークホルダー」をもとに俯瞰して観るという姿勢を保持します。クライエント理解を深める記述では、バイジーの得ている情報をポジティブリフレイムすることで新たな事例理解を提示しています。援助者はともするとクライエントのできていない部分（病理）に目を向けがちですが、クライエントのパワーを認め引き出すことは援助の重要な分岐点になります。同様に SV 場面でもバイザーがバイジーのパワーを認め引き出すことは SV の展開点となります。さらにバイザーは情報やアセスメントを整理するためにバイジーの「思考・感情・行動」（Cochrane & Newton）に向けた言葉を投げかけています。この作業はクライエント理解を深めるとともにバイジーの自己覚知を促します。SV ではバイザーが「よい答えを出す」のではなく「よい質問をする／ともに探求する」ことが重要です。

　終盤では、組織内の問題に対して、バイザーは組織外の立場であることから教育的機能に軸足を置いた SV を展開しています。OJT の SV（職務内 SV）では組織マネジメントに関するテーマに焦点があてられることが多々あります。バイザーの権威的・機能的パワー（Kadushin）が重要になるとともに、専門性を追求する SV とマネジメントに着眼する SV の両者の融合（Howe & Gray）が求められます。また、システム理論に基づくパラレルプロセスの視点は、バイザー、バイジーに新たな気づきをもたらし、SV 実践に広がりをもたらします。

　バイザーのエビデンスに基づいた個別 SV 実践の展開はバイジーのみならず読者のSV 理解をさらに深化させることでしょう。

第7章 ソーシャルワーク・スーパービジョンの展開例
―グループ・スーパービジョンの開始から終了まで

1 はじめに

　筆者は、医療ソーシャルワーカー（以下 MSW とする）として 23 年の実践を経た後、大学において社会福祉士養成教育に携わり 18 年が経過したところです。その間に多くの卒業生が巣立っていき社会福祉士として活躍してくれています。スーパーバイザーとしては、2003（平成 15）年 3 月に社団法人日本医療社会事業協会（現・公益社団法人日本医療ソーシャルワーカー協会）の登録スーパーバイザーとなり、2013（平成 25）年 12 月に認定社会福祉士認証・認定機構の登録スーパーバイザーとなっています。

　本稿では、これまでに行ってきたグループ・スーパービジョンの経験を活かしつつ、グループ・スーパービジョンの開始から終了までのあり方のモデルを示したいと思います。モデル例としては、同じ病院に所属する複数のソーシャルワーカーに対する組織外グループ・スーパービジョンを行うモデルを示しますが、これが組織内であったらどう異なるか、またスーパーバイジーが同じ保健医療分野で働くソーシャルワーカーであるのか、分野が異なるソーシャルワーカーであるのかなどさまざまなバリエーションが考えられます。筆者が示すモデルが応用できる部分もあれば、応用できない部分もあると考えます。

2 取組みの概要を理解するためのキーワード

1）MSW が所属している環境

　ソーシャルワーカーが所属する分野は多岐にわたりますが、それは生活課題の解決について支援が必要なクライエントが存在する場所が多岐にわたるからにほかなりませ

ん。制度上の仕組みとして社会福祉サービスをもっぱら提供する社会福祉施設や機関等が第一次分野と呼ばれ、教育サービス、医療サービス、司法サービスなどを提供する施設や機関が第二次分野と呼ばれており、制度上、社会福祉サービスを提供するとされていない施設や機関においてもクライエントが存在すればソーシャルワークが展開されてきていました。

第二次分野において働くソーシャルワーカーは、必然的にほかの専門職との協働が日常的に必要であり、周囲に認められるために専門性を発揮することへの多大な努力を重ねてきています。MSWは、1989（平成元）年の医療ソーシャルワーカーの業務指針（平成14年に改訂）により業務の範囲がより明確化され、専門性の発揮できる環境が整えられてきました。さらに現在の医療保険制度において社会福祉士にも診療報酬上の点数がつくようになっています。これらのことは、医療機関においてソーシャルワークの機能を発揮できるよりよい環境といえるはずです。しかし、実際においては診療報酬がついている退院支援などの業務の比重が大きくなり、診療報酬をとるための手順としてのルーティン業務の比重が増え、専門的なソーシャルワークが行いにくくなっているということも見聞きします。

医療ソーシャルワーカー業務指針[1]の業務の内容には、①療養中の心理的・社会的問題の解決、調整援助、②退院援助、③社会復帰援助、④受診・受療援助、⑤経済的問題の解決、調整援助、⑥地域活動、の六つが挙げられていますが、そのなかの退院援助の比重が業務時間のほとんどを占めるようになっている状況があります。そのこと自体が問題というわけではないのですが、病院の経営的な事情がクライエントの事情よりも優先され、そのことでソーシャルワーク機能が発揮できない事態にもなってきている状況が見受けられます。

所属組織が求める役割と専門的な役割を調整していくためにはまず、自身の専門的な力量を高めると同時に、所属組織全体の利益にもなる方針を打ち出していく必要があります。社会福祉職が医療機関にいる意味、専門的な機能と役割、診療報酬上の機能と役割を上手く折り合いをつけていく必要があり、このことは困難なチャレンジであるといえます。

1） 厚生労働省「医療ソーシャルワーカー業務指針」（2002（平成14）年健康発第1129001号）

2）グループ・スーパービジョンで踏まえておくべき二つのポイント

グループ・スーパービジョンを行う場合に踏まえておくべきポイントの第1点目は、一人のメンバーであるスーパーバイジーとスーパーバイザーの個人スーパービジョンを皆が観察しているだけという事態に陥ることなく、メンバーであるスーパーバイジーの力を引き出して、スーパービジョンの効果を高めると同時に、スーパービジョンの成果をメンバー全員が得ることができるようにしていくということです。

第2点目は、グループメンバー相互間およびスーパーバイザーとスーパーバイジーとの信頼関係が大切ということです。スーパービジョンで扱うテーマは、スーパーバイジーが課題であると感じていることを取り上げるので、スーパーバイジー自身のできていないところがまな板に載せられ検討されます。その際に、できなかったところを指摘されることもありますが、そのことを前向きに受け止めることができるためには、スーパーバイザーおよびメンバー同士との関係性が重要となります。

3）組織内スーパービジョンと組織外スーパービジョン

スーパービジョンにおいて、スーパーバイザーとスーパーバイジーが同一組織に所属している場合を組織内スーパービジョン、同一組織に所属していなければ組織外スーパービジョンとなります。この違いは、スーパービジョン関係やスーパービジョンの機能やスーパービジョンの契約方法などに影響を及ぼします。

組織内のスーパーバイザーは所属組織内での役割期待に沿って動くことになります。一方、組織外のスーパーバイザーは契約内容から影響を受けますが、組織からの直接的な影響は受けません。スーパーバイジーによっては所属組織には言わずに個人的に組織外のスーパービジョンを受けることを希望する場合もあります。どういう環境下でスーパービジョン関係を結ぶかにはさまざまな事情が存在し、スーパービジョンの受けやすさを優先するならば、多様なスーパービジョンのバリエーションがあることを否定することはできません。それよりも、どのような状況下においてどのような意図でスーパーバイジーはスーパービジョン関係を結ぶことを望んでいるのかをしっかりと把握し、その状況に応じて適切な関係性を結び、より適切なスーパービジョン機能を果たしていく必要があります。

3 A地域医療支援病院に所属するMSWへの グループ・スーパービジョンの取組みの概要

　病院組織のなかでのMSWの所属部署は病院ごとに異なり、またその指示命令系統も多様です。事務部に所属している場合もあれば病院長直属の診療部に所属している場合もあります。患者支援センターや地域医療連携室等に所属しており、医師や看護師などの他専門職が上司の場合や事務長が上司の場合もあります。さらに、そこに所属しているメンバーの職種も、医師・看護師・社会福祉士・事務職などのさまざまで、また医師であれば患者支援センターや地域医療連携室に所属しつつも同時に各診療科の医局に所属し、看護師であれば同時に看護部に所属しています。すなわち保健医療サービス組織は複雑に指示命令系統が入り組んだマトリクス組織であることが多いわけです。

　まず、組織外スーパーバイザーは、誰からのスーパービジョンの依頼であるのか、どういう意図の依頼であるのかを見極める必要があります。本稿でモデル事例として挙げるのは、MSWの上司にあたる医師からの依頼を受け、同じ病院に所属するMSWへのグループ・スーパービジョンを行うという設定です。このモデル事例からまたいろいろなバリエーションがあるグループ・スーパービジョンへの応用が可能であると考えます。

1）スーパービジョンの実施段階の全体

　スーパービジョンの開始は、スーパーバイザーへの依頼から始まります。その後、波長合わせと契約、そしてスーパービジョンの実施、最後に振り返りとなります。以下、段階ごとに説明していきます。

①依頼の段階

　地域医療支援病院としての機能を果たすA病院の地域医療連携室長である医師から、MSWの質の向上のためにグループ・スーパービジョンを行ってほしいという依頼があった事例です。依頼理由としては、地域医療連携室長によると、「自身は医師であるため専門的な指導ができにくいし、中途採用のMSWが多く、業務のやり方や考え方に相違があるようでまとまりが取れていないように感じるのでスーパービジョンをお願いしたい」とのことでした。

組織外のスーパーバイザーであるということもあり、所属組織の長である院長から委嘱状がスーパーバイザーに出され、それに承諾するというところから始まりました。委嘱状の内容は、病院長名での依頼文書、実施計画書、スーパーバイザーからの回答書で構成されており、実施計画書には、さらに細かく、①課題・テーマ、②スーパーバイザーの所属先と氏名、③スーパーバイジーの氏名、④実施方法、⑤実施時期、⑥実施回数、⑦実施時間、⑧実施場所、⑨謝金と支払いの方法、⑩実施費用（経費）と負担の方法、⑪所得税、⑫機密の保持、⑬結果の責任・緊急の際の対応の13項目が記載されました。

　依頼されたスーパーバイジーは5名で、社会福祉士資格取得以降の年数は2年以上6年未満で全員が社会福祉関連の職歴でした。職歴は高齢分野、地域分野、医療分野など多岐にわたっており、全員がA地域医療支援病院に勤務しだしてから3年未満ということでした。

②契約と波長合わせの段階

　この段階の具体的な進め方は次の通りで所要時間は2時間程度です。この段階での目的は、まずグループメンバーがお互いを知り、スーパービジョンの意義を理解し、自らがそれを利用する主体者となる心構えをつくることです。

　この段階は、スーパーバイザーとスーパーバイジー、そしてスーパーバイジー同士がスーパービジョンの目的や方法などの理解を共有し、関係性をつくりあげたり確認し合ったりする段階です。組織外スーパーバイザーが同一組織に所属するスーパーバイジーをグループメンバーとして扱う場合、スーパーバイザーとスーパーバイジー間で個別に関係を結ぶ必要がありますが、同時にスーパーバイジー間の関係性や各スーパーバイジーの業務上の位置づけを把握しておく必要があります。スーパービジョンに業務上の力関係が影響を及ぼすことは十分に考えられます。また、組織内部の未解決の課題が顕在化してくる場合もあります。これらのことはうまく扱えば組織の発展につながるのですが、扱い方によっては解決できない課題として顕在化させてしまい業務へのモチベーションを下げてしまうきっかけにもなり得ます。

　以下、進行に沿って説明していきます。

(1)グループ・スーパービジョンについて説明します。

　グループ・スーパービジョンのやり方を理解していないと思われる場合には、行う場合の留意点などについて説明します。筆者は、「グループ・スーパービジョンをより効

果的に行うための原則」として以下の8項目について説明しています。

(a) 個別の特殊な実践・事例の状況の理解や個別の実践者の自己覚知レベルに入り込むのではなく、ほかのスーパーバイジーも自分自身の実践と重ねて気づきが得られるようにソーシャルワークの「援助手続きの枠組み表」[2]を使って検討するという方法をとります。

(b) スーパーバイザーが常に正解を出す人というわけではなく、できるだけスーパーバイジーが自ら考え言語化できるようにサポートします。

(c) 実践を振り返り、まな板の上にあがる役割をメンバー全員が順番に担うこととします。

(d) スーパーバイザーは、スーパーバイジーの気づきをより深めたり広げたりするような質問や問いかけを行います。

(e) 正解は実際に実践しているスーパーバイジーがもっていることが多いです。

(f) より望ましいことを伝える場合には、その根拠を示しつつ伝えましょう。

(g) 課題を提供しているメンバーだけではなく、ほかのメンバー全員でできるだけ課題を共有し、メンバーも自身の似たような実践体験にひきつけて意見が言えるような方法をとります。

(h) スーパービジョンを行ってどうだったか、少し時間をおいて全員に報告してもらいます。

(2)「個人票」に記載している、自身の解決すべき実践上の課題について根拠に基づき言語化してみましょう。

　この段階では、スーパーバイジーが自身の経歴や業務内容などを記載した「個人票」を用意しスーパーバイザーに渡し、自己紹介をグループメンバーとスーパーバイザーに行います。実際に用いる「個人票」のひな形は章末に資料として添付しました。

　自己紹介の段階で、スーパーバイザーはグループメンバーの関係性や力動をバーバルコミュニケーションと表情や姿勢などのノンバーバルコミュニケーションから読み取る必要があります。各自の自己紹介をほかのメンバーがどういう態度で聴いているかの観察も大切です。

(3)今回のスーパービジョンの方法についての理解を促すため、実際に使用する課題提供

2）「援助手続きの枠組み表」とその説明については、宮崎清恵「第2節 II 実践を明確化するためのツールとしての『援助手続きの枠組み』」公益社団法人日本医療社会福祉協会・公益社団法人日本社会福祉士会編『保健医療ソーシャルワーク──アドバンスト実践のために』中央法規出版、2017、pp.188-193 を参照のこと。

の様式と方法について説明します。

　筆者が実際に使っている本モデル事例で使用する様式は、「援助手続きの枠組み表」「実践の現状チェックと自身の実践上の達成課題」「事例概要」「課題報告者用振り返りシート」「報告者以外用振り返りシート」の5種類です。これらは毎回使用し、最終の振り返り段階では「GSVスキルアップチャレンジシート」と「自身の変化シート」を使用します。これらのシートは、グループ・スーパービジョンの目的にそって作成したり選択したりするものです。各様式の文書の使用方法と使用場面は、実際の場面において解説します。各様式のひな形は章末に掲載しています。

⑷今後の予定とスーパービジョンの前後の準備の確認

　グループ・スーパービジョンについて具体的な進め方や留意点、使用する書式などの説明が終われば、今後のスーパービジョンの予定と課題提供者の順番を決めます。決め方は、グループメンバーに決めさせたり、決めかねるようであればスーパーバイザーが決めたりします。この時に、スーパーバイジーの主体的な参加の姿勢を大切にします。

⑸契約書・覚書・誓約書を確認し取り交わします。

　次に、契約書を取り交わす段階となりますが、「スーパービジョン実施契約書」と「スーパービジョン実施覚書」[3]と「機密保持に関する同意文書」の3種を用意するやり方でこのモデル事例は行うこととしています。「機密保持に関する同意文書」のひな形は章末に掲載しています。

　スーパービジョン実施契約書とスーパービジョン実施覚書は、スーパーバイザーと各スーパーバイジーが個別で交わします。契約書と覚書は各自が1部ずつ保管することとします。そのほかに守秘義務および個人情報保護の遵守についての文書として「機密保持に関する同意文書」も用意します。今回、スーパーバイザーは組織外スーパーバイザーでありスーパーバイジーは全員同じ組織に所属しています。したがって、組織の長と交わした委嘱状に記載されていた「機密の保持」だけでもよいと思いましたが、スーパーバイザーと各スーパーバイジーとの間の信頼関係を保持するためにも、再度、「機密保持に関する同意文書」を取り交わしました。認定社会福祉士制度おけるグループ・スーパービジョン用の「事例情報等の取扱に関する誓約書」を活用することもできます。

3）この「スーパービジョン実施契約書」と「スーパービジョン実施覚書」は、認定社会福祉士制度におけるグループ・スーパービジョンにおいて使用する様式を活用する。様式については、認定社会福祉士認証・認定機構のホームページを参照のこと。

③グループ・スーパービジョン実施の段階

　契約により、開始時から終了時まで1年間、5人のスーパーバイジーが交代で1回ずつ自身の抱えている課題を提出することとしました。波長合わせと契約が1回、スーパービジョンのセッションが5回、最終の振り返りのセッションが1回の計7回です。時間は毎回17時半〜19時半の2時間とし、場所はA病院の会議室で行いました。

　ここでは、ある回のスーパービジョンの展開例と、最終回の振り返りセッションの展開例を紹介します。本スーパービジョンにおいては、毎回の課題提供者には「援助手続きの枠組み表」「事例概要」「実践の現状チェックと自身の実践上の達成課題」、前回のセッションの課題報告者には「課題報告者用振り返りシート」、課題報告者以外には「報告者以外用振り返りシート」の提出をしてもらうことにしていました。本稿ではこれらの実際の記載例を示すことはしませんが、各参加者がそれらをスーパーバイザーに提出し、自身のものは各自が手元に持っていることになります。

　以下、**表7-1**にてスーパービジョンの1回分の進行状況について示しています。毎回の進行役はスーパーバイザーが担っています。

④まとめの段階

　最終回のセッションでは、それまでのスーパービジョンのセッション全体を通した振り返りとまとめを行います。最終のスーパービジョン終了後からこの回までに、各スーパーバイジーには、「GSVスキルアップチャレンジシート」と「自身の変化シート」を記入してきてもらいます。そして、1人ずつ「スキルアップチャレンジシート」と「自身の変化シート」に基づき発表してもらい、その後に、スーパーバイザーからコメントをもらいます。またスーパーバイジー同士が感想を述べ合ったりしてもいいでしょう。

4 スーパービジョンを経ての気づき

　スーパーバイジーが支援上、気になると感じている出来事から自身の実践上の課題を意識化して、そのことにスーパービジョンのプロセスを経て向き合い、達成目標と解決方法として挙げていることの例が**表7-2**となります。

　スーパービジョンでは、実際に実践を行ううえでうまくできていないところに気がつくことができるかが大切です。「何か気になる」「うまくできたかどうか自信がない」な

表 7-1　1回分のグループ・スーパービジョンセッションの進行

時間経過	内容	使用する書式	スーパーバイジーの役割	スーパーバイザーの役割
20分程度	前回のセッションの振り返りを行う。	・課題報告者用振り返りシート ・報告者以外用振り返りシート ＊これらのシートは前回のスーパービジョン終了後2週間以内にスーパーバイザーに提出しておく。これらのシートは配布する。	前回の課題報告者は前回のセッションで学んだことと今回までの取組みや新たに考えたことや疑問などをメンバーに話す。課題報告者以外は参加について気付いたことや自身の実践と結びつけて考えたことをメンバーに話す。	確認・質問などをしながらさらなる明確化を促す。
15分程度	本セッションの課題報告者が自身の課題にチャレンジしたい課題について説明する。	・事例概要 ・援助手続きの枠組み表 ・実践の現状チェックと達成課題 ＊課題報告者がスーパービジョン前に実践できるようにしておく。上記のシートを全員に配布し回覧する。	課題報告者は、自身の実践を振り返った経過や結果について説明する。課題報告者以外は注意深く聞く。	事例の内容を必要以上に詳しく説明しようとするスーパーバイジーについては、自身の実践上の課題の根拠の説明の範囲にとどめるようコントロールする。
20分程度	報告者の課題をグループ全体で理解し共有する。	・事例概要 ・援助手続きの枠組み表 ・実践の現状チェックと達成課題	・課題報告者以外は、その人の実践の課題としているところを根拠と共に理解できるように質問していく。 ＊その際に、本人の実践を知っているのは本人だけであるので批判的にならないように留意し純粋に理解しようとして質問していく。 ・課題報告者は、最初に挙げた自身の課題がそのままでいいのか、変えるのか、追加するのかについて述べる。	報告者以外の参加メンバーと報告者のスムーズなやり取りが行われているかを注意深く観察し進行をコントロールする。また意見交換の全体像が明らかになるように質問などを補う。意見交換が進むと、最初に考えていた課題が掘り下げられて例の課題が見えてくることがある。課題の変更や追加をするのかについて課題報告者に確認する。
20分程度	課題解決の方法を考え意見を交換する。		報告者の抱える課題の解決につながるような意見を各スーパーバイジーが自身の実践経験などから述べる。	報告者が気になった点について意見交換が進むようにする。報告者がさらに質を高めることができる点について意見交換が進むように知識などで補うことがあれば説明を行う。
10分程度	課題報告者から自身の課題について考えたことや感想を述べる。		課題報告者は率直に思っていること、考えたことを言語化する。	言語化を促し引き出す。
15分程度	課題報告者以外が現時点での考えたことや感想について述べる。		課題報告者以外は率直に思っていることを言語化する。その場合、自身の実践に引きつけて話すように心がける。	言語化を促し引き出す。
20分程度	まとめ			まとめを行い、スーパービジョンの成果と課題について明確化する。伝えるべき知識や留意点があれば伝える。

表7-2 支援上の気になる出来事・チャレンジ課題・達成目標と解決方法

支援上の気になる出来事	チャレンジ課題	達成目標と解決方法
患者の意思確認ができていない。	他職種にも本人の意思確認が大切であることに気づいてもらうようにする。治療を進めることだけでなく、患者自身がどうありたいかという視点も大切であることを共有することができていなかった。	ソーシャルワーカーと他職種の視点の違いと役割をソーシャルワーカー自身が理解する必要がある。支援の対象者は、病院のなかだけで生きているわけではなく生活者であることを他職種へ理解してもらえるよう意識的にかかわる。
患者本人と家族の意向が異なるときの調整の仕方がうまくいかない。	誰をクライエントと設定するかという視点を自身で考えたことがないことに気がついた。本人もしくは本人を含む家族全体がクライエントであることが当然と考えていたが、システム理論的な理解ができていなかった。	短期的な目標（例として退院先を探す）だけではなく中・長期的な目標を立てることができるように幅広く情報収集を行いアセスメントを行う。ケースによっては他の家族がクライエントにもなりうること、家族員もクライエントと考え、システム理論を勉強し実践に活用する。
ソーシャルワーカーの介入する時期や理由を他職種に理解してもらえず紹介の時期が遅い。	ソーシャルワーカーの存在意義や役割を他職種に伝えることができていない。ソーシャルワーカーとして、なぜそのような判断をしたのかという根拠に基づいた説明ができるようなコミュニケーション能力と文章化できる力量が不十分である。	初回の面談記録だけでもSOAP形式で記録することから取り組み、そのケースのアセスメント、援助目標、援助計画などを言語化できるようになる。病棟カンファレンスなどでソーシャルワークの視点を言語化して伝えることから取り組み、主治医、病棟と援助目標を共有できるようになる。

どの事例を振り返り「援助手続きの枠組み表」に落とし込んでみることで、実際に自分が行った援助の根拠について振り返ることができるようになります。そして、「実践の現状チェックと自身の実践上の達成課題」を記載してみることで、自身の実践上のチャレンジすべき課題が見えてきます。自分自身で気がつきにくいことでもグループメンバーやスーパーバイザーの支援を得て、気がつくことができるようになります。

支援でうまくいかないと感じたところにきちんと向き合い掘り下げることで、目の前の事例だけにではなく、自身の価値や倫理、知識、スキルをどう活用したらいいかという応用力を養うことにつながる気づきが生まれます。

5 読者へのメッセージ

1）よい実践とは、日々の実践を振り返る機会を確保する努力の積み重ねの成果です。

業務に追われる日々のなかで、実践を立ち止まって振り返ることを業務上の必須のものとしている実践者は少ないと思います。ソーシャルワークの専門性は、自らがアピールしない限り、医療職が圧倒的多数を占める保健医療サービス組織の専門家集団には理解してもらいにくいと考えたほうがいいでしょう。保健医療サービス提供機関では、医療の質を向上させることが優先されることはもちろんですが、他方で医療の対象であると同時に生活者でもある患者や家族の主体性に焦点をあてるソーシャルワークの重要性をソーシャルワーカー自らが明確に理解しておかなければなりません。ともすれば、医療者がよかれと考える医療者主体のサービス提供が行われる現場において、MSW はその考えに違和感を抱かなくなっているかもしれません。福祉現場ではなく医療現場にいる福祉職であるからこそ、ソーシャルワークの専門性が発揮できているかどうかについて日々の実践を振り返る機会を確保する努力が求められます。

2）スーパービジョンは専門職として成長するためには不可欠のものです。

ソーシャルワーカーの倫理綱領[4]には、「ソーシャルワーカーは、最良の実践を行う

ために、必要な資格を所持し、専門性の向上に努める」とあります。

　1）で述べた日々の実践を振り返る機会の確保を、効果的に行うための仕組みがスーパービジョンです。スーパービジョンを受けないまま実践を続けることは、実践の質によくない影響を及ぼします。そのまま実践を続けていくと、なぜうまく支援できないと感じるのか、クライエントの満足度が低くなるのか、他職種との連携がうまく図れないのかわからないままになり、極端な場合にはバーンアウトを引き起こしかねません。失敗から学ぶことが当たり前であるということを理解し、失敗はなるべく小さな失敗のうちに原因を見つけ出し解決していく必要があります。

3）信頼できるスーパーバイザーと出会うことが大切です。

　まず、信頼できるスーパーバイザーに出会うことが大切です。職場の上司からスーパービジョンを受けることができる場合もあると思います。しかしスーパービジョン体制が構築されていない現場も多いでしょう。スーパービジョンが大切といわれていながら、社会福祉の現場はスーパービジョンの仕組みが整っているとはいえない環境にあります。

　現在、認定社会福祉士認証・認定機構の登録スーパーバイザーが多く誕生しており、ホームページ上で連絡先も公開されています。また公益社団法人日本社会福祉士会や公益社団法人日本医療ソーシャルワーカー協会などの全国レベルの職能団体や都道府県レベルでの職能団体が多くの研修を企画し開催しています。また都道府県レベルの職能団体が認定社会福祉士認証・認定機構のスーパーバイザーとのマッチングを行ってくれているところもあります。そういう情報を知り積極的に活用していくことが大切です。

4）　日本ソーシャルワーカー連盟「ソーシャルワーカー倫理綱領」http://jfsw.org/code-of-ethics/

援助手続きの枠組み表

援助の構成要素／かかわりの局面	開始局面	第二局面	第三局面	第四局面	終結局面
①かかわりが始まるきっかけ					
②紹介理由・最初のかかわりの理由					
③予測しうる生活課題					
④生活課題の変化が予測される次の局面					
⑤情報収集項目とその内容（事実と判断）					
⑥情報収集方法と判断根拠となる知識					
⑦総合的アセスメント（援助計画を導き出すための、生活課題やその解決方法に関する総合的な解釈）					
⑧援助目標（長期・中期・短期）					
⑨援助方法の選定・決定					
⑩援助計画（長期・中期・短期）					
⑪介入内容（実際にアクションしたこと）					
⑫介入結果・効果					
⑬終結・継続と理由（長期・中期・短期）					

「援助手続きの枠組み」説明[5]

ソーシャルワーク実践は、生活課題の達成ができるように生活主体である生活者であるクライエントとともに取り組む際の生活主体者の不安、葛藤に寄り添い、状況を生活主体者とともに把握し、生活課題の達成を図ることができるように取り組むプロセスである。そのプロセスにおいて、当然、その生活者が目指す幸せな生活およびウェルビーイングの意味することころを生活者とともに探るプロセスも含まれる。その結果生活困難に陥ることを予防することを目指す。生活課題を達成できず生活困難に陥った場合には、ともに困難状況からの脱却を目指して取り組んでいく。

1．「援助手続きの枠組み」の縦軸と横軸とは

「援助手続きの枠組み」は、生活支援を目指す専門職としてソーシャルワーカーが意識化する必要がある項目を一連の実践の流れとして整理するための枠組みである。すなわち、生活課題の変化が起こり援助の目標が変化する局面を横軸に配置し、各局面において、ソーシャルワーカー自身の援助活動とその根拠となる各要素に分けて記載するようになっている。ソーシャルワーク実践のプロセスは、かかわる必要がある局面に的確にかかわり、専門的な援助の構成要素をきちんと意識化しながら責任をもって支援を進めていくプロセスである。言い換えれば、縦軸の援助の構成要素を意識化しながら介入を行い、生活課題が変化することに援助の課題を生活当事者とともに明確化し支援のプロセスを進めていくのである。横軸の局面は単なる時間の経過で動くのではなく、生活課題が変化するにつれ、援助目標（長期目標・中期目標・短期目標）が変化していく局面である。

2．縦軸の援助の構成要素

①かかわりが始まるきっかけ

ソーシャルワークは、ケースの発見のタイミングがその後の援助の展開に大きく影響を及ぼす。ソーシャルワークの機能からすれば、生活課題達成への支援を開始するタイミングを逃さずかかわることが必要となる。したがってどのかかわりが始まる局面をどのようなきっかけで開始するかが重要となる。

②紹介理由・最初のかかわりの理由

かかわりを開始した理由は、その後の援助の展開に影響を及ぼすため、意識化しておく必要がある。

③予測しうる生活課題

その局面において達成が必要な生活課題もしくは発生する生活障害状況を予防するため、または解決するために生活当事者が取り組む必要がある

5）宮﨑清恵「第4章第2節 アドバンスト・ソーシャルワークとアセスメント」日本医療社会福祉協会・日本社会福祉士会編『保健医療ソーシャルワーク アドバンスト実践のために』中央法規出版、2017、pp.188-193（援助手続きの枠組み表の記載例も掲載されているため参考のこと）

課題。ソーシャルワーカーは、局面においての［生活の構成要素］[6]の変化に伴う生活課題を予測し、生活当事者の生活困難発生リスクを予防また
は生活障害状況を解決するために、生活当事者参加のもとでその対応が困難な場合に支援について契約し支援を行う。

④生活課題の変化が予測される次の局面

タイミングを予測し生活困難が発生する前に予防的なかかわりを心がける必要がある。

⑤情報収集項目とその内容（事実と判断）

［生活の構成要素］を幅広く把握し人と環境の状況を読み解くための情報収集の項目とその内容である。集めた情報をもとに自分が下した判断も
入る。例として関係性についての判断など。

⑥情報収集方法と判断根拠となる知識

アセスメントのために情報収集を行う方法をいかに豊かに幅広く用意できるかが情報の質の保証には大切である。さらに集めた情報を解釈するた
めには多くの心理学、社会学、法学、社会福祉関連の知識、経験上の知識も必要である。情報の解釈のプロセスについて言語化できることが大切で
ある。解釈を言語化するプロセスにより、必要な知識が明確となる。

⑦総合的アセスメント（援助計画を導き出すための、生活課題やその解決方法に関する総合的な解釈）

収集した主要な情報（事実の解釈も含む）を分析し統合して行われるクライエントにかかわる状況への解釈を意味し、ソーシャルワーカーの援助
方針および方法の選定の意思決定の根拠となるものである。

⑧援助目標（長期・中期・短期）

生活課題についてクライエントと確認し、援助目標を立てて契約を行う。目標は、長期目標・中期目標・短期目標があり、クライエントが生活課
題についてソーシャルワーカーの援助が継続的になくても対処できることが確認されるまでに立てる必要がある。短期目標は直ちに行わなければいけ
ないことであり、三つの目標表現は局面ごとに見直されることが望ましい。

⑨援助方法の選定・決定

この段階はソーシャルワーカーの意思決定局面である。アセスメント内容を根拠として、創出された複数の援助方法についてそれぞれ考えられる
結果を予測し、もっとも効果があると考えるべき方法を選択する作業が意思決定である。援助過程を通してソーシャルワーカーは意思決定を絶えず
行っている。この枠に記載すべきときは次の援助計画を立てるための根拠となる事実と判断である。

⑩援助計画（長期・中期・短期）

目標に対してどのように何を行うかの計画である。時間的な設定が必要である。短期計画の達成の積み重ねが中期計画の達成につながり、中期計
画の達成が長期計画の達成につながる。

⑪介入内容（実際にアクションしたこと）

介入とは、具体的な援助を展開する段階での援助計画の実行を意味する。実際に行った内容を記載する。

⑫介入結果・効果

　介入の結果、当初の目標がどのように解決されたか、また未解決分が記載されている必要がある。目標設定表現は効果を測ることができるような具体的な目標表現にしておくとよい。

⑬終結・継続と理由（長期・中期・短期）

　援助目標が達成でき援助関係が終了でした場合に終結を迎える。ソーシャルワーカーが所属する機関との関係が消滅したときも終結を考慮する時期である。ただし、クライエントの状況如何では機関との関係の変化が即終結理由にはならない。

6）各局面は生活課題の変化局面を軸としているが、生活課題の変化の局面の背景となる「生活の構成要素」の変化局面を予測することが必要である。そのうえで生活者が取り組む必要がある生活課題が変化する。宮崎清恵「生活障害」日本社会福祉士会・日本医療社会事業協会編『改訂　保健医療ソーシャルワーク実践 2』中央法規出版、2009、pp.152-155

個 人 票

記載日_____

氏　名	
現所属機関名 職名（肩書き・資格）	
業務概要	
実践歴	
スーパーバイジー・バイザー体験	
スーパービジョンに求めること（自分がどうなりたいかに関連させての自身の解決すべき課題） 注：根拠となる事実とそれに基づく解釈がわかるように記載してください。 スーパービジョンを受けるに際しての自己評価を行いましょう。	

実践の現状チェックと自身の実践上の達成課題（振り返り用）

記入日〇月〇日
記入者＿＿＿＿＿

枠組み表を記載したことで気づいた、実践の現状及び達成課題を記載しましょう。

a）実践の現状のチェックをしてみましょう。

0：行っていない　1：適切にできていない　2：あまり適切にできていない　3：概ね適切にできている　4：常に適切にできている

チェック項目	評価	評価の理由等
①かかわりが始まるきっかけ		
②紹介理由・最初のかかわりの理由		
③予測しうる生活課題		
④生活課題の次の変化（予測内容）		
⑤情報収集項目とその内容		
⑥情報収集方法と根拠となる知識等		
⑦総合的アセスメント		
⑧援助目標		
⑨援助方法の選定・決定		
⑩援助計画		
⑪実際の介入内容		
⑫介入の結果・効果		
⑬終結・継続と理由		

b）実践上の課題の明確化（点数が低かった項目を再度振り返ってみましょう）

選択したチェック項目の現状：枠組み表をもとに事実をまとめましょう。 評価の理由となった事実	自身の実践上の達成課題：「〇〇できるようになる」という表現で記載 事実を振り返ってどうありたいのかを記載

事例概要（できるだけ簡潔に記載）

GSV 日〇月〇日

事例提供者＿＿＿＿＿＿

1．なぜこの事例を選んだか

2．事例の基本情報
　・クライエントの性別、年齢、医学的状況、心理的状況・社会的状況

3．援助経過（援助手続きの枠組み表を説明するための補足事項）
　・紹介経路や理由
　・取り上げた援助局面の説明に必要な前後の援助経過

報告者用振り返りシート

氏名_____

1．下記の表に自身の気づきをまとめてみましょう。

さらに質の向上を目指して取り組むべき課題	スーパービジョンプロセスを経ての気づきと疑問

2．スーパービジョン全体を通しての感想や印象等を記載しましょう。

グループ・スーパービジョン振り返り
報告者以外の参加メンバー用

氏名＿＿＿＿＿＿＿＿

グループ・スーパービジョンの後、以下のことを振り返ってみましょう。

1．今回のスーパービジョンで、何を学んだか、以下の項目に沿って記載してください。

1）報告者が、スーパービジョンのなかで話し合いたかった点は多かったのですが、最終的に意見交換できたのは「〇〇について」でした。スーパービジョンの話し合いを踏まえて自身が学んだことや感じたことを記載しましょう。

2）最終的に話し合いができたのは「〇〇について」でしたが、他にも多くの学びのポイントが挙がっていました。今後の自身の実践に役立つことで学べたことがあれば何でもいいので記載してください。ただし学んだ結果だけを書くのではなく、どこから学んだかの根拠をあわせて記載してください。

2．その他（全体を通しての感想や印象、要望、質問など）

スキルアップチャレンジシート

氏　名＿＿＿＿＿＿＿

作成日＿＿＿＿＿＿＿

　今までのグループ・スーパービジョンを振り返り、気がついたことを明確化しましょう。

　自分が報告した回に限らず全体を振り返り記載してみましょう。

１．改善達成項目（具体的に改善をしたい項目）

２．現状分析（分析とは要因を分けて解釈して原因と方法を導くこと）

３．具体的目標（改善達成したい項目について何を目標にいつまでに取り組むか：〜できる表現）

１）長期

①〜できるようになる（約〇年）

②〜できるようになる（約〇年）

２）中期（長期目標を達成するためにまず何を目指すか）

①〜できるようになる（約〇年または〇か月）

②〜できるようになる（約〇年または〇か月）

３）短期（中期目標を達成するためにまず何から取り組み何を目指すか）

①まず〜から取り組み〜できるようになる（いつまでに）

②まず〜から取り組み〜できるようになる（いつまでに）

〇年〇月から現在までの自身の変化

氏名＿＿＿＿＿＿＿

意識レベル（考え方レベル）

知識レベル

行動レベル

機密保持に関する同意書

ソーシャルワークスーパービジョンを行うにあたり以下の条項を遵守することに同意する。

第1（機密保持）

　機密保持とはソーシャルワークスーパービジョンで口頭にて開示される全ての情報、および配布される資料にて開示される全ての情報をいう。

第2（機密保持）

　　1．スーパービジョンに出席する者は、機密保持を注意をもって厳重に管理保管するものとし、第三者に開示、漏洩してはならない。

　　2．以下のいずれかに該当する情報については、機密情報には含めないものとする。

　　　　（1）　相手方から開示される前に既に保有していたもの

　　　　（2）　相手方による開示とは無関係に自己が独自に開発したもの

　　　　（3）　本同意書に反することなく公知であるもの

　　　　（4）　開示した側が書面により開示に同意したもの

第3（同意）

　スーパービジョン出席者は、上記のことについて同意した証とするため、以下に署名するものとする。

年　　月　　日

出席者

職　名　等	氏　　　名	職　名　等	氏　　　名

■ グループ・スーパービジョンの開始から終了まで

○本報告の特徴

　グループ・スーパービジョンのありようについて、医療ソーシャルワーク実践を例に具体的かつ包括的に説明しています。そして何よりも豊富な関連資料（契約書書式や、事例記入シートなど）が参考に付されており、これからスーパービジョンを始めようとする人にとって具体的に役立つでしょう。

　本報告は、同一組織内のワーカーを対象に組織外スーパーバイザーが実施してきたグループ・スーパービジョン実践を取り上げています。一般にスーパービジョン（以下、SV とする）を、スーパーバイザーの所属によって組織内 SV と組織外 SV に分けることがあります。グループ SV の場合にはさらにスーパーバイジーが同一組織内のメンバーからなる場合と、多組織のメンバーからなる場合があります。ここでは前者の例が紹介されています。後者の場合にはさらに秘密保持などに関する約束事などが少し複雑になりますが、ここでは細かく触れることができません。先ずはグループ SV の基本を理解してもらえればと思います。

○本事例から学べること

　グループ SV で「踏まえておくべき二つのポイント」の一つ目で指摘されていることは、特に大切です。グループ SV では毎回、主となるスーパーバイジー（報告者）が異なることがあります。その場合に油断すると報告者とスーパーバイザーの一対一の個別SV をほかのメンバー（ピア：peer）は「見学」することになりかねません。それは間違いであって、自分のケースでない場合も、ピアの思いや意見を引き出していくことがグループ SV において大切になってきます。この指摘は大切にしたいと思います。

　「実施段階の全体」に書かれていることも、これから SV をはじめようとする人にはとても参考になります。個人 SV よりもグループ SV のほうが、波長合わせの段階が特に重要になってきますし、各回のセッションの進行例、さらには記録表なども少し手を加えるだけでそのまま使えるでしょう。

○少し意識しておきたいこと

　これから実践を始めようとする人にとても参考になる報告ですが、執筆者が触れているように、あくまでもグループ SV 実践を紹介しながら読者への学びを展開していますので、ほかのやり方や例外もあることは大切にしてほしいと思います。例をいくつか挙

げておきます。

　スーパーバイザーが組織外の場合には、契約書には影響を受けるが組織からの直接の影響は受けないという指摘がありますが、法人等組織が契約主体の場合だけでなく、組織の了承のうえで各個人がグループ SV に参加している場合も多くあります。それらの場合、組織との契約関係はなくても、組織を意識した SV が行われることになります。

　これにかかわることですが、同一組織内スーパーバイジーに対して組織外 SV を行う場合、個別に関係を結ぶことが必要となるとの指摘がありますが、スーパーバイザーは法人と契約を結び一人ひとりとは結ばない場合もあります。契約書を個々ととりかわすことはなくとも、一人ひとりのスーパーバイジーとの波長合わせが必要なことは間違いありません。

　本報告を参考にしつつも、関係者同士が相談して、自分達なりのグループ SV パターンをつくってもらいたいと思います。

第8章 児童の支援にかかわるスーパービジョン
―スクールソーシャルワーク領域

　スクールソーシャルワークは、アメリカで誕生した子どもを支える活動ですが、日本で全国的に本格的な活動が始まったのは、2008（平成20）年に文部科学省が「スクールソーシャルワーカー活用事業」を開始してからです。その後、2014（平成26）年に制定された子どもの貧困対策大綱のなかで、スクールソーシャルワーカーは教育と福祉をつなぐ重要な役割を担うとして配置の拡充が計画されました。そして、2017（平成29）年には学校教育法施行規則が改正され、スクールソーシャルワーカーは小中学校における児童の福祉に関する支援に従事する専門職として法的にも位置づけられました。現在、社会福祉士や精神保健福祉士などの社会福祉の専門資格を有する多くのスクールソーシャルワーカーが教育現場で活動しています。

　スクールソーシャルワーカーの活動の特徴は、子どもたちが直面している問題を子ども個人の問題ではなく子どもと周囲の環境との相互作用ととらえ、子どもの最善の利益のために、学校、家庭、地域にはたらきかけ、チームで問題解決や改善をはかることです。スクールソーシャルワーカーの具体的な活動内容には、①子ども、学校、家庭等の関係調整を中心とした個別事例への対応（ミクロレベル）、②ケース会議の実施、校内コアチーム会議などの校内体制づくり、校内校外の資源を活用した対応（メゾレベル）、③子どもを取り巻く地域関係機関との連携やネットワークの構築などのさらに広範囲な活動（マクロレベル）があります。このように、スクールソーシャルワーカーの専門職としての特徴は、子どもの生活環境の調整をさまざまなレベルでマネジメントする点にあります。

　スクールソーシャルワーカーの活動は、配置型、派遣型、拠点巡回型など地域によってさまざまな形態をとっています。中学校を拠点に配置するか、必要に応じて教育委員会から学校に派遣される活動形態が多いですが、地域によってばらつきが多いのが現状です。その理由としては、スクールソーシャルワーカーの雇用体制が確立されていないことや自治体の予算が不十分であることもありますが、スクールソーシャルワーカーの専門性が十分に理解されていないことも大きいと思われます。

　文部科学省のスクールソーシャルワーカー活用事業では、2015（平成27）年度から

全国の都道府県に1人ずつ計47人のスーパーバイザーが予算化されています。また、市町村レベルでもスーパーバイザーを予算化しスクールソーシャルワーカーの実践力の向上を目指した取組みをしているところもあります。このことは、ほかの福祉分野のソーシャルワーカーと比較して恵まれた環境であり、先駆的な取組みが行われているといえます。しかし、スクールソーシャルワーカーの実践の範囲は広く、地域によって活動形態も異なることから、標準化されたスーパービジョンのモデルがあるわけではなく、スーパービジョンについての研究も発展途上にあります。

1 スーパービジョンの取組みを理解するためのキーワード

1）教育と福祉の協働の視点

　この分野におけるスーパービジョンの最大の特徴は、対象がスクールソーシャルワーカーだけでなく教育委員会、学校、関係機関を含めた協働システム全体である点です。山野（2015）は、全国の教育委員会担当者とスクールソーシャルワーカーを対象にアンケート調査を行い、教育委員会の事業計画とスクールソーシャルワーカーの実践をリンクさせて、効果的なスクールソーシャルワーカー配置プログラムの開発を行い、その効果を明らかにしています。また、大友（2019）のスーパーバイザーを対象とした実証研究によると、スクールソーシャルワーカーが孤立し無力化する要因が、事業方針を巡って教育委員会と葛藤・対立するなどのスクールソーシャルワーカー特有の困難特性にあることが示されています。大友の実践モデルでは、スーパーバイザーによってエンパワメントされた教育委員会担当者が、スクールソーシャルワーカーと協働して事業体制を変革し、内発的な構造的変化が生まれる可能性を示しています。スーパーバイザーはスクールソーシャルワーカーと協働するシステムを含めてスーパービジョンを行っているという意識が大事です。

2）説明力のあるアセスメントと根拠に基づく実践

　多忙な学校では、問題の対応に追われ、問題の原因や背景をアセスメントできずに子どもの問題に対する理解が不十分なまま支援を継続していることも多く、そのことが教

職員の疲弊をさらに生んでいくことになります。スクールソーシャルワーカーのアセスメントが適切でなければ子どもと環境の交互作用に変化を与えるプランニングを行うことはできません。説得力があるアセスメントや実践を行うには、根拠となる法制度や実践理論・実践モデルを理解しておかなければなりません。特に実践理論としては、ライフモデル、システム理論、エンパワメント理論、行動理論などは必ず習得しておく必要があります。スーパーバイザーはスクールソーシャルワーカーに対して、理論と実践が乖離しないように両者をつなぎ説明することを求めていく必要があります[1]。

3）エンパワメント志向のスーパービジョン

　スクールソーシャルワーカーは、虐待やいじめ等の人権侵害の問題など、子どものパワーを減退させる構造やメカニズムに対して敏感にキャッチし対処しなければなりません。また、社会や保護者からの要望に応えるために疲弊し無力感を感じている教職員をサポートすることもあります。さらに、子どもの問題に対する学校や社会の理解不足からパワーレスになっている保護者を支援することも求められます。このようなさまざまな重圧のなかで、スクールソーシャルワーカー自身がパワーレスになっていては子どもの最善の利益のために活動することはできません。スーパーバイザーがスクールソーシャルワーカーをエンパワーすることは、間接的に子どもにかかわる人たちのエンパワメントにつながります。

2　スーパービジョンの実際

　都道府県教育委員会は広域の事業計画と市町村教育委員会へのサポートなどを行い、市町村教育委員会は各学校への支援体制などの地域に密着した事業計画の実施をします。それぞれの教育委員会に所属するスーパーバイザーの仕事内容は異なるため、ここでは都道府県教育委員会と市町村教育委員会のスーパーバイザーそれぞれの活動内容を

1）　以下の文献は理論と実践をリンクするコツやヒントが含まれた推薦図書である。
　　・川村隆彦『ソーシャルワーカーの力量を高める理論・アプローチ』中央法規出版、2011
　　・大塚美和子、西野緑、峯本耕治編著『「チーム学校」を実現するスクールソーシャルワーク──理論と実践をつなぐメゾ・アプローチの展開』明石書店、2020

紹介します。

1）都道府県レベルのスーパービジョン

①教育委員会との協働によるシステムづくり ···

　大阪府教育委員会の例で説明します。大阪府教育委員会の事業の特徴は、2005（平成 17）年のスクールソーシャルワーカー活用事業開始当初からスーパーバイザーを配置し、教育委員会とスーパーバイザーが協働でつくり上げてきた点にあります（山野ら、2007）。事業の開始時には、大阪府内の不登校や虐待の課題が深刻な現状を踏まえ、小学校へのスクールソーシャルワーカー配置とケース会議等で校内支援体制を構築することが必須であることを共通認識しました。そのなかで最初に進められたのが、モデルとなる市と小学校を選び、配置型の小学校モデルづくりを行うことでした。一般的に、都道府県レベルの動きとしては、地域全域にまず派遣型で事業を広げる傾向がありますが、このように地域の課題を見極めて事業計画が進められたことは大変重要なポイントであったと感じます。その後は、府内のすべての市町村で、スクールソーシャルワーカーと教育委員会担当者が協働できるように、府の情報交換会を定期的に開催して進捗状況を確認し合う場を設定するなど、事業を積極的に推し進めていきました。その結果、スクールソーシャルワーカーの活動形態に差はありますが、大阪府内の各市町村ではスクールソーシャルワーカーが確実に定着しています。

　都道府県レベルのスーパーバイザーの役割は、個々の事例のスーパーバイズをするというよりも、スクールソーシャルワーカー事業全体へのマクロレベルでのかかわりがメインになります。例えば、府内の現状の課題の一つに不登校の増加が挙げられた際、不登校が最も増える中学進学時に焦点をあて、小中の段差をなくすために必要な対策を協議しました。その対策の一つとして、スクールソーシャルワーカーがケース会議を行い不登校が改善した成功事例をまとめたガイドブックやケース会議のリーフレットを、教育委員会とスクールソーシャルワーカー、スーパーバイザーとが協働で作成し、府内の学校に配布し普及させる取組みを行いました[2]。教育委員会が決めた事業に沿ってスー

2）　大阪府教育委員会は、2005（平成 17）年よりスクールソーシャルワーク事業を独自に開始し、2006（平成 18）年には「SSW 配置小学校における活動と地区での活用ガイド」の冊子として成果をまとめ配布している。また、不登校の未然防止に向けたリーフレットとして「不登校の未然防止に向けて〜複数の目で見守るシステム〜」という小学 1 年から中学 3 年までの 9 年間を見通した支援のポイントとケース会議のフォーマットを作成している。

パーバイザーが活動するのではなく、「共に考え協働する」事業になるように都道府県のスーパーバイザーは包括的な視点と立場でかかわることが大事です。

②事案に対する緊急支援対応

　大阪府では、スクールソーシャルワーカー、スクールカウンセラー、スクールロイヤーの各スーパーバイザーを緊急対応チームとして編成し、各市町村の学校で緊急支援が必要な場合に大阪府教育委員会の担当者と一緒に学校に出向いてケース会議を行う支援をしています。まだ取組みとしては歴史が浅いですが、それまでは各専門家が別々にケース会議に参加していたので、同時に三者の専門家から助言を受けることができるようになったことは、アドバイスを受ける学校や市町村教育委員会にとってメリットがあります。また、そのケース会議の場には、市町村教育委員会所属のスクールソーシャルワーカーも同席して、その後のケースの動きをつくるため、その場がまさにスーパーバイズの場になり、スキルアップの機会になります。ここで取り上げられる事例には、生命にかかわる虐待やいじめ等の緊急度が高い事例はもちろんのこと、学校が疲弊する保護者への対応なども含まれます。

③人材育成の研修

　スクールソーシャルワーカーに求められる知識やスキルは多岐にわたっており、日々の研鑽が求められます。大阪府では、市町村教育委員会に所属するスクールソーシャルワーカーに対して、虐待やいじめ等の問題理解やケース会議の運営の仕方など、さまざまな研修講座を定期的に行っています。1、2年目の経験の浅い人から中堅レベルの経験者を対象とした内容まで、研修担当のスーパーバイザーが自ら計画を練り、教育委員会と協働で研修を進めています。

2）市町村レベルのスーパービジョン

①教育委員会との協働による連絡会議

　市町村レベルのスーパーバイザーは、市町村教育委員会に所属するスクールソーシャルワーカーの配置方法や連絡会等におけるスーパーバイズの方法などを教育委員会と協議して進めていきます。特に、スーパーバイザー、スクールソーシャルワーカー、教育委員会担当者の三者が定期的に情報交換する定例連絡会の年間計画は重要です。定例連

絡会に盛り込むプログラムとして、後述する事例検討や研修、外部機関との連携等は目的意識をもって取り組む必要があります。

　筆者がスーパーバイズを行っている近畿地方の市町村教育委員会では、スクールソーシャルワーカーと教育委員会担当者が参加する定例連絡会を毎月開催しています。そこでは、スクールソーシャルワーカーによる活動状況の報告や関係機関からの情報提供が行われます。また、市町村によっては、更にスクールソーシャルワーカーと教育委員会の担当各課に加えて、児童虐待の対応窓口である要保護児童対策地域協議会の事務局担当者も参加した定例連絡会を行い、重篤事例のリスクアセスメントやモニタリングを行っているところもあります（大塚、2019）。スーパーバイザーが市町村内の機関連携のネットワーク構築についてのアドバイスを積極的に行うと同時に、スクールソーシャルワーカーをネットワークのなかで生かしていくというソーシャルアクション活動を行うことも重要です。

②定例事例検討会によるスーパービジョン

　定例事例検討の開催回数は市町村によって異なりますが、毎月実施される定例連絡会のなかでスーパービジョンを行う場合や、学期に1回から2回程度の事例スーパービジョンを実施しているところもあります。また、その定例事例検討会の場に教育委員会担当者が同席していることも重要な点です。教育委員会担当者がソーシャルワークの視点やスキルを学ぶことで、スクールソーシャルワーカーの専門性を正しく理解し、教育委員会がスクールソーシャルワーカーと学校との協働をサポートすることが可能になります。例えば、教育委員会担当者が学校のケース会議に出席する際も、スクールソーシャルワーカーが進行するケース会議のねらいを理解した上で、学校に助言しサポートすることができます。学校から教育委員会に対してスクールソーシャルワーカーの派遣依頼が来る際も、スクールソーシャルワーカーの活用目的や方法に誤解がないかなどを見極め、ケース会議の参加者の人選にも目配りをすることができます。

　事例検討会の内容は、スクールソーシャルワーカーが行う事例発表に対して、参加者全員で議論を深め、スーパーバイザーがアドバイスを行います。スクールソーシャルワーカー個人へのスーパービジョンをほかの参加者が聞いて理解を深めるという方法もありますが、参加者同士が助言し合うピア・スーパービジョン方式の方が気づきも多く、発表者の緊張感も少ないと感じます。

　配置型で活動を行うスクールソーシャルワーカーにとって、個々の事例対応へのアド

バイスと同様に参考になるのが校内体制や教職員とのチームづくりのノウハウです。他校の事例や校内体制づくりの取組みを知ることで、個々のスクールソーシャルワーカーが客観的に自身の配置校での実践を振り返り、自身では気づかないアプローチ方法に気づくことができます。例えば、いじめ問題の事例では、いじめの加害、被害の子どもへの支援を考えると同時に、いじめ防止対策推進法やいじめ防止基本方針の内容を確認し、学校が校内体制のなかで子どもにどのような支援を行うべきかについてもアドバイスを行います。

③学校巡回によるスーパービジョン

　学校巡回のスーパービジョンには大きく二つの目的があります。一つ目は、スクールソーシャルワーカーがケース会議の進め方を習得しスキルアップすることです。二つ目は、スクールソーシャルワーカーが学校と協働で校内支援体制づくりを進めることができるようにすることです。いずれの場合も事前準備と事後の振り返りを行うことが大事です。

　ケース会議の進め方を習得する方法としては、スクールソーシャルワーカーが進行するケース会議に直接参加してサポートし、後でスーパービジョンの場を設定する場合があります。その際、学校へのアセスメントやプランニングの示し方、情報整理の方法などを具体的にアドバイスします。具体的には、スクールソーシャルワーカーがケース会議で記載するホワイトボードの書き方が適切か、参加者が納得できるアセスメントを伝えることができたか、教職員が積極的にプランにかかわることができるようにエンパワーすることができたか、具体的なプラン作りが進んだか、などに着目しアドバイスします。

　学校の支援体制づくりのスーパーバイズとしては、管理職やコーディネーター教員が参加する校内コアチーム会議（管理職やコーディネーター教員とスクールソーシャルワーカーで構成された、緊急性や重要度に応じた支援の動きについて作戦を練る会議）に参加してスクールソーシャルワーカーのサポートを行い、学校に対しても助言を行います。ここでスーパーバイザーが注目するのは、子どものSOSを早期発見し早期支援ができる校内体制の構築ができているか、配慮が必要な子どもを記載した一覧表やアセスメント表、引継ぎシートなどの情報整理が行えているか、という点です。特に、定例の校内支援会議が情報交換のみに終始していないか、肝心の子どもの問題のアセスメントができているかに注目し、スクールソーシャルワーカーが効果的な介入ができている

かについて分析し助言を行います。

　このようなスタイルのスーパービジョンは、スクールソーシャルワーカーと学校の相互作用をリアルに観察でき、その相互作用に対する効果的なアプローチを客観的な立場から助言できる点が最大のメリットです。例えば、スクールソーシャルワーカーからの報告では、学校のコーディネーターの理解不足でスクールソーシャルワーカーの活用が進まないと聞いていたが、実際に巡回すると、スクールソーシャルワーカーから学校への説明不足によって活用が進んでいないことがわかる場合もあります。いずれにしても、スクールソーシャルワーカー個人へのスーパービジョンにとどまらず、スクールソーシャルワーカーと学校の相互作用を視野においてシステムに働きかけるスーパービジョンを行うことが重要です。

④その他のスーパービジョン

　スーパービジョンは、面談だけでなく電話やインターネットで実施することもあります。コロナ禍により普及したオンラインをツールとして活用した個別やグループのスーパービジョンを行うことも有効です。いずれもケース記録を事前に送ってもらい確認した上で、主にアセスメントとそれに応じたプランニングを立てることができているかについて助言を行います。スクールソーシャルワーカーからは、児童虐待やいじめの問題などの深刻な問題についての相談が多いのですが、特に配置型のスクールソーシャルワーカーが困っているのが学校内のチームづくりの課題です。校内のチーム力や環境調整がケースの動向を左右することも多く、そこで生じた障壁をどのように乗り越えるべきかについて助言を行います。

3 読者へのメッセージ

　スクールソーシャルワーカーの実践は、対象領域がミクロからマクロまで幅が広く、子どもと環境の接点で交互作用を起こしていくというまさにソーシャルワークの醍醐味が味わえる仕事だといえます。しかし、それだけに、スクールソーシャルワーカー自身の立ち位置が曖昧になったり、実践に揺らぎが生じたりという問題も生じることがあります。よって、この分野においては客観的俯瞰的な立場から専門的な視点を示すスーパービジョンが不可欠だといえます。

最後にスーパーバイザーになる方に特に以下の二点をお願いしたいと思います。第一に、学校、教育委員会を含めたシステム全体へのアドバイスをしてほしいという点です。学校や教育委員会の子どもへの支援システムが変化すれば、スクールソーシャルワーカー一人が単独で行うよりもより多くの支援の手が子どもに届き、そのことが子どもの最善の利益につながるためです。困っている子どもの情報を早期に発見し支援できる学校と教育委員会のシステムづくりはスーパーバイザーが担う重要な役割だと考えます。

　第二に、根拠に基づくスーパービジョンをするためには、スクールソーシャルワーカーに対して実践の成果についてのエビデンスを積み上げていくように実践のデータ化を求める必要があります。スクールソーシャルワーカーは、毎年、文部科学省に対してケースについての支援状況、ケース会議の数、ケース会議で連携した教職員や関係機関の数などの実績について報告します。それが実践を振り返る機会になると同時に、データの蓄積にもつながります。教育委員会が中心となってスクールソーシャルワーカーと学校教職員の協働の実践報告集をまとめることで、関係機関へのスクールソーシャルワーカーの周知が進みネットワークがさらに進むことも期待できます。また、スーパーバイザーは、上記以外の方法でも、スクールソーシャルワーカー自身が実践の効果測定や実践報告を行えるようにサポートしていくことが必要です。学会や研修会での実践報告を奨励し、そして自らもスーパーバイザーとしてのスキルを高める機会をつくる必要があります。

参考文献

- 大友秀治『スクールソーシャルワークにおけるスーパービジョン実践モデルの生成——参加型評価を活用したエンパワメントに着目して』学文社、2019 年
- 大塚美和子「(特集児童虐待をどう防ぐのか) スクールソーシャルワーカーによる困難ケースへの対応」『月刊自治研』vol.61 no.719、2019 年
- 山野則子、峯本耕治編著『スクールソーシャルワークの可能性——学校と福祉の協働・大阪からの発信』ミネルヴァ書房、2007 年
- 山野則子編著『エビデンスに基づく効果的なスクールソーシャルワーク——現場で使える教育行政との協働プログラム』明石書店、2015 年

■「児童の支援にかかわるスーパービジョン（スクールソーシャルワーク領域）」解説

　本編では、多様なスクールソーシャルワークにおけるスーパービジョンの実際について、その歴史的な経緯からわかりやすく記載されています。スクールソーシャルワーカーは、児童（子ども）を取り巻く広範囲な生活課題にアプローチしており、地域によって活動形態に多様性があります。

　まずここでおさえるべきポイントは、2008（平成20）年に文部科学省が「スクールソーシャルワーカー活用事業」を開始してから日本で本格的な活動が始まったということであり、学校という教育機関と社会福祉専門職が協働する土壌が出発点で存在しているということです。

　次におさえるべきポイントは、2015（平成27）年から「スクールソーシャルワーカー活用事業」において全国の都道府県に1人ずつ計47人のスーパーバイザーが予算化されているということです。通常、スーパービジョンの対象はソーシャルワーカーであることが多いのですがスクールソーシャルワークのスーパービジョンでは歴史的な経緯から、「スクールソーシャルワーカー活用事業」におけるスーパービジョンを担うことになったため、スーパービジョンの対象はソーシャルワーカーはもちろんのこと教育委員会も対象となっています。

　スーパービジョンの定義やスーパーバイジーの範囲についてはさまざまな議論がありますが、ソーシャルワークはそれぞれの現場で固有の歴史を経て発展を遂げており、共通した原理・原則をおさえつつ、柔軟な方法を用いる必要があります。どのような現場でスーパービジョンを行う場合でも、スーパービジョンの対象と目的と到達目標を明確にしておく必要があります。スクールソーシャルワーク領域でスーパービジョンを行う際には、児童（子ども）を取り巻く支援主体としてスクールソーシャルワーカーや教育委員会をとらえ、彼らが児童（子ども）と取り巻く環境およびそれらの交互作用から発生してくる状況を読み解き、子どもと取り巻く環境をミクロ・メゾ・マクロレベルの多様なレベルでとらえ支援できるようにスーパービジョンを行います。

ソーシャルワークの実践において、その対象が「障害者の支援」であっても、ソーシャルワークの本質やその基本となる事項が変わるわけではありません。特に障害者の相談支援については、「本人の思い」や「本人中心の支援」、また、「エンパワメント」や「ストレングス」等を常に意識しその実践や振り返りが行われています。

一方、障害という切り口で、その実践のプロセスを考えた場合、私たちがつまずきやすい、気をつけておくべきポイントがあります。ここでは、スーパービジョンをできるだけ身近な日常業務に取り入れることを意識し、付加価値的な工夫を示すとともに、障害者の支援に関する特徴的な内容が含まれたスーパービジョンの展開例についてみてみましょう。

（point1）日常業務のなかから始まるスーパービジョン

私たちが、ソーシャルワークを実践するには、倫理・価値、知識、技術等が重要です。実践経験の積み重ねと振り返り、適切なアドバイスや気づきが、私たちの成長を促します。知識や経験不足、技術が未熟な場合などは、支援のつまずきの原因となりやすく、また、自らは気がつきにくいものです。そのため、日常的に適切なスーパービジョンが必要となります。

しかしながら、現場では、日々支援を必要としている多くの利用者を目の前にし、バイジーもバイザーもなかなか時間が取れないとの声を耳にします。また、職場におけるスーパービジョンは、業務の一貫としての指示や指導となりやすく、共感や傾聴が不足し、かえってプレッシャーやストレスを与えていたり、ただの業務手順、工程管理となってしまったりしている場合があります。

実際には、バイジーとバイザーがスーパービジョンを意識し、ポイントをおさえ、プロセスを踏みながら展開しているのかなどが、日常業務におけるOJT（On the Job Training：職務内訓練）とスーパービジョンの同時展開の肝となります。また、別途、スーパービジョンのための時間を十分に確保したうえで、改めて実践を丁寧に振り返ること、おさえ直すことも大切です。しかしながら、日々の実践のなかでは、ケースの動きに間に合わない場合も考えられるため、日常の声かけのなかの工夫を含めたスーパー

ビジョンの展開はとても大切だと考えています。

（point2）障害児者の支援の特徴をおさえた学びとスーパービジョン

　障害児者を支援するにあたり、おさえておいてほしい特徴的な内容が多くあります。ここでは、事例も意識し大切な事を三つ挙げておきます。

⑴障害の特性や対応方法を理解する

　知的障害や精神障害、身体障害といった大きな分類だけでなく、それぞれさらに細分化された分類や、病理的・生理的・心理社会的要因やその原因、症状、状態、重症度などを勘案する必要があります。

　例えば、意思の疎通や表出、決定が困難な重度の障害者の場合は、意思決定支援ガイドラインを活用するような対応が必要になります。言語障害や失語症あるいは知的障害も含め、コミュニケーションに障害がある場合は、わかりやすい言葉や短い文、絵や写真を使うなど、本人の状況によってさまざまな配慮が必要となります。

　精神的なストレスや環境の変化に弱い利用者への対応方法、高次脳機能障害のように外見的にはわかりにくい障害への配慮、視覚障害や聴覚障害のある利用者へのコミュニケーションなどについても理解しておくことも大切です。

　私たちは、こうした障害の特性を意識し面接や支援を組み立てていく、対応方法を工夫したソーシャルワーク実践をしていく必要があるということです。

⑵ライフステージの時期に応じた支援を意識する

　障害児の乳幼児期においては、本人への発達支援や家族の不安、子育てへの支援を考慮する必要があります。学齢期への引き継ぎ、学齢期に応じた教育機関や放課後の対応を含めた連携が重要となります。また、障害児の場合、家族の配慮やその環境下において成長し、社会的な体験や経験が不足しがちになる場合があります。ある特別支援学校の先生から、「どうしても、温室育ちになりがち」と聞いたこともあります。

　一方、社会の合理的配慮や人々の理解はまだまだ未成熟な部分も多く、学校を卒業し、仕事を含め社会生活を送るなかで、人間関係の構築がうまくいかず、社会的常識や仕事の厳しさにぶつかり、ドロップアウトしてしまう障害者もいます。成長過程においての交流・体験・経験が大切です。青壮年期や高齢期等を含め、それぞれの方のライフステージプラス障害、さらには、地域を含めた本人の環境に応じた組み立てを意識し工夫する必要があります。

⑶先天性の障害なのか、後天性（中途）の障害なのかを考慮する

　生まれた時あるいは乳幼児期からの障害の場合、その家庭環境や社会環境、社会経験

等により同じ障害種別であっても中途の障害とは異なる配慮が求められます。また、事故や疾病等で障害となった場合については、本人・家族と出会う時期、家族構成やその経過によって、混乱や不安、障害の受け止め方など、本人や家族の思いが大きく異なります。例えば、頸椎損傷などにより動く範囲が限られ生活が一変してしまった本人の心の動き、その原因が、家族の運転する車で起こした事故なのか、他者に巻き込まれたものなのか、おかれている環境、家族構成や子どもの年齢、自営業なのか会社勤めなのか、勤めている会社の規模などによっても、本人・家族のニーズは異なります。

その時々に起こりうるニーズや心の動きを感じ、理解し、適切に対応することが求められ、さらに、その人のさまざまな人生経験や価値観、生活観の違いなどにも左右され、ソーシャルワーカーの心の揺れの原因ともなります。

すなわち、スーパービジョンの気づきの要素のなかには、基本的な価値や倫理のほかに、こうした知識や技術、経験や体感、幅広い考え方の理解なども含まれてきます。

ここでは、特性や対応方法の一例を伝えていますが、まだまだ多くのことがあります。

(point3) 体験的理解を含めたスーパービジョンの工夫

私たちの実践は、常に多職種・他機関との連携やチームアプローチが大切であり、さまざまな専門性や考え方、アイデアを活かしていくことが必要となります。同じ職場、同じ職員との関係性ばかりでは、慣れや思い込みが発生しやすく、支援のつまずきや淀みにつながることもあります。また、スーパービジョンの実施についても、バイザーとバイジーの関係性だけではなく、本人・家族の経験談を直接的に聴く、地域の情報を足で稼ぐ、かかわりの薄い障害者の事業所での研修や体験、先駆的な取組みや工夫をしている事業所への視察や意見交換等、自らの知識・技術・価値観等について心に響く・揺さぶる体験を意図的に設定していくことにより、その効果は格段にあがります。毎回ではなくとも要所要所で取り入れることを考えます。

1 取組みの概要

1) 日常業務のなかで小さなスーパービジョンの積み重ねから始める

組織における日常業務のなかで、取り組めるところからスーパービジョンを始めてい

きます。業務のなかの短い時間をうまく活用し、小さなことから積み重ねます。新人職員は、何を聞いていいのか、いつ聞いていいのかにも悩みます。バイザーは、上手にコミュニケーションをとるなかで、バイジー自身のつまずきや悩み等を意識し、バイジーは小さなことでも確認していくことです。重要なのは、バイジーとバイザーとの日頃からの信頼関係、業務内においてスーパービジョンを行うことの相互の確認、バイジーが自ら成長を望み、バイザーがうまく推し進められるかです。

２）基本的な取組みの方法と展開手順

（取組み方法）

　スーパービジョンには、個別・グループ・ライブ・ピア・セルフと五つの種類があります。紹介する事例では、ライブスーパービジョン[1]を中心に、個別スーパービジョンやセルフスーパービジョンを組み合わせて実施します。

（展開手順例）

➢ ①課題の発見と共有
　↓・バイジーまたはバイザーからの課題認識と共有
➢ ②契約（約束）
　↓・スーパービジョン実施に向けた目標や実施方法、約束事などの相互の共有
　↓（同一職場での業務（仕事）内において契約という言葉が馴染みにくい場合もある）
➢ ③ライブスーパービジョン（業務実践１）
　↓・ア：バイジーの実践にバイザーがサポーターとして入る　または
　↓　イ：バイザーの実践にバイジーがサブとして入る
➢ ④個別スーパービジョン（記録と振り返り）
　↓・ライブスーパービジョン実施に関する記録と振り返り
　↓・次回実践に受けた対応方法・留意点の整理
➢ ⑤体験的理解（可能な範囲）← point3
　↓・体験的理解や研修の機会の確保と感じたこと・気づきの確認

1）　実際のケースワーク場面、ソーシャルワークの実践場面にスーパーバイザーが同席しスーパービジョンを行うもの。

➤ ⎡⑥ライブスーパービジョン（業務実践 2）
⎜ ↓・具体的実践での活かし
➤ ⎨⑦個別スーパービジョン（変化と意識の確認）
⎜ ↓・実践記録と実践評価（目標達成評価）／バイジー・バイザーとも
➤ ⎣⑧ステップの終結または継続（①へ）

　　　上記①・②→③・④→⑤→⑥・⑦・⑧の繰り返しとなります。

　バイザーおよびバイジーは、いつ、何を、どのような形でどの部分について実施をしたかを簡潔に記録に残していきます。

3）スーパービジョン実施に関する事例（場面）の基本情報

①バイジーA：ワーカー職（施設でのケース担当兼務）、入職 6 年目。
　　　　　　（障害福祉サービス事業所（施設入所支援＋自立訓練））

②バイザーB：上記同事業所の施設長（入職 15 年目の上司）。

③事業所の主な利用者像

・主に、事故や疾病による中途の障害者。高次脳機能障害[2]が多い。

・利用者の平均年齢は 40 代後半。

④事業所の特徴

・利用の入り口は、回復期病院の入院から来る場合が多い。

・入所＋自立訓練を受ける期間限定の通過型施設。

・平均の利用期間は約 1 年弱（標準利用期間は 1 年半）。

・地域での生活などが可能になるような訓練・支援を実施しステップアップを図っていく。事業所に通える力がついてくれば、基本的に徐々に通所に切り替える。

・利用後は、就労移行支援事業所等へ通い、復職や新規就労を目指したり、就労継続支援A型（雇用型）やB型（福祉的就労）などを利用したりする場合が多い。

⑤面接や利用までのおおよその流れ

2） 事故や病気などで脳に損傷を受けた、日常生活や社会生活に支障が出る障害のこと。症状は損傷を受けた脳の部分や範囲によって異なり、身体等に障害がない場合もあるため「見えない障害」ともいわれている。
　 主な症状として①記憶障害、②注意障害、③遂行機能障害、④社会的行動障害（固執性。感情や欲求コントロール・意欲・発動性の低下。対人関係の拙劣。依存など）がみられ症状の重症度には個人差がある。特に社会的行動障害は、強く出る人、全く出ない人などさまざまである。特に、記憶障害や注意障害など自分では気づきにくく、本人自身が障害があることを認識しておらず、周りが振り回されてしまう場合もある。

ⅰ）事業所には回復期病院から、医療ソーシャルワーカーを通じて、概略を含めて紹介が入る（障害の相談支援専門員の場合もある）。

ⅱ）その後、本人や家族から電話での問い合わせがあり、総合相談の窓口（入り口）で、インテークが行われ簡単な基本情報を得る。また、本人・家族は、利用するかしないかを考えるため、当該施設の見学予約を行う。

ⅲ）本人・家族は施設見学で、施設の概要について説明を受け、利用者・職員の様子などを確認し理解を深める。事業所側は、説明をしながら本人の様子をアセスメントすることになる。その後、本人・家族の利用希望により、次のステップとして利用前の面接や医療情報等の収集が行われる。

2 スーパービジョンの実際の展開

ここでは、基本的な展開手順に沿ってスーパービジョンの展開を説明します。

1）①バイジーの課題の認識（発見）と共有、②スーパービジョン実施に向けた契約（約束）の確認

バイジーAは、利用前の面接を主体的に任されるようになってきました。バイジーAは、本人・家族のニーズの確認（引き出し）やアセスメントを含め関係性の構築がもうひとつうまくいっていないような……、なんとなくの不安を感じています。バイザーBは、面接に同席するなかで、いくつかの課題や気になる点を見つけていました。

バイザーB「Aさん、利用前の面接は慣れた？」
バイジーA「まだまだ、こちらが緊張してしまって……」
バイザーB「そっか、どんな所が気になっているところかなぁ？」
バイジーA「聴かなければいけないことが聴けているのか……、家族を含めてうまく話を引き出しているのか……、いろいろ不安はつきません」
バイザーB「そうなんだね。利用者・家族もいろいろな方がいらっしゃるし、うまくいかないこともあるよね。それなら、気になることを面接の場面を通じて整理をしながら、スーパービジョンをしてみようか？」

バイジーA「できれば、お願いしたいです」

　ソーシャルワーク場面（面接場面）における、概略的な課題を共有し、次のとおりいくつかの約束をしました。
・利用前面接の前に、面接場面で取り組む課題（目的）を確認し共有すること。
　（本人・家族にとって重要な面接であるため状況に応じた柔軟な対応は必要）
・これまで通りバイジーが主体的に面接を実施すること。
・面接場面においてバイザーが気になる場面では介入すること。
・面接後には、面接場面を互いに振り返り、気づき等を整理すること。
・次回以降の面接で活かしてみること。
　展開手順を確認し、スモールステップ的にPDCAを繰り返します。また、組織内では管理的・指示的になりやすいので、時間の開始と終わりを明確に確認し、十分に留意することが大切です。
★展開のPoint1：日常のなかでのさりげない声かけから始めるスーパービジョン
　　　　　　　　→スーパービジョンのできるきっかけや環境づくり
　バイザーBは、ふだんの業務を通じて何気ない会話（コミュニケーション）をしながら、バイジーAを気にかけています。また、業務を含めたOJTのなかで、短い時間でスーパービジョンの実践を意識しています。
　バイジーAも、自分の面接場面を指摘・指導されるというイメージではなく、上手くいかないことを認めてもらい、不安を受け止めてもらえたことや、上手くできるようになっていきたいという思いに、スーパービジョン導入のハードルが低くなった感じがしました。
　こうした、相互のコミュニケーションや学びへの雰囲気づくり、適切なスーパービジョンの繰り返しによって、バイジーも、気になることや迷っていることなどが聞きやすくなり、スーパービジョンの促進にもつながります。

2）③ライブスーパービジョン（業務実践1）、
　　④個別スーパービジョン（記録と振り返り）

　バイジーAは、インテーク等の情報を事前に確認し、バイザーB同席のもと面接に臨みます。本人・家族との関係性の構築と聴くべきポイントをおさえた面接を目的としま

す。

> ライブスーパービジョンを実施するケースの概要
> ・基本情報：Ｘさん（40 代前半男性）、妻Ｔさん（30 代後半）、長女Ｓさん（小 1）。
> ・交通事故（自損）による脳外傷、高次脳機能障害、身体機能の障害はほとんど
> 　なし。
> ・中規模企業の営業職。妻はパート勤務。
> ・回復期病院からの直接紹介。事故後半年が経過。
> ・本人・妻と事業所で面接。
> （病院からの情報では、スケジュールには声かけが必要、リハビリ室までの移動は
> 看護師が見守り。服薬はナースセンターで管理をしている）*1

§1：ライブスーパービジョンの開始

　ＸさんとＴさんに、挨拶、自己紹介をして面接の目的（事業所の利用希望や状況の確認）を伝えます。

　バイジーＡは、基本情報等を再確認しながら面接を主体的に進めています。

　バイジーＡ：「Ｘさん、病院での生活はいかがですか？」

　本人Ｘ：「あまりやることがなくて体がなまってしまっています」

　バイジーＡ：「原因は自動車事故でしたよね？　どんな事故だったのですか？」

　本人Ｘ：「事故前後のことはほとんど覚えていなくて……、居眠りなのか……、自分
　　で運転していて電柱にひどくぶつかったようで、病院に搬送されてもしばらく意識
　　が戻らなかったらしいです」

　バイジーＡ：「病院生活で、何かお困り事はありますか？」

　本人Ｘ：「看護師さんもいろいろやってくれるから何も困ることはないかな」*2
　　「強いて言えば、お酒が飲めないことと、自由があまりないことぐらいで」
　　「早く退院して職場に戻りたいんだよね、本当は。体も動くし、悪いところもない
　　と思うんだけど、医師も妻ももう少し頑張れって、焦らなくても……っていうけ
　　ど……」*3

　バイジーＡ：「今はどんなリハビリをしていますか？　例えば昨日とか」

　本人Ｘ：「ん？　昨日？　何をしたっけ？」

　バイジーＡ：「お薬はご自分で管理されて飲まれていますか？」

本人X：「飲んでるよ」*4

本人を支援の中心に据え、本人に確認しつつ、同時にアセスメントをしています。

＊は、客観的なアセスメントの重要性を示しています。

＊1：病棟からのアセスメント情報（サマリーや診療情報提供書などを含む）から
は、声かけや、移動や服薬の支援が必要となっている。

＊2：本人は病院という限られた環境のなかで、何も困っていないという発言。

＊3：早く職場に戻りたい、体も動くし悪いところはないという認識と、焦らず
ゆっくりという周囲の支援者の意見とのギャップ。

＊4：薬は自分で管理して飲めているという認識と＊1の情報との違い。

（バイザーBは、こうした面接状況からアセスメントを深めるため介入を考えます）

（中略）

§2：＜バイザーBの介入1＞

バイザーB：「Xさん、大きな事故で大変でしたね。元気になられてよかった」
「病院からは、週末、自宅へ外泊ができてますか？」

本人X：「命が助かってよかったよ。外泊も許可出てますよ」

バイザーB：「お子さんは、今おいくつになられましたか？　パパの帰りを楽しみに
しているのでは？」

本人X：「（にっこり嬉しそうにし、妻のほうを見ながら）5歳だっけ？」*5

バイザーB：「かわいい盛りですね、名前はSさんでよかったですよね、申し訳ない
ですが、Sさんのお名前を漢字でこの紙に書いていただいてもよろしいですか？」

本人X：「漢字で？」

バイザーB：「はい、字の確認をさせていただきたいのと、また、後ほどうかがいた
いので」

Xさんは、娘のSさんの名前を漢字でスムーズに記入

「ありがとうございます。後ほど、今書いたものを確認させていただきたいので覚
えておいてくださいね」

と相手と会話のキャッチボールをしながら、改めて確認することを伝え、そのまま裏返
し、机の隅に置きました。バイジーAには、そのまま面接を続けるよう促しました。

＊5：小学校1年生の娘の年齢を、妻のほうを不安気に振り返りながら、5歳？
と答える。

（面接者は、本人の障害に対する自己認識の不足や記憶障害の可能性を考えます）

（中略）

§3：バイジーAは、状態を確認し情報を収集するなかで、事業所への入所と自立訓練利用を丁寧に勧めました。そして、利用までの手続きについて説明し、面接を切り上げようとしていました。

§4：＜バイザーBの介入2＞

バイザーBは、面接を切り上げる前に、これまでじっと黙って聞いていた妻のTさんに、「奥さん、病院での様子や自宅外泊の際、何かお気づきのことや心配なことはありますか？」と尋ねました。

Tさんは、少し遠慮がちに「主人から同じ事を何回も聞かれたり」「昨日来たお見舞いの方を忘れていたり」「主人に頼んでおいた事を、自分は聞いていないと怒り出したり」…と、いろいろなエピソードを話してくれました。

バイザーBは、「奥さんも事故から半年、娘さんを抱えて本当に大変でしたね。Xさんの病院のこと、ご家庭や学校のこと、事故処理のこと、これからのことを含めて本当に不安だったでしょう…。これからは何かご心配やお困りのことがあればおっしゃってくださいね、私たちはそのためにいますから…」と話しかけました。

妻のTさんは、それまで心の内にとどめ、言えずにいた不安や辛さを涙ぐみながら吐露をするとともに、Xさんが生きていてくれたことや、ここまで回復してきたことについて前向きに話されました。Xさんは、エピソードについては半信半疑の顔をしながらも反論はせずに、「妻には本当に感謝をしている…」「自分がしっかりリハビリをして頑張らなければ…」と語りました。

§5：バイザーBは、少し落ち着いたところで「ところでXさん、この裏返した紙に何を書いてくださったか覚えていますか？」と切り出しました。

Xさんは、「何かしたのかもしれないけど覚えていないなぁ……」と答えました。

バイザーBは、用紙を表にし「先ほど、Xさんにお願いをして書いていただいた娘さんのお名前なんです」と書いた内容を一緒に確認しました。

「少し、お試しするような形となってしまいすみません。事故により覚えておくこと

が少し苦手になっている部分がありそうですね。先ほどの奥さんのお話や病院からの情報も……」とお詫びをしながらも、事故などにより起こりやすい、高次脳機能障害について簡潔に説明しました。

「事故による後遺症なのでXさんが悪いわけではありません。でも、覚えていないので、Xさんからしてみれば、聞いていないことになってしまいます。会社に戻ったときに、このようなことになると相手とのトラブルになり会社にも迷惑をかけてしまう可能性があります」「Xさんと同じような症状の方がここには多くいらっしゃって、リハビリに取り組み仕事に戻られています」「私たちも最善を尽くさせていただきますので、Xさん、一緒によい方向にいけるように考えていきませんか」と面接場面を閉じた。
(高次脳機能障害に対する支援手法として、リアルフィードバックというものがあります。目の前の出来事について、丁寧にフィードバックし確認します。時間がたってからの振り返りは、本人の記憶に残っていないので、かえって疑心暗鬼に陥る心配もあります。面接場面で使用するかどうかは、その場面でのコミュニケーションや関係性を含めて見極める必要があります)

④個別スーパービジョン（実践に対する記録と振り返り）

バイジーAとバイザーBは、面接後、Xさんの状況を確認するとともに、これからの利用に関する対応について情報を共有しながら（業務の遂行・方向性の確認）、面接そのものについても振り返りを実施しました（個別スーパービジョン）。

スーパービジョンの内容は、認定社会福祉士制度スーパービジョン実施要綱の規定に基づき、認定社会福祉士制度のスーパーバイザーとなるための登録要件等について定めた「認定社会福祉士制度スーパーバイザー登録規程」における「スーパービジョン経験報告書」（様式第2号）の「スーパーバイザーとしての指導経験」の「個別レベル」1-1「相談援助の開始に係わる業務」にあたります（**表9-1**）。

§1：記録と振り返り

バイジーAは、いつ、どのような場面で何を実施したのか、当初の目的の確認を含め、振り返りの内容と気づきや疑問などを簡潔にスーパービジョンの実施記録に残します。

バイザーBは、どのような気づきを促したのか等の記録を残しておきます。

また、個別スーパービジョンについても、実施後、記録を整理しておきます。

§2：個別スーパービジョン

バイザーB：「おつかれさまでした。実際の面接はどうでした？　面接場面の自身の

表9-1 スーパーバイザーとしての指導経験（項目）

項目	指導内容
個別レベル	1-1 相談援助の開始に係わる業務
	1-2 理論・モデルに基づくアセスメント
	1-3 アセスメントに基づく目標設定と計画立案
	1-4 サービス調整会議・ケースカンファレンス等による検討及び調整並びにコーディネーション
	1-5 計画に基づく介入の実施とモニタリング
	1-6 相談援助の終結に係わる業務
組織レベル	2-1 組織の立ち上げや事業の開始あるいは継続に関わる業務
	2-2 理論・モデルに基づく組織のアセスメント
	2-3 アセスメントに基づく目標設定と取組みの企画（計画）
	2-4 組織内外での会議の企画・運営、職員間及び関係部署や関係機関との合意形成及び連携
	2-5 計画に基づく取組みの実施とモニタリング
	2-6 取組みの終了に関わる業務
地域レベル	3-1 地域福祉活動・事業の開始に関わる業務
	3-2 理論・モデルに基づく地域のアセスメント
	3-3 アセスメントに基づく目標の設定と地域福祉活動・事業の計画立案
	3-4 策定会議、連絡協議会、懇話会等による検討及び調整並びにコーディネーション
	3-5 計画に基づく地域福祉活動・事業の実施とモニタリング
	3-6 地域福祉活動・事業の終結に関わる業務

振り返りと気づきや疑問点を教えてください」

＜バイジーA＞は、

・面接として尋ねなければならないことは概ね聞けたと思う。

・聞かなければという思いが強くなり、面接が一問一答になりがちだった。

・バイザーBは、面接を通じて会話をキャッチボールし面接内容を深めていると感じた。

・介入場面１について、バイザーBが、Xさんに対して、紙に名前を書いてもらっ

たことは、事故によって文字処理等への障害が残っているかを確認するためだと思った。あのタイミングでなぜなのかと最初は思った。最後に、本人の障害認識へのおさえや利用の勧めで使うとは思わなかった。

・介入場面2について、本人中心を意識するあまり、家族の思いを引き出し聞き取る、話をしてもらう、語ってもらうというところまで、なかなか気が回っていなかった。

等の気づきや内省が得られた。

＜バイザーB＞は、

・面接自体の聞き取りや流れは随分上手くなっているなど、よかった点を伝える。

・気づきに共感しつつ、確かにポイントを絞って深める面接は重要であること。

・多少、聞けなかったことがあっても、面接で関係性が少しでもできれば、後から電話で聞き直したらよいからと、不安を和らげ自信をもっていいと伝えた。

　　また、

・「例えば、奥さんのTさんは、この半年、どんな思いで生活を送っていたと思う？」

・「Xさんは、面接に来る段階でどんな気持ちでいたのか想像してみようか？」と、オープンクエスチョンにより、バイジーAのイメージを膨らませ話してもらうことで、相手の思いを考え共感性を意識してもらった。

（本人・家族の思い、不安や葛藤等、さまざまな心の動き、背景などを意識し面接をしていく（思い描く）こと。家族構成や、自営なのか会社員なのか、事故が自損なのか、加害者なのか被害者なのか、近くに頼れる両親がいるのかいないのか……、さまざまな状況によっても変化する）

・事前にイメージし（ジェノグラムやエコマップの活用）、固定的にとらえずに面接の流れのなかで整理していくことが大切であることを、気づきを通してアドバイスをした。

・障害特性に応じた面接の工夫をすること。

・本人には、その時点で高次脳機能障害の認識はほとんどなさそうで、自立訓練利用の希望は薄いため、障害のことなども含め、何度も確認したり、サービスを勧めたりすると逆効果になる可能性がある。医師の勧めや家族の困り感を一緒に考え確認していくことや、ちょっとした工夫のおさえをしておくことは、一つの方法であること等について、面接での介入（フォロー）場面の意図についても考えてもらいながら、丁寧な振り返りをした。

3）⑤体験的理解（可能な範囲で）
　（可能であればできるだけ工夫をして実施）

（体験的理解例）：気づきや心に問いかける場の設定：（体験・経験・家族会）

　本人・家族も私たちの支援者・協力者になります。ソーシャルワーカーとして、寄り添い配慮をすることは、言葉としてはわかっているつもりですが、どこまで自分のなかに本当に落ちているかが大切になります。

　そんなとき、気づきを促し、心に問いかける一つの手段として、本人・家族に協力してもらうこともバイジーやバイザーの強い味方になります。

　今回は、バイジーとバイザーのやり取り、スーパービジョンだけではなく、面接の後に、バイジーとともに、高次脳機能障害者の家族会の集まりに参加し、利用歴のある当事者と家族に、意図を説明し話を直接聞きました。家族会では、勉強会や家族同士の現状の話し合いなどがなされ、ピアな関係性のなかで、寄り添いや問題解決などが行われていました。

[話を聞いた事例]

　母親の運転する車の助手席に乗っていた20代半ばの男性Dさん。交差点右折中に直進車に助手席側に突っ込まれて横転。母親は奇跡的に軽傷で済んだものの、Dさんは頭部外傷等により救急搬送、気管切開による人工呼吸器で2週間の意識障害。救急病院から回復期病院を経て障害者支援施設・就労移行等から復職へ至ります。体の麻痺はほとんど感じられなくなりましたが、記憶の障害や見当識の障害が重く、混乱や悲しみ、不安を含め、今だから話せる2年半の本人や家族の思いや気持ちの変化……。当時のバイザーが担当していたDさん家族に依頼をしてバイジーとともに話をきくことにしました。

＜バイザーが話の展開の引き出し役、ファシリテーター役＞

　・当時の葛藤や不安、専門職といわれる関係者との対応で傷ついたり苦しかったりしたこと、逆にとても励みになったり信頼できると感じたことなど、経過も踏まえて話をしてもらい、バイザーがさらにポイントになりそうな部分を掘り下げました。

＜母親＞から

　・事故の当時は混乱して泣いてばかり…、自分が代われるものなら…、自分を責めて…。

　・意識障害が続くなか、せめて命だけでも…。

・意識を取り戻しリハビリをしていくなかで体の回復は少しずつ…。

（あまり思い出したくはないが…といいながら当時の写真も見せてもらう）

・同じことを何度も聞く、食べたものや出来事を忘れてしまう…、いつか治ると信じて…。

・病院を出てここへ来たとき、希望と不安が入り混じって…。

・最初の面接のときいろいろ聞かれたが、最後に「お母さんも大変でしたね、よく本人と一緒に頑張ってこられました。これからは、私たちと一緒に本人にとって一番いい方法を考えていきましょう。わからないことや、気になることはいつでも聞いてください。おひとりで抱え込まないでくださいね」と言われ、少しホッとして、急に涙があふれてきた。

・利用中もこまめに連絡が入り、丁寧に説明をされたことで安心できた。

・高次脳機能障害についてもわかりやすく伝えてもらえた。同じ家族の人とも話す機会があり非常に助かった。

＜本人＞から

・あまりよく覚えていないが、自分はどこも悪いところはないと思っていた。なぜこんなところに来なければいけないかわからず不満だった。

・同じ年齢ぐらいの支援員に、あれこれ指摘ばかりされて、何でこいつらにこんなに言われないといけないのかと腹が立った。

・何度も丁寧に説明、話を聞いてもらえたときはよかった。

・紙に書いたり、メモをつけたりするなかで、何となく自分の現状がわかってきて、ようやくいろいろなことを受け入れることができるようになってきた。でも、支援員によっては言い方が気にくわないのもいた。

・時間の経過も含めて、ようやくここまでこれたことに今ではとても感謝をしている。

　こうした場面では、本人・家族の当時の不安だったこと、腹の立ったこと、とても助かったことや嬉しかったことなど、ありのままの気持ちや声を横並びの関係で聞くことができます。こうした気持ちや思いについて、支援をしている利用者・家族の立場（側）から、自分の対応や言葉と結びつけ、振り返ることが重要となります。

＜バイジーＡが感じたことと学びの確認＞

・直接、家族や本人、その時々の話を面と向かって聞く機会はなかった。研修等で聞くときよりもリアルに伝わってきた。また、入院時の写真が痛々しかった。

・特に、面接等を実施するときに、相手のこと、その背景を理解しなければと強く感じた（強い内省）。

・障害を受ける前後も含めて、その家族をイメージし、時間の流れのなかで本人や家族の気持ちを考えてみたい。

4）⑥ライブスーパービジョン（業務実践 2）（次の面接での実践・活かし）

前回のライブスーパービジョンや個別スーパービジョン、体験的理解を踏まえて、次の利用前面接で気づきや学びを活かします。面接前に目標を共有しました。

インテークの基礎情報等を見て、本人・家族の背景を含めて、現在の気持ちをさまざま考えることや、そのうえで、面接に入ることなどについて共有しました。

（ここでは、紙面の関係上（2）③、④のような詳細な記載は控え概略的に整理しておきます）

新規の面接は、脳血管障害の 40 代後半単身の男性と 70 代の母親。仕事場のある都内の急性期病院から母親の住む Z 県の回復期病院へ転院。肉親は母親のみ。

＜バイジーAの成長＞

バイジーAは、新規面接の準備の段階で、面接者本人および家族のイメージを広げました。実際の面接場面において、本人や家族がこの面接にたどり着くまでに、どのような思いで過ごしてきたのか、おもんぱかり、付き添い家族の気持ちを確認したり、これまでの労を気にかける発言を意識していました。

⑦個別スーパービジョン（変化と意識の確認）

＜バイジーA＞

・単なるニーズの聞き取りやアセスメントだけでなく、どんな気持ちでここへ来たのか、ここへ来るまでの期間はどんな思いで過ごしてきたのか等、自分だったら……も含めて考え、面接に臨むことを意識するようになってきた。

・相手の気持ちにしっかりと寄り添いながら面接を行うと、本人・家族も自分の話を真剣に聞いてくれているような気がする。忘れないように継続していきたい。

＜バイザーB＞

・本人・家族側に対する意識や面接への取り組みが、よい方向に少し変化してきた。

・継続的な経験と適宜のスーパービジョンがうまくはたらき、一皮剥けたようであ

る。

　→⑧ステップの終結又は継続（①へ）

　実際の展開例を紹介しましたが、ソーシャルワークの全体像から見れば、ある面接の一場面のなかでの、スーパービジョンです。しかしながら、こうしたかかわりの積み重ねも含めて、ソーシャルワークや支援が成り立っています。バイザーは、人材育成を含め、意識的にこうした場面をうまく活用していくこと、実践を強化する工夫も重要であると考えます。

3 学びながらの成長

　ここでは、ソーシャルワークの実践者、バイジーにもバイザーにも学んでおいてほしいことを紹介します。一つは、障害特性の正しい理解に関することです。

　20代の先天性の視覚障害者（全盲・男性）Ｅさんが、自立を考え、母親の勧めにより入所＋自立訓練を利用しました。バイジーＦは、初めて先天性の視覚障害者の担当になります。Ｅさんには、自閉的傾向と若干の知的障害もあり、盲学校を出て就労継続Ｂ型を利用していましたが、うまくいかずに、自宅で過ごしていました。祖父母と母親、弟の５人暮らし。父親はＥさんの小さい頃に離別、母親は仕事をもち働いています。

　入所当初は、母親もよく様子を見に来ていましたが、仕事の都合もあり少しずつ期間が空くようになりました。

（バイジーＦから見た利用者のＥさん）

・支援員室への頻繁な訴え

　「お母さんは次はいつ来るの？」

　「○○を落としてしまったから探してほしい」

　「ひげ剃りの電池がなくなった」

　「ひげ剃りが壊れた」「靴下に穴があいていた」「○○が壊されていた」「誰かが壊した」……等々の訴えが頻繁にある。

・奇異に見える行動

　電気もつけずに、薄暗い部屋で、一人でニヤニヤしていた。

　ベッドに座り、しばらく首や上半身を揺らしていた、何かに取り憑かれているように見える……。

等の情報共有があり、妄想癖や精神症状が何かあるのではないか、一度、受診をしてみた方がよいのではないかと別の職員から言われたこともあり、バイジーＦは、その方向で話を進めようとしています。

Ｑ：さて、みなさんは上記の情報からどのように感じてどのような支援を考えますか？

　キーワードは、「先天性の視覚障害者」「自閉的傾向と知的障害」「盲学校を卒業し就労継続Ｂ型へ」「うまくいかずに自宅で過ごす」「母親は仕事をもち」「自宅は祖父母と弟」…

（大きな環境の変化に対するストレス）

・実は、Ｅさんは、初めて親元から離れ施設に入ります。周囲の入所利用者も視覚障害の人とのかかわり方、接し方がわからず遠巻きに見ています。

・本人は、見えないためにどのような人がいるのか、全体の環境も把握ができずにいます。

・入所に対する不安と母親から離れている寂しさを含め、何かが壊れたりすれば、母親が持ってきてくれると考えたのでしょう。

・そっと様子を覗いてみると、靴下に自分で穴をあけていたのです。

・自閉的傾向と知的障害、就労継続Ｂ型、うまくいかずに自宅で……、他者とのかかわりが苦手で問題解決の力はあまり高くないかもしれません。

・自宅では、誰かが自分を気にかけてくれる、慣れた環境と祖父母や弟、遅くても帰宅する母親がいます。

（先天性の視覚障害の障害特性）

・物を落としてしまって転がってしまうと、なかなか探せないのは当然のことです。

・先天性の視覚障害の人は、表情をつくることが苦手である場合があります。目で見て学んでくることができないからです。物を投げる、走り幅跳びなど、苦手なことが多くなります。

・先天性の全盲の人には、ブラインディズムといわれる、見えないなかでの成長段階において外部の環境への関心や、刺激、刺激遊びを含め、頭や体を揺らしたり、目（瞼）を指で押す等の行動があるのはよくあることです。

・周囲の目がある（周りから見られる）という状況理解や、自分で暗くなったから電気をつけるという行動も、ある意味高度な周囲への配慮となります。

（気づき対応すべきは）

・環境になれるためのステップが必要なのかも…、

・もう少しこちらから話しかけ、気にかけて様子をしっかり見ること。

・置かれた立場で、本人はどのような思いをしているのかをイメージすること。

・先天性の視覚障害者の特性を理解すること。

バイジーは、こうしたことを、なぜだろうと疑問をもち、積極的に聞ける人をもつこと、学ぶことです。

一方で、バイザーは、学びや考える機会をつくり、視覚障害の人が多く利用している事業所や盲学校等に見学や研修に行く（体験的理解）、視覚障害をよく知る支援者からアドバイスを受けるなど、連携も重要となります。

状況を考え、対応することが必要であり、気をつけないと支援の方向性があらぬ方向に進んでしまう可能性のある事例です。

ここでは、障害者の支援にかかるスーパービジョンの展開例を示すとともに、スーパービジョンの環境を整えることが難しい場合でも、意識してすすめてほしいこと、また、障害者の支援、ソーシャルワークを実践するなかで、気をつけてほしいことについて紹介しました。それらはほんの一部にしかすぎません。小さなことからでも取り組んでほしいと思います。それらを踏まえて少しまとめておきます。

①できるところから始めるスーパービジョン〜日々の小さな積み重ねから〜

スーパービジョンの実施場面、展開例は多様です。今回の事例は初期の面接場面ですが、面接、会話、コミュニケーションは、ソーシャルワーカーの基本です。動きや活動、表情などを含め、何気ない会話のなかにも、本人のさまざまなニーズや思いが見え隠れし、それらを上手く拾い上げ対応していくことが相談支援や個別支援、ソーシャルワーク実践につながっていきます。対象者の全体を俯瞰的にとらえることや、全体像のなかのどの部分を実施しているのか、図などを使い見える化することも大切です。

スーパービジョンの実践は重要ですが、福祉の現場では、そのための十分な時間や体制が確保されていないことも少なくなく、多忙な日常業務のなかにおいて、OJT＋αの短い時間を意識的につくり、上手に活用するとともに、できるところからでもスーパービジョンを継続し、土壌づくりを含め積み重ねを図っていくことが大切です。その取組みが、私たちのその後の大きな力につながります。

②障害特性と対応方法等を学び理解する

スーパービジョンの実践は、私たちの気づきを促し、つまずきをフォローします。出会う人たちには、それぞれのさまざまな生き方、人生観、価値観、生活観などがあり、

学生や若い支援者のこれまでの経験や生活のなかでは想像しにくく、心に強いストレスや、ゆらぎを感じることもあるでしょう。スーパービジョンはそうした部分も支えます。

　障害特性や対応方法を理解し実践していくには、直接的な接点をもち、OJT などを通じた学びの機会がなければ、適切に対応することができません。また、環境やサービスとのマッチングなどがうまくできずに、本人の不利益につながりかねません。障害の特性や対応方法などすべてを知り対応できるわけではありませんから、考える、聞くことができる、学ぶことができる、体験することができる環境（先輩やバイザー、他機関等）を多くもつことが必要となります。

　これからも、さまざまな人に出会い、さまざまなことを見たり聞いたりし、そしてさまざまなことに悩んで、実践に活かして欲しいと思います。本章で紹介した事例は、学びの一つの方法、あるいはスーパービジョンにおける"道具"として体験的な理解を取り入れ、人とのつながりを広げることも意図しています。スーパービジョンを通じ、支援について学ぶだけでなく、関係者・関係機関などとの連携や人脈を広げることにもつながります。つながりをもつことで、支援にいきづまったときに相談できる人、無理をお願いできる人をもつことができます。そのことが、実践を継続するなかで助けになると感じています。

　スーパービジョンを受けるとともに、人のつながりをさらに広げ、これからもソーシャルワーク実践をともに重ねられるよう願っています。

事例解説

　本事例では、障害者支援施設における、経験の浅い職員に対する職場の上司である管理者が行ったスーパービジョンについて、実際の面接場面の逐語も含めて示唆となる要点が丁寧に記述されています。ここでは、事例の概要に関しての理解を得るために、スーパービジョンの七つの切り口を念頭に置き、示唆としたい点をみていきます。

　七つの切り口とは、WHAT（スーパービジョンとは何か）、WHO（誰がスーパービジョンを行うのか）、WHOM（誰に対してスーパービジョンを行うのか）、WHEN（いつスーパービジョンを行なうのか）、WHERE（どこでスーパービジョンを行うのか）、WHY（なぜスーパービジョンを行うのか）、HOW（どのようにスーパービジョンを行うのか）という7点です。これらの七つの切り口が本事例では、手に取るように、凝縮して取り上げられており、読者のスーパービジョンに関する実践的理解を深めてくれています。

　例えば、七つの切り口でみると、このスーパービジョン実践の目的や定義であるWHAT、スーパーバイジーとスーパーバイザーの役割や関係性であるWHOとWHOMについては、三つのWを適切に重ね合わせながら、実践が展開されています。また、WHENという時間的要素では、職場の勤務時間においての実践ですが、定期か不定期か、1回の時間や、頻度はどれくらいかを理解することができます。さらに、スーパービジョンでは、終了後のフォローアップ等、スーパーバイジーの学習、研鑽のための適切な機会の想定や準備も大切ですが、その点に関しても、HOWどのようにという点と重なりますが、職場内において、また、職場外の学習機会等について具体的にスーパーバイジーに伝えられています。WHEREに関しては、所属組織において、守秘義務の保たれる場所で行われています。WHYは実践されているスーパービジョンの意義への問いかけ、および、その効果を検討することですが、本実践においては、クライエント、スーパーバイジー自身、職場組織等、多面的な効果が示唆されています。加えて、実践による効果の時間経過に関しても、スーパーバイジーの今後の学習成果を踏まえたうえで示されています。スーパービジョン実践において、実践例の示唆する最も重要な意義は、HOWはどのように行うのかという点ですが、すでにみてきたように、全体像として、また、面接の記述場面における具体的なスーパーバイジーとのコミュニケーション、相談場面を通して、理解が深められます。

　以上、スーパービジョンの6W1Hという切り口からみた本事例の概要を述べてきま

したが、特に本事例では、管理者が職場内で部下に対してスーパービジョンを行っていますが、そのことについて、スーパービジョンは人事考課と異なるのか、という点の理解がより一層求められると考えます。スーパービジョンの実際の展開では、管理的機能、評価的機能やそれらの意義も重要です。しかしながら、結果として人事考課に結びつく場合もありますが、本来、スーパービジョンは人事考課と同一ではないという点を明記すべきでしょう。本事例の逐語により記述されている場面では、スーパーバイジーに対して、教育的配慮のもとに、実践的知識、技能、価値観等への問いかけが行われています。加えて、全体や背景として、管理的機能、評価的機能も用いて展開されています。職場内において、上司がスーパービジョンをどのような配慮のもとに、実践することが適切であるのか、また、そのことを支える職場環境はどうあるべきか等の具体的な問いかけが基本となります。さらに、スーパーバイザー間の理解の共有や、スーパーバイジー自身による、スーパービジョンと人事考課等に対する意識化も期待されます。

第10章

主任介護支援専門員スーパービジョン
―実践者からスーパーバイザーへ

　本章で紹介する事例は、支援の第一線にいるワーカーがスーパーバイザーへとどのように移行していくのか、そのなかでどのような困難があり、そこに至るまでの必要な支援とは何かを考察するためのものです。筆者はグループ形態におけるスーパーバイザーの訓練にこれまでかかわってきましたが、ここでは主任介護支援専門員とのグループ経験を紹介したいと思います。

　そこには、スーパーバイジーとして筆者のスーパービジョンを受けるグループ状況と、スーパーバイザーとして、ほかの支援者をサポートした経験について筆者のスーパービジョンを受けるグループ状況が含まれています。前者を直接事例へのスーパービジョン、後者を間接事例へのスーパービジョンと便宜上表記しますが、そのプロセスのなかでグループに参加した主任介護支援専門員が、介護支援専門員を支援する際に、次第にスーパーバイザー的視点をもってかかわれるように変容していきました。

　この経験を紹介するにあたっては、スーパービジョンの依頼元の組織より了解を得るとともに、東北福祉大学の倫理審査委員会の承認を得ました（RS201203）。

1 主任介護支援専門員スーパービジョン研修の全体像

　ここでは、A市より委託された主任介護支援専門員へのグループスーパービジョンのはじめの2年間を紹介します。経過等については事務局が詳細な記録を作成していたので、許可を得てそれらと筆者のメモをもとに再構成しました。この2年間は、介護支援専門員への支援を、実際に彼らと一緒に動くことというとらえ方から、スーパーバイザーとして支援することとの違いを理解していく段階として選択しました。その後、研修参加者（地域包括支援センター主任介護支援専門員）は、主任連絡会において進行中の事例については自分たちで検討することになり、また、居宅支援事業所の主任介護支援専門員が研修に参加するようになった際には、新たな参加者がスーパーバイザーとしての視点で事例を考えられるように、旧来よりのメンバーがグループをリードする様

子がみられました。

A市の状況：地域包括支援センター直営1、委託2、地域相談センター委託3、居宅介
　　　　　護支援事業所数20、居宅介護支援専門員数約50名（研修開始時）
構造：A市より委託されたグループスーパービジョン研修（2009～2018）
対象：当初は地域包括支援センター主任介護支援専門員、後半は居宅介護支援事業所主
　　　任介護支援専門員も参加
参加者：主任介護支援専門員（介護支援専門員としての業務について専任5年以上の
　　　　実務経験を有し、主任介護支援専門員研修の修了が参加要件）、基礎資格は介
　　　　護福祉士・ケアワーカー、保健師、社会福祉士、管理栄養士など。主任介護支
　　　　援専門員研修にはスーパービジョンに関する3日間のプログラムが含まれて
　　　　います。市の高齢者相談室地域包括支援センターの主任介護支援専門員等が事
　　　　務局として参加。
方法：市よりの初めの提案は1回2事例、年度後半の月1回でしたが、話し合いの結
　　　果1回1事例とすることになりました。中心はグループでの検討ですが、経過
　　　のなかで、スーパービジョン等についての講義も行いました。事務局の意向によ
　　　り、途中からスーパービジョンの時間を短縮し、筆者が入らない主任介護支援専
　　　門員間の事務連絡等の時間を取るようになりました（当初4時間から3時間15
　　　分へ）。年間の回数も全体としては少しずつ減少し、主任連絡会と役割を分担す
　　　ることとなりました。グループのメンバーは基本的には固定ですが、職場異動な
　　　どで、毎年若干の入れ替えもありました。地域包括支援センター主任のみの場合
　　　には8名前後、居宅介護支援事業所主任が含まれるようになってからは20名程
　　　度で、グループスーパービジョンというよりは、参加型の事例検討会となりまし
　　　た。
目的：当初の市の案は、①スーパービジョンを通して地域包括支援センター職員の実践
　　　能力を高める、②スーパービジョンを通して実際の援助過程で使う理論と知識を
　　　身につける、③スーパービジョンを体験しスーパーバイザーとスーパーバイジー
　　　の役割を理解する、でした。その後話し合いの結果、地域のなかで主任介護支援
　　　専門員がスーパーバイザーとしての視点で介護支援専門員の支援が行える能力を
　　　育成することになりました。そのため、主任介護支援専門員が介護支援専門員を
　　　支援した事例（間接事例）を検討することを主としつつ、スーパービジョン自体

を経験したことがない主任も多いことから、主任が直接担当している事例（直接事例）へのスーパービジョンも含めることとしました。地域内において外部スーパーバイザーに過度に頼ることなくスーパービジョンが行えるようになることを目指しました。

実施時期とその特徴：2009-2018

第1期2009年　（参加者8名、全9回）

東京都基幹型地域包括支援センターモデル事業「スーパービジョン研修」

　＜目的＞

　　・市の委託先地域包括支援センター・地域相談センターの相談対応能力（利用者に対する支援と介護支援専門員に対する支援）の向上を狙いとする。

　　・市内地域包括支援センターおよび地域相談センター所属主任介護支援専門員の介護支援専門員に対する、適切なスーパービジョンの視点からの対応能力向上

第2期2010～2012年（1年目：参加者8名、全7回、2・3年目[1]：参加者7名、全6回/2年）

市の地域包括支援センター主任介護支援専門員研修

　＜目的＞

　　・介護支援専門員からの相談に対し、スーパービジョンの視点をもって対応する能力の向上を図る。

　　・地域包括支援センターにおける主任介護支援専門員の役割・業務を確認する。

第3期2013～2018年（参加者20名前後：居宅介護支援事業所の10～12名を含む、2～4回/年）

「主任介護支援専門員を活用した地域のケアマネジメント向上事業実施計画」

　＜目的＞

　　・事例を通して居宅介護支援事業所の主任介護支援専門員と地域包括支援センターの主任介護支援専門員が役割を再確認し、地域包括ケアの推進を目指す。

　　・居宅介護支援事業所の主任介護支援専門員が事業所内部およびA市内の事業所に所属する介護支援専門員に対し、スーパービジョンの視点をもって対応する能力の向上を目指す。

　　・研修を通し、主任介護支援専門員の役割、業務を確認する。

1）　東日本大震災のため、時期・回数が変更となり、2年間を通じてのプログラムとなった。

2 1年目（2009）のグループスーパービジョン経過の紹介

<方法>

「スーパービジョンの前段階として事例検討が必要」という市側の意向があり、主任介護支援専門員が直接利用者にかかわっている事例（直接事例）と、介護支援専門員の支援として間接的にかかわっている事例（間接事例）の双方を対象とすることになりました。事例提出の書式は、直接事例の場合には市の事例検討会で使用しているもの、間接事例の場合[2]には、「スーパービジョン事例の検討：事前」と逐語記録を使用し、筆者には事前に郵送し、ほかの参加者にはその場で配布し検討後は回収することとしました。さらに「スーパービジョン事例の検討：事後」を作成し、事例提出者の振り返りを次回のはじめに全体で共有することにしました。1事例／回、4時間、参加者8名（内事務局3名）

<年間プログラム>

1.オリエンテーション、2.～7.事例スーパービジョン、8.年度のまとめ、9.介護支援専門員業務についての話し合い

<各回の流れ>

内容により順番や内容は異なるので、以下は平均的な流れです。

①提出者による事例と提出意図の紹介、②事実についての質疑応答（ロールプレイを行うために最低限必要な情報の共有）、③逐語記録によるロールプレイ、④役の人物としての感想、⑤検討ポイントの抽出、⑥よりよくするためのアイデアの出し合い、⑦ロールプレイ等による案の試行、⑧参加者それぞれによるフィードバック、⑨事例提出者によるフィードバック（次回に全体の記録と感想を全員に配布）。（⑤～⑦の間に筆者がグループに介入する／理論的・技法的な解説を入れる、なども適宜行う。）

2）間接事例の書式に含まれる項目：事前に①スーパーバイザーとスーパーバイジーそれぞれの基本情報（地位・職責・年齢・性別・両者の関係）、スーパーバイジーがスーパービジョンから求めたもの（言語的・非言語的）、スーパービジョン実施状況（年月日・時間・場）、スーパーバイジーの様子（スーパービジョン中・スーパービジョン後）、スーパーバイザー＝事例提出者が検討したいことの項目と、②スーパーバイザーとスーパーバイジーの間の逐語記録（A4×1枚程度）を用意する。検討後には、③スーパーバイジーがスーパービジョンから求めたもの（グループメンバーがとらえたもの）、グループでの検討（内容・プロセス・結論）、参加者の貢献（グループメンバー・講師＝筆者）、提出者のまとめ（感じたこと・気づいたこと・その後の変化など）をまとめて次回はじめに提出・説明する。この書式は「スーパービジョンを広める会」作成のものなどを基に合成・修正したものである。

<＜経過＞

	主たるテーマ・経過	スーパービジョンの管理・グループ全体の課題について筆者の観察・考え
1	オリエンテーション ①自己紹介：自分のイメージを絵で表すと？新しいグループに参加した時にどう感じるか？ ②目的の確認 ③ルールの設定（資料の回収、守秘義務など） ④参加者一人一人の課題の確認：「専門性ルーブリック」（南＆武田、2004） ⑤スーパービジョンについて、グループスーパービジョンの参加の仕方の説明 ⑥事例提出書式の説明	グループづくり ①自然に事務局、基礎資格ごとに分かれて着席→混成の小グループに分けての作業へ ②アイスブレイクで雰囲気がやわらいだ部分もあるが、グループ全体としてはかたさがある。 ③ルーブリックなどから、意欲があり、地域の中心的な役割を担う有能な参加者であることがわかる。参加者自身が挙げた目標は、利用者への支援能力向上3名、スーパービジョン能力向上5名。 ④スーパービジョンやグループ参加のルール、書式の説明に関しての理解度は不明
2	①前回のフィードバック ②事例紹介・情報整理：主任介護支援専門員として、介護支援専門員支援のためにどのように情報収集、介入方法の判断、支援チーム編成を行えばよいか ③事例提出者・介護支援専門員のロールプレイ ④事例提出者・参加者の感想 ⑤事例提出者のまとめ（次回） 介護支援専門員と自身との関係性、役割分担について介護支援専門員と理解を共有する必要性（契約）、スーパービジョンの支持的機能の必要性を認識した。	①前回の約束事などの再確認 ②介護支援専門員のかかわりが不十分で、地域包括が中心となって動いたケース。家族を含めた話し合いの設定などは介護支援専門員が行うようにしたとのことだが、介護支援専門員の姿勢はあまり変わっていない。 ③ロールプレイで役割になり切ることとその時に感じた気持ちを表現することに慣れていない参加者が多い。ロールプレイでは理想的にできたが、実際はどうかという疑問が参加者よりあり。 ④参加者の発言回数が偏っている。
3	①前回のフィードバック ②事例紹介・情報整理：介護保険等への誤った理解や過度な要求のある対象者への支援の視点 ③エコマップの作成と社会資源の活用について ④クライエントのイメージ（動物に例えると） ⑤ロールプレイ ⑥クライエント・介護支援専門員・事例提供者の関係性をシステムの三角形のバランスで理解。介護支援専門員と事例提出者が強い関係をもって、クライエントを負の要因にしている構図への気づきを得た。	①介護支援専門員交代の要求に対応して新介護支援専門員を調整した責任感や何かあったときにはまた依頼をしなければならない関係性からか、介護支援専門員（介護支援専門員としては新人）の訪問に毎回同行、また、提出者が率先して利用者に電話をしている（介護支援専門員所属事業所には主任クラスの介護支援専門員がいる）。 ②介護支援専門員との逐語録あり。 ③相談したいことは何かが初めは明確ではなかった。 ④メンバーは「正しいことを発言しなければいけない」と思っている様子→ケースのイ

	⑦事例提出者のまとめ（次回） ・先入観でケースを難しくしない。アセスメントとケース本人の願いを中心に支援する必要性を確認した。 ・介護支援専門員と一緒の視点で悩まず一歩離れた視点をもつ必要性があると理解した。	メージを動物でそれぞれが表現することを促し、正誤なしのアイデアを収集→多くが「棘」のあるものを連想→関係者が利用者の「棘」部分にのみ反応していることを認識した。 ⑤事例提出者は、過去のケースや自身の個人的な体験の影響の可能性に気づき、「自分自身でいる時間の必要性」を感じていた。 ⑥この回の事例提出後に、当該介護支援専門員から上司（グループの参加者）に事例についていろいろと尋ねられてやりづらくなったとの連絡あり→5回目に前半の振り返りを行い、そのなかで検討することとなった。
4	①前回のフィードバック ②事例紹介・情報整理：認知症の進行している利用者に対する支援と訪問介護事業所との協働について（サービス事業所・サービス提供責任者とヘルパーの交代を求める利用者） ③エコマップの作成、関係性の整理 ④プランナーとして誰に何を求めたか、いつどう伝えればよかったか、どこまで求めてよいか、などを検討 ⑤事例提出者のまとめ（次回） 訪問介護事業所とのチームづくりについてのスーパービジョンだったが、これまでケアマネジメントと割り切らずに求めに応じてできるだけの対応をしてきた。その意味で、ケースへの気掛かりは残ったままとなった。	①主任介護支援専門員になって半年の事例提出者。筆者が事例を読んだ段階では提出者の立場の理解が難しかった（ヘルパーの仕事までやっている？）。クライエントや介護支援専門員との逐語記録なし。 ②事例の説明が細かくなされており、その把握に時間がかかった。また、検討の焦点・論点「一番困っていることは何か」を決定することに時間を費やした。 ③この事例を知っている参加者も多かったため、前後の状況を確認できたうえに、参加者による事例提出者へのサポートが提供された。 ④新たな介護支援専門員への引き継ぎの必要性が認識された。 ⑤事例提出者自身のこれまでの働き方への自負が垣間みられる。
5	①前回のフィードバック ②事例紹介・情報整理：精神疾患・生活保護・独居の高齢者の在宅生活可能性とかかわり方 ③医療につなげるまでのプロセス等についての確認 ④参加メンバーの経験知の共有（フローチャートづくり） ⑤事例提出者のまとめ（次回） ・精神的に問題のある利用者へのアプローチの仕方を学んだ。 ・ホワイトボードでのチャートで段階的なか	①直接事例としての事例提出だったが、一人の職員に対応を任せてしまったことの是非についても提出者は気にしていた。 ②逐語記録なし。クライエントとのやり取りではなく全体の支援のあり方に焦点を合わせ、参加者の知見を活用した。逐語記録を作成することはメンバーにとって負荷が高いのかもしれない。 ③前半を終えての感想 ・事務局より、3回目の介護支援専門員からのコメントに関して、このグループはスキルアップの場であり、ケースカンファレン

	かわりを学び仕事の整理ができた。	スではないことを理解してほしいと位置づけを確認した。→筆者はこの線引きは地域のなかではかなり困難であろうと感じた。 ・毎回視点が変わり面白い・図示はわかりやすい・やりっぱなしでなく検討事後の振り返りは必要・直接事例か間接事例かを事前に明確にするのは難しく、はっきりしなくてもよいのではないか、などの意見があった。
6	①前回のフィードバック ②事例紹介・情報整理：介護保険におけるサービスを減じる方向での見直しが必要。サービス担当者会議において、サービス事業所に対する事例提出者の発言は適切か ③スーパービジョンなのか、調整なのかの確認 ④2タイプでのロールプレイ 調整：共通目的の確認・異なる意見のそれぞれをお互いの役に立てる、など スーパービジョン：対サービス提供責任者・対介護支援専門員「実際には手伝わない・相手が自力で動けるように」関係者とかかわるにはどのような言葉がけが有効か。 ⑤事例提出者のまとめ（次回） ・事業所に対する支援をすべてスーパービジョンになり得ると思っていたがその違いを整理した。 ・かかわりのなかでの約束事に注意したい。	①事例提出者からのテーマの説明は短いが、検討の焦点はわかりやすかった。 ②サービス事業所の責任者と介護支援専門員の情報共有ができていない。 ③介護支援専門員が訪問介護事業所に対する制度の説明や事例の整理を事例提出者に求めた背景は何か。 ④サービス担当者会議の逐語記録あり。 ⑤事例提出者には、こちらの意図が伝わらないのではないか・感情的になってしまうのではないか・相手の能力を否定することになってしまうのではないかなどの不安がある。 ⑥介護支援専門員役の感想として、事例提出者とサービス提供責任者の関係の近さ・介護支援専門員の遠さを感じたという発言があった。 ⑦グループ内で少しずつ「気持ち」の表現が行えるようになっている。
7	①前回のフィードバック ②事例紹介・情報整理：介護を行っている配偶者の理解力低下により介護力が低下した世帯に対する支援 ・本人への専門医受診の説得は？ ・サービスの増やし方は？ ③事例のジェノグラムの記載方法について ④逐語記録の検討 ⑤介護支援専門員の業務範囲と地域包括のそれへの支援の範囲の確認 ⑥なぜ同行訪問をするのか、なぜ経過が気になるのかを自分で確認してから行うことの必要性 ⑦事例提出者のまとめ（次回） ・主任介護支援専門員が介護支援専門員を支	①検討の焦点は事例についてか、介護支援専門員への支援についてかを把握するのに時間がかかった。 ②記録された年月が長く、「本人」が夫・妻の双方に使用されており理解が混乱した。 ③介護支援専門員に求められたときだけの支援では「介護支援専門員を支える」という主任介護支援専門員の役割を果たしているといえるかという疑問、事例提出者のケースに対する気持ちの不全感などが表現された。 ④自身のケースを引き継いでもらったことに対する「引け目」？　自ら「訪問に行くときはまた声をかけて下さいね」と介護支援専門員に伝えている。

	援することのなかに、一緒に支援することとスーパービジョンを取り入れることの双方があるが、どの形をとるか、なぜそうするかの吟味が必要だと理解した。	⑤介護支援専門員は事例提出者に頼るようになっている。事例提出者は介護支援専門員の安心感について述べているが、安心したのは事例提出者かもしれない。 ⑥スーパービジョンの基本は一緒にやることではないということと、実際の介護支援専門員支援で行ってきたこととの相違について、参加者により受け止め方が異なるようだ。
8	①前回のフィードバック ②スーパービジョンについての講義 ③地域包括支援センターにおけるスーパービジョンについての話し合い ・介護支援専門員対応、複数機関の調整、プランの作成、など ・何で介護支援専門員が困っているか・何を期待しているか・緊急性をきちんと聞いて判断する。 ・その場ですぐ解答を出さず、介護支援専門員が整理した事例をもとに時間をかけて一緒に検討することもあってよい。 ・事例をまとめるサポートとして、研修会、事例検討の会議開催のセッティングをする。 ・主役はあなたですというメッセージを介護支援専門員に出す。 ・ケース終了時の振り返りも大切。	①介護支援専門員側の地域包括支援センターへの期待として感じていることを裏切れない（一緒に動いてほしい、担当してほしい、一応報告したというアリバイづくりなど）。 ②どのように介護支援専門員にスーパービジョンの視点を伝えるかが難しい。 ③参加者が自身の課題をまとめることができた。 ④どのようにすればスーパービジョンが行えるかという意見のほかに、その実施についての困難な状況（職員全員の共通理解がないこと、個々の介護支援専門員による対応の違い、相談自体に慣れていない介護支援専門員）についても語られた。
9	①介護支援専門員の仕事についての簡単な整理と意見交換 ②研修評価（参加者からの意見） ・業務が多忙で参加者が疲労しているためか意見が活発に出なかった点についてメンバーとほかの機会に話し合いたい。 ・自分の言葉で発言するようにしたい。 ・倫理的実践の確認が必要。 ・自身の実践の方法・スタンス・癖などを認識できた。 ・利用者支援の幅が広がった。 ・職場内のスタッフへの対応にスーパービジョンを意識している。 ・スーパーバイザーとしての自覚・自信がもてなかった。 ・「意図の伝え方」が課題だ。 ・介護支援専門員への対応には迷いがある。	・介護支援専門員と一緒に動くこととスーパービジョンの違い・事例についての多角的な理解・スーパービジョンの視点の意識的な活用への動機づけなどはある程度達成された。 ・お互いにこの場と日頃の業務の区別をつけることが必要であると認識できた。 ・参加者自身が発言回数の偏りや少なさを気にしている。グループ内で課題として特別に取り上げることは見送る。 ・介護支援専門員への支援のあり方としてスーパーバイザーの役割をとることには躊躇・抵抗・反論が存在する。

・回数を重ねるごとに悩みや迷いが深まった。
・行っている援助について理論的に説明できるようになることを目標としたい。
・介護支援専門員とある程度距離を取ることができるようになった。
・介護支援専門員の業務・責任についての考えには差がある。今回の研修のなかでの助言等に疑問をもつこともあった。

筆者による1年目の振り返り

はじめに直接事例と間接事例の双方を検討するとしたために、提出された事例の検討目的が、自身の事例へのスーパービジョンを受けたいのか（直接事例）、提出者と介護支援専門員のかかわりを検討したいのか（間接事例）を、判断することに時間がかかりました。また、直接事例の紹介に長く時間を費やすことが多くありました。

主任介護支援専門員が介護支援専門員を支援するといった場合の、「支援」とは何かの理解がそれぞれであり、介護支援専門員の困りごとについて一緒の視点でそれに困ってしまう主任、すぐに一緒に行動してしまう主任、肩代わりして行動を起こしてしまう主任などが多くみられました。その部分での有能性がこれまでの仕事のやり方やこだわりでもあり、また、そのように行動することが介護支援専門員から期待されているともメンバーは感じていました。グループの全員がそれらの期待や評判に値する、地域のなかでは中心的で有能な人材であったことは明らかであり、介護支援専門員へのサポートとは一緒に仕事をすることなのか、人材育成なのかについて現実に判断することは、ほかの地域でも同様に難しいことだろうと筆者は感じました。

さらに、この研修が、事例検討会なのか、スーパービジョンなのかが曖昧だった一面もありました。事例を提出する書式の一部は市がこれまでも事例検討会などで使用したものであることも曖昧にした要因の一つでしょう。また、全員が同一市内で活動しているため、メンバーが事例を共有している場合もあり、進行中のケースではケースカンファレンスやそれに基づく実践と、今回の研修の線引きをするには、メンバー全員が共通して意識化・努力する必要がありました。

地域内の活動で参加者同士は事例やほかの研修などで顔見知りで、その親密度には差があるものの、全く関係がないのは筆者のみでした。その長所と短所を考えながら筆者はグループにかかわりました。提出事例を読んだだけでは筆者には理解できないこともありましたが、グループメンバーは理解していることがあり、筆者が助けられる場面も

多々ありました。

これまでの筆者のスーパービジョン経験と異なることは、提出事例の資料作成の準備を事務局が手伝っていたことなどがあります。スーパービジョンの場合には、スーパーバイジー自身の現実から出発するため、事例の整理・提出についても、他者が手を入れることはないのが一般的です。

3 ２年目（2010）のグループスーパービジョン経過の紹介

<方法>

　基本的には１年目と同様。参加者８名（事務局２名・全体で前年度から２名の入れ替え）。全７回、１事例／回、3.5 時間／回（30 分減）１年目の経験を踏まえ、２年目の目的を、介護支援専門員からの相談に対し、スーパービジョンの視点をもって対応する能力の向上を図ることと、主任介護支援専門員の役割・業務を確認することであると、明確にしました。

<年間プログラム>

　1. ～ 6. 事例スーパービジョン、7. 年度のまとめ

<経過>

	主たるテーマ・経過	スーパービジョンの管理・グループ全体の課題について筆者の観察・考え
1	①ウォーミングアップ ②グループの約束事の確認 ③事例紹介・情報整理：独居・生活保護・物盗られ妄想高齢者への、長男家族の協力を得るには？ ④事例提出者が感じた「ひっかかり」を言語化する。 ⑤事例提出者のまとめ（次回） ・ポイントを絞ったことで、利用者の困りごと、介護支援専門員の困りごと、それぞれへの気づきができた。介護支援専門員にアセスメントの重要性を伝えたい。	①「Help Wanted」（Shea & Dossick, 1990：27）の記入（絵・シンボル・単語）と小グループによる共有→かたさが戻ってしまったグループのアイスブレイクと個々の参加者の状況把握 ②目的・流れ・事例提出方法・グループ参加のルール等の確認 ③介護支援専門員との逐語記録あり。事例の詳細な検討ではなく、介護支援専門員との逐語記録に重点をおいた検討を行った。 ④主任が動き、その報告を介護支援専門員に行っているが、その役割分担に違和感を覚える。→そうなった背景はどこにあるのか。介護支援専門員・その所属上司・主任介護支援専門員の三者の関係性は？

		⑤グループ全体の傾向として、スーパーバイジー（介護支援専門員）が主任介護支援専門員に何を求めているかについて、言語的な把握はできているが、その裏にある心理的な、言語化されない思いを考察することが少ない。
2	①前回のフィードバック ②事例紹介・情報整理：スーパービジョンとして介護支援専門員支援を行うには？ 単なる相談の延長で情報提供や確認作業を行ってしまう。 ③介護支援専門員と地域包括支援センターの業務の整理を行い、地域包括支援センターが何をするところか、介護支援専門員と主任介護支援専門員の業務の違いを確認した。 ④事例提出者のまとめ（次回） ・介護支援専門員支援のときには何かしらの「お土産」がないといけないと思っていたので、介護支援専門員が行う部分まで地域包括としてやってしまっていたことに気づいた。 ・介護支援専門員への質問の仕方や、介護支援専門員に来所してもらっての対面での支援もあり得ることを学んだ。	①事例資料は逐語記録の検討後に配布し、直接事例に焦点があたらないように試みた。 ②介護支援専門員との逐語記録あり。しかし、事例提出者が求めるものが抽象的な内容であり、逐語記録からスーパーバイジーの困り感が伝わらない。→介護支援専門員とスーパービジョン関係をつくるために必要なアプローチを検討した。 ③方向性の確認として、介護支援専門員とどのような関係性をつくろうとしているか、どのようにそれを伝えているか、それについて相手はどのように反応するか、それについてこちらはどのように対応するかを、図を使用してグループで整理した。
3	①前回のフィードバック ②事例紹介・情報整理：認知症専門相談後の介護支援専門員支援について ③利用者が急に入院したことについて動転した介護支援専門員への支援のとらえ方を学んだ。 ④この介護支援専門員の成長課題を検討した。 ⑤事例提出者のまとめ（次回） ・スーパービジョンにおける平行プロセスを実感として理解できた。 ・「気持ち」に焦点をあててフィードバックすること・内容と感情に分けてクライエントをとらえ、双方を効果的に使ってかかわることで、支援の醍醐味を味わえるだろうと思えた。	①事例の検討ではなく介護支援専門員との逐語記録を使用してスーパービジョン関係を吟味した。事例資料は使用せず。 ②逐語記録や、事例提出者の説明・ロールプレイから、クライエント家族の不安→介護支援専門員の不安→主任介護支援専門員の不安という連鎖が明瞭にみえた。 ③理屈の部分と、気持ちの部分の双方を検討することで、それぞれが理解しやすくなるだろうと考えた。 ④参加者の多くは、理屈の部分のほうに反応していた印象を受けた。事例提出者は、気持ちの部分に大きく反応していた。
4	①前回のフィードバック ②事例紹介・情報整理：多くの相談機関がかかわっているが役割分担が曖昧で効果が上げられていない。介護支援専門員からの担当者会議への出席要請について目的が明確	①事例提出者は新メンバー ②提出された事例のテーマは、地域内他職種・他機関を対象とした地域包括支援センターによる支援（カンファレンス）の内容であったが、事前に提出された情報は、直接事例

ではないので躊躇した。エコマップとジェノグラムによる情報整理
③ケアカンファレンスの全体の雰囲気の確認と、地域包括支援センターとしてのかかわり方
④相手を責めずに事実を伝え、介護支援専門員の自覚を促す方法を検討した。
⑤事例提出者のまとめ（次回）
・カンファレンスにおける地域包括・地域相談センターの役割、エコマップからみえたケースの問題点が理解できた。
・逐語記録を読み合わせることでそこから受ける介護支援専門員の感情を理解した。
・メンバーの意見を聞くことで、このケースを別の角度からみることができた。
・バイジーの環境を理解する気持ちを忘れていてこちらサイドから話をしてしまったことを反省した。
・今回のスーパービジョンで受けたショック（感情）を忘れないで悩んだ時には思い出していきたい。
⑥前半の振り返り（参加者の意見）
・一緒に動くことを求められ、そうしないと関係性がつくれない気がする。線引きは難しい。
・こちらからかなりはたらきかけないといけない介護支援専門員も存在する。
・「とりあえず報告しておく」といった介護支援専門員もいる。
・報告だけとして来てもこちらの対応次第では異なった展開にすることができる。
・仕事部分と気持ち部分のサポートの両方があるとわかった。
・こちらの姿勢が変わるとあちらの対応も変わる。

の内容と、事例提出者と介護支援専門員間の逐語記録であったため、検討の焦点がわかりにくかった。介護支援専門員としての経験が少ないスーパーバイザー（事例提出者）が現役介護支援専門員を支援する波長合わせや、参加するカンファレンスでどのような立場や役割をとることができるかについて不安を感じているのではないかととらえた。
③また、事例のなかに保佐人が登場し、そことの関係性を問題にしたいという意図もあるのか、検討の焦点をどこにするか迷った。
④事例提出者を主任介護支援専門員、あるいはスーパーバイザーとしてみてくれない相手に怒っている？→ケースカンファレンスに慣れていないゆえのスーパーバイザー側の不安か？
⑤「支援関係における原則とコツ」（Schein, 2009：230-250）を紹介し、事例提出者の心理を掘り下げるのではなく、認知的な部分での気づきに焦点を合わせた。
⑥後半は、振り返りとして実際の業務にこの研修が活かされているかについての意見をグループで共有した。介護支援専門員への支援について、一緒になって動くこととスーパーバイザーとして行動することの違いは理解されているが、相手（介護支援専門員）とその理解が共有されていないことやその力量によっては柔軟に対応する必要性があることを参加者は感じている。

| 5 | ①前回のフィードバック
②事例紹介・情報整理：介護支援専門員との視点の違いや相手の満足度の不足を感じる。介護支援専門員から依頼はされるが、その後の報告がない。介護支援専門員が問題なしと考える状況について、事例提出者は同意できない。
③地域包括支援センターの主任としての意見 | ①事例提出の趣旨は左の②に述べられているが、提出物のスーパービジョン事例記録には空欄が多かったため、事例提出意図を整理することから始めた。
②介護支援専門員の仕事への意欲をなくさないようにと思うと介護支援専門員の課題について話せなくなるということは事例提出者だけではなく、ほかの参加者も感じてい |

	を介護支援専門員に伝えられないことに関する検討 ④事例提出者のまとめ（次回） ・経験の浅い介護支援専門員へのはたらきかけの工夫について、地域包括支援センターの立ち位置とともに考えることができた。 ・経験や職場環境の差によって問題解決の視点が異なる。その差を突きつけたり放置したりするのではなく、介護支援専門員を育てる視点で扱っていく。 ・主任介護支援専門員と介護支援専門員の距離感が少しみえた気がした。	ることとして扱った。 →この回のやり取りの再構成参照のこと
6	①前回のフィードバック ②事例紹介・情報整理：主任介護支援専門員への依頼にどう対応するか。担当者会議への参加依頼をした介護支援専門員が地域包括支援センターに求めていたものは何でどの程度のかかわりなのか。 ③スーパーバイザーとしての事例提出者が覚えた違和感をきっかけに介護支援専門員とのズレを一致させるやり取りとは。 ④事例提出者のまとめ（次回） ・スーパーバイジーの意図を汲み取り、そこを大切にしてこちらの意図を伝えていくことが必要であると感じた。	①介護支援専門員と事例提出者のやり取りの逐語記録を使い、事例のキーパーソン、介護支援専門員、事例提出者の関係性の現状を検討した。 ②介護支援専門員が求めることを超えて事例提出者が事例にかかわろうとした状況か？ ③介護支援専門員への支援の際にそのケース訪問には同行してその手がかりを得たいという意識が強く、スーパーバイザーとしての認識が薄くなる傾向について、事例提出者自身が気づいている。
7	①前回のフィードバック ②まとめと振り返り ・今年度実施してみえたもの ・今後の課題について ・その他 ③事例検討会について ・ピアスーパービジョンなど ・検討の流れ ・必要なもの ・アドバイス ・ツールの活用	①前年度と比較するとさまざまな意見が聞けた。 ②次年度は、主任連絡会と筆者のスーパービジョンを交互に行い、進行中の事例については主任連絡会で主任だけで検討することになった。 ③事例検討をピアで行う場合に必要と思われる知識を紹介した。

2年目第5回逐語記録の一部の再構成

①「スーパービジョン事例の検討：事前」の内容についての質疑応答により、事例提出者と介護支援専門員の関係性を整理し、当該介護支援専門員は所属する事業所の主任にも相談し、それでも困ったときだけ地域包括支援センターに連絡してくるが、その

後の報告はないというこれまでであったことがわかりました。また、この介護支援専門員も事業所も問題としていないことも、事例提出者としては問題と感じる利用者の状況もあるが、それを伝える機会をとらえにくく、また介護支援専門員の達成感に水をささない形で残された問題点を指摘することが難しいと感じていることが整理されました。

②その後、具体的な検討ポイントを設定するやり取り（文中の数字は実際の逐語記録中にある発言ごとに番号を付してある番号）

　筆者：今回はどの部分を検討したいというのではなく、これまでにその介護支援専門員との間で溜まっている／積もったものを検討したいということでしょうか？

　提出者：そのきっかけはこの会話（逐語記録中）です。介護支援専門員に言えなかったことがあります。

　筆者：では、そこを検討するために事例の説明をお願いします。

③事例紹介→事例についての質疑応答→事例提出者と介護支援専門員のかかわりについての感想の交換→休憩

④休憩後に逐語記録を使い参加メンバーによるロールプレイを行った後で、

　筆者：介護支援専門員に伝えるべきと思ったのに伝えられなかったというのは、逐語記録のどこですか？

　提出者：逐語記録の15、16のあたりで、家族がこう言っているということしかなくて、介護支援専門員が確認した具体的な情報ではなかった点と、21、26での1日1回のおむつ交換の情報から水分不足なのではと思った点です。

　参加メンバーA：介護支援専門員役をやってみて、ここで「～略～」というと介護支援専門員が自分で情報が足りないと思ってくれるかもしれないと思いました。

　参加メンバーB：主任役をやってみて、このやり取りで介護支援専門員を褒めたいと思いました。マイナスのことは少し言いづらいです。

　提出者：サービスの導入が難しい人に対して、その導入ができた。それは本当に凄いと思いました。介護支援専門員が自分で進めてきて達成感があるところで水をさすようなことができませんでした。モチベーションを落としてしまいそうで。

　筆者：では、その達成感を維持しつつ、どんなことをどのように伝えたらよいか、今度はもっとやってみたいと思えるような動機づけの仕方を検討してみましょう。自分が介護支援専門員だったらどのように言われたらそのような気持ちに

なるでしょう。小グループで検討してください。

⑤2グループに分かれて検討し、ロールプレイで試してみる。

⑥全体で検討結果を共有。提出者が介護支援専門員の意欲を低下させないように問題点を指摘できないように、介護支援専門員も家族の意欲を低下させないように家族によるケアの不足部分を指摘できていない可能性への気づきなど、それぞれの参加者が今回得たことや感想を述べました。

⑦筆者が「ケアマネジメント・プログラムの三つのモデル」（社会福祉士養成講座編集委員会編 2015：58）を参考に、介護支援専門員に期待するべき役割を紹介したうえで、地域包括支援センターと介護支援専門員の役割を整理し、終了しました。

⑧事例提出者の振り返り・感想は2年目の経過第5回を参照のこと。

筆者による2年目の振り返り

　自由な発言が前年度より増え、雰囲気もやわらいだ感がありました。多少マンネリ感もありますが、同時にパターンに慣れることで、安心感も出てきたようでした。グループ内でほかを批判するような言動はありませんでした。

　スーパービジョンの事例が増え、スーパーバイジーとして介護支援専門員をとらえようとしている努力がみえました。介護支援専門員への支援と仕事を一緒に担うこととは異なることを理解した様子でした。スーパーバイザーとしてのかかわりを自身の業務の一端と認めることができ始めています。一方で、介護支援専門員のほうにスーパーバイジーとしての感覚や理解がないために齟齬が生じることがありました。また、問題意識のない介護支援専門員が困ったときだけ依頼してくる・地域包括支援センターもかかわっているとクライエントに示す・アリバイとしての報告をしてくる、などであると不全感をもってしまうこともありました。介護支援専門員自身が所属する事業所内で相談しないまま地域包括支援センターを利用することもあり、それぞれの事業所との関係も視野に入れたかかわりが必要であることがわかりました。

　一方で、やはり事例そのものが気になって直接状況の確認をしたくなる、などの思いもあります。特に主任介護支援専門員のもつ基礎資格によっては、その専門性ゆえに具体的な情報を詳細に知りたいことも出てくることがありました。直接事例の紹介に時間を取られすぎないために、回によってはそれを後回しにしたり、主任介護支援専門員と介護支援専門員の間に起こったことのみを取り上げたこともありました。最終回に、現在進行中の直接事例の検討は自分たちで行い、スーパービジョンに関しては筆者と検討するという案がメンバーから出た背景でもあるでしょう。主任介護支援専門員には両方

のニーズがあり、それへの対応として理解できる案でした。

　地域内でのメンバーの関係性の詳細は不明ですが、グループ内でそれが影響していることは当然あると考えます。参加者のなかで、リーダー的でほかの参加者もそれを感じている者が数名認められるようになりました。そうしたメンバーはグループ内コミュニケーションの手本となっていて筆者が助けられることも多くなりました。

4 考察

　第一線の支援実践者がスーパーバイザーとなる移行については多くの文献がページを割いています。文献によって強調している部分が異なるものの、スーパーバイザーは実践者の上級を単に意味するのではなく、したがって有能な実践者が自動的に有能なスーパーバイザーになるわけではない（Taibbi, 2013：164；Page & Wosket, 1994：18）という認識は概ね共通しています。その内容を大別すると、1）その移行における変化は大きくストレスフルであること、2）適応には時間がかかること、そのため、3）サポートが必要であるとまとめられます。

　以下、これらの点についてこの2年間の経験を整理していきますが、今回紹介したスーパービジョンの初めの2年間の特徴を確認すると次のようになります：

＜プログラム＞

　事例（直接事例・間接事例）をもとに行うグループスーパービジョン

＜グループ形態＞

　①小グループ、メンバー固定

　②スーパーバイザーは外部の人間、その他のメンバーは顔見知り

＜構造＞

　①A市の公的プログラムの一環としての研修

　②参加者のうちA市高齢者相談室地域包括支援センターの主任介護支援専門員等が事務局を担当

＜研修目的＞

　①主任介護支援専門員が事例を提出しスーパービジョンを受けることでその支援能力を高める。

　②主任介護支援専門員が介護支援専門員をスーパービジョンの視点からサポートする

能力を高める。

＜参加者＞

　A市地域包括支援センター主任介護支援専門員（同一地域内において活動する多職種のメンバーであり、他の研修や業務のなかでのかかわりを有するが、基礎となる専門性は異なっている）。全員主任介護支援専門員研修の一部としてスーパービジョンについて学んでいる[3]。

1）変化の大きさとストレスについて

　この移行による変化の内容として挙げられているのは、役割、求められる能力・有能性、地位・責任、人間関係、組織との関係、権威との関係性、自己イメージなど多岐にわたり、その変化が大きく複雑であることを示しています。

　今回のグループスーパービジョンの参加者は、地域包括支援センターの主任介護支援専門員として地域のなかで中核的な役割を果たしている有能な第一線のワーカーであり、自他ともにその認識をもっていました。その意味ではスーパーバイザーの前提条件は満たしていたと考えられます（Howkins & Shohet, 1989：35-36；Taibbi, 2013：164-167）。しかし、介護支援専門員を支える役割についての理解は、介護支援専門員が困った場合にはそれを手伝う・引き受ける・一緒に動くなどの理解が中心であり、介護支援専門員のスーパーバイザーとして機能するという理解は、過去にスーパービジョン研修を修了しているにもかかわらずほとんどありませんでした。その結果、自身のこれまでの実践の延長として、いわゆる「困難事例」を引き受ける実践を行っていました。そこでは、地位・責任の変化という意識はあるにしても、そこで求められる役割とそれに伴う能力・有能性が、これまでの自身の元々の専門性の延長ではなく、より広い視野が求められること（Taibbi, 2013：164-167；Mead, 1990：28-29；Howkins & Shohet, 1989：37）、直接利用者にはたらきかける役割ではなく介護支援専門員にはたらきかける役割であることへの認識は希薄でした。

　これまでの実践における有能性や地域での評判が自己イメージや実践のポリシーを形づくっており、自分が動かずに介護支援専門員を「動かす」ことへの戸惑い・不信感・

3）　県レベル・市レベルにおける主任介護支援専門員スーパービジョン研修については、浅野編（2011：140-150）、藤林（2015：414-425）に詳しい。

不全感は経過のなかで随所に現れています（Taibbi, 2013：4, 161）。他者を「動かす」ことはある意味では「権威」と自己の関係性の再考を促すことであり（Shulman, 2005：35-38；Howkins & Shohet, 1989：39）、他者との関係性（Kadushin & Harkness, 2014：212-215）・自己の歴史（Mead, 1990：28）の集大成としての自己イメージの揺らぎでもあります。多くの文献がスーパーバイザーに移行したときの同僚との人間関係の変化についても述べていますが（Shulman, 1982：47-49；Kadushin & Harkness, 2014：215）、参加者のほとんどは主任となってからかなり時間が経過しており、今回のグループでは話題になりませんでした。

　介護支援専門員からその主任となるときにその役割が明確に切り替わることにはならず、多くは直接的な支援も併せもちます。移行は日本の実践現場では、諸外国の文献[4]が述べているように明確ではありません。したがって、スーパーバイザーへの移行に伴う不安やストレスを曖昧にやり過ごすこともできる部分があります。また、「介護支援専門員を支える」という言葉自体が曖昧であり、いかようにも解釈できます。このグループスーパービジョンでは、実際に自身が動いた事例（直接事例）と、介護支援専門員を動かした事例（間接事例）の双方を検討の対象としたことで、参加者それぞれが自身のペースで揺らぐことを可能にした一面、移行自体を曖昧にした面があります。事例提出者がグループに何を求めるか、何に焦点をあてて検討するかを探ることに、特に初期においては時間がかかりました。ほかの参加者も直接事例の詳細情報に関心を集中させることが多くありました。支援対象者に関する情報と、支援者＆事例提出者に関する情報の扱いについて、各回の時間配分を変更していくことで、徐々に介護支援専門員と主任介護支援専門員とのかかわりに焦点があたるようになりました。

　同時に、参加者は直接的に事例へ対応する場面も日常的にはあり、その検討へのニーズがなくなったわけではないことにも注目しなければなりません。そのため、その検討は主任介護支援専門員の連絡会で行うということに整理されました。Taibbi は、自身でも事例を担当しているスーパーバイザーには、二つの種類のスーパービジョン（クライエント支援についてのスーパービジョンと、ワーカーへのスーパービジョンのスーパービジョン）が必要であると述べています（2013：173）。

　移行に伴う変化の大きさを考えると、そのストレスも大きいと、多くの文献が強調し

4）　Munson はこの移行が明確ではなく二重の役割をもつソーシャルワーカーも多いこと、ほかの一般的な職業のスーパーバイザー（管理者）と比較して、スーパーバイザーへの移行において、その責任の変化があいまいで不明確であると述べている（2002：30, 39）。

ていました（Kadushin & Harkness, 2014：206-245）。特に新人スーパーバイザーの場合には、はじめてワーカーになったときのように戸惑い、さらに、スーパーバイジーのために正解を出さなければならないと考えてしまうなどということも含まれます（Page & Wosket, 1994：23-24；Taibbi, 2013：173）。

2）時間が必要なことについて

　上記のようにこの移行に伴う変化は大きいために適応には時間が必要となりますが、各文献の内容を時間経過として整理すると、スーパーバイザーの選抜、スーパーバイザーになるときの事前の準備、スーパーバイザー初心者について、スーパーバイザーであること（中堅以降）とまとめることができます[5]。

　今回の参加者が地域包括支援センターの主任介護支援専門員であるのは、本人の選択ではあるでしょうが（Langs, 1994：143-146；Howkins & Shohet, 1989：33-34）、資格要件によって公的に定められたものが基本です。所属組織が主任の選抜の基準やプロセスをどのように定め、それがそれぞれの参加者にどのように伝わっているか、受け入れられているかは今回のグループでは扱っていません。

　文献には、スーパーバイザーになるための準備について、スーパービジョンの学習を行わないと、スーパーバイザーは自身が行うスーパービジョンのモデルとして、自身が受けたスーパーバイジーとしての経験を使いがちであると述べています（Page & Wosket, 1994：32-33）。しかし、今回の参加者の大半がそのような経験をもっておらず、スーパービジョンについてほかの研修で学んでいたものの、はっきりしたイメージを描くことができていませんでした。むしろ、各自の基礎資格の専門性が事例のまとめ方や関心のもち方に色濃く反映されていました。

　直接事例をまとめる書式として、A市がそれまで使用していた事例検討会の書式を使

5）　Kaslow（＝ 1990：75-84, 204）はその段階を次のように整理している：
　　スーパーバイザーへの段階Ａ：初期
　　スーパーバイザーへの段階Ｂ：探索
　　スーパーバイザーへの段階Ｃ：スーパーバイザーのアイデンティティの確立
　　Brown & Bourne（1996：169-172）は、スーパービジョンの訓練も、スーパーバイザーの段階に応じて解説している：
　　1.　Student supervision
　　2.　Pre-appointment training
　　3.　Training of new supervisors
　　4.　Training of established supervisors
　　5.　Training the trainers

用したことで、事例報告会・検討会とスーパービジョンの違いがわかりにくくなった一面もあると思われます。筆者は、外部のスーパーバイザーとして動くときには、とりあえずはこれまでの参加者の書式を取り入れることにしていますが、この書式の使用度を減らし、スーパービジョンのまとめの書式とその逐語記録の使用を優先させるように変化させる経過のなかで、スーパーバイザーの視点・考え方・スーパービジョンのイメージができていきました。スーパーバイザーの個人史がスーパービジョンに与える影響についての文献もありますが（Langs, 1994：143-146）、今回のグループスーパービジョンではそれを感じさせる場面があっても、そこにはあえて深くふれていません。

　スーパーバイザー初心者については、多くの文献がケースをもたない・手放すことへの抵抗についてふれています（Kadushin & Harkness, 2014：213）。スーパービジョンを業務の一部として位置づけた場合、それまでと同数の事例を担当することは不可能であり、組織全体としても各人のケース負担の見直しの必要が出てきますが、Munsonは、スーパーバイザーになるためのアセスメントポイント20項目を挙げたなかに、"Willing to decrease my own practice activity" という項目を入れています（2002：494）。ほかの文献も、自身が直接支援の量を減らすことは、罪悪感・喪失感を伴い、ケースを手放せないことやケース情報を後追いすること（Alonso, 1985：41）、新人ではなくても、担当者への競争心や批判、猜疑、などが起こることにふれています（Page & Wosket, 1994：23-24）。グループのなかでは心理的な内面を掘り下げることではなく、ケースを介護支援専門員に預けてしまうことへの不安・罪悪感、介護支援専門員への配慮など、誰もが感じる現象として共有しました。「1）変化の大きさとストレスについて」で述べたさまざまな変化・揺らぎへの適応に必要な時間は参加者それぞれであるので、事例提出者を中心にほかのメンバーも各自の段階で参加できるように配慮しました。

3）移行へのサポートについて

　移行に伴う変化の大きさと時間の必要性を考えると、スーパーバイザーへの移行にはそのサポートが必要であり、サポートを得られない場合にはストレスが大きくなります（Kadushin & Harkness, 2014：208-209）。サポートの内容として挙げられているのは、知識・理論についての学習機会、スーパービジョンのスーパービジョン、スーパーバイザーの肯定的な受け入れ、スーパーバイザー同士のネットワークの必要性[6]などです。

今回の参加者は、ほかの研修によりスーパービジョンについての知識・理論は学んでいました。特に介護保険の対象領域では主任介護支援専門員としての必須研修が整備されています。その意味では学習機会がなかったわけではありませんが、それにもかかわらずスーパービジョンの実践が進んでいなかったことは、知識・理論の学習だけでスーパービジョンの実践を広めることは困難であることを示しています。

　内容としては、介護支援専門員からその主任となるには、基礎となっている専門性だけでは主任としては不足で、それまでの理論・知識の幅を広げる必要があります。さらに、スーパーバイジーとは異なる視点で、スーパーバイジーや組織を含めた全体状況を把握する力が必要となります[7]。これまでの経験の延長でスーパーバイザーは務まりません。

　グループスーパービジョンでは、知識・理論・技術については、事例の検討に必要性が感じられたり、数回のグループを経験したなかで確認する必要が出てきたとき、また、参加者や依頼元からの要望があったときに、その都度、あるいは、改めて講義で対応するという形式をとりました。グループ内でほかの参加者の多様な基礎資格の専門性から学ぶことも奨励していました。

　スーパービジョンのスーパービジョンとして、今回のグループは、グループそのものが不安や緊張の場であることから、相互に支え合う、安心できる場となるようにグループ内コミュニケーションを促し、最終的にはそれが地域のなかの主任介護支援専門員の相互支援グループになる基礎づくりを目指しました。実際に行ったことは、事例検討会とは異なり、できる限り事例提出者とそれを検討する側と二分せずに全員参加を促し、集団力動を常に意識しながら、①所々で多職種が混合するようなグループに細分化し、専門性の違いを肯定的に受け止め、それらの知見を実践の際に参考にするように参加者に促す、②自由な表現を促すために描画やイメージを使用し、正しい答えを出すことや、誰が正しいなどの結論を出すことを避ける、③ロールプレイを多用し、そのなかで役になりきることや、そこで感じたことを表現することを奨励するとともに、「感じたこと」に成否はないことを強調する、④研修外における地域内での活動や人間関係を尊重し、できればそれがより肯定的に変化するようにグループ内でもかかわるなどです。

6）浅野編（2011：312-313）には、3名のスーパーバイザーがその体験を話し合っているが、そのなかで定期的に開かれたスーパーバイザーのミーティングがお互いのサポートとなったこと、そうしたスーパーバイザー同士のつながりが必要であることが語られている。
7）スーパーバイザーの視野については、「ヘリコプター」の視野として紹介している（Howkins & Shohet, 1989：37）。

これらによって、スーパービジョンは批判・否定ではなくサポートであるという、スーパービジョンそのものの受け入れが可能になりました。

　利用者支援に直接かかわらずに介護支援専門員にかかわることの価値についての認識が体験的に理解されグループ内に広がるように、筆者はその反応や事例への焦点のあて方をコントロールしました。さらに、介護支援専門員にかかわるときの不安や心配などは、事例提出者だけの困難ではなく、ほかの参加者にも共通し共有されるものであることを強調し、適切と思われるときには、それが全国的にみられる課題の一つであり普遍性をもっていることを示しました。枠組みとして、各回の時間配分や事例整理の書式などの使い方を工夫することなども行いました。

　スーパーバイザーの肯定的な受け入れとして、グループ内における参加者のスーパーバイザー的行為の受け入れだけではなく、それが公的に認められる・求められる活動としての安心感もスーパーバイザーの役割を取り入れていくことに肯定的に作用したと考えます。カデューシンとハークネスは、スーパーバイザーもそのスーパービジョンによってやりがいを感じることが必要であり、そのような意味ではスーパーバイジー、組織、その他に依存していると述べています（2014：210）。今回のグループ参加者が困難を感じたのは、自分たちがスーパービジョン的に介護支援専門員にかかわろうとしても、介護支援専門員がそれをスーパービジョンとは受け取らず、便宜的に地域包括支援センターを使おうとする態度であったり、また、介護支援専門員の所属組織の上司との関係性でした。これらは、地域のなかにスーパーバイザーを肯定的に受け入れる土壌をつくれていないことを意味しています。そのなかでも徐々にスーパーバイザーとしてのポジションを参加者が受け入れていったのは、グループ内でスーパーバイザーとして介護支援専門員にかかわることが肯定的に評価され、それをよしとする文化の醸成、また、全国的な方針をＡ市が具体化し直接的にサポートしたことが「スーパーバイザーの肯定的な受け入れ」として機能し、公的に認められる・求められる活動だと体感できた要因の一つと考えます[8]。

　スーパーバイザー同士のネットワークに関しては、Ａ市の場合には主任介護支援専門員の連絡会があり、今回の参加者同士はこれまでの研修等で顔見知りでありネットワー

8）藤林は地域包括支援センターにおけるスーパービジョンの経験から、その問題点の一つとして「センター長等の管理者が同席だとケースの管理をされるのではないかと思い、率直な自己開示が難しい場合があること」（2015：424）と述べている。今回も、参加したＡ市職員が事務局として機能したことは、グループに影響したはずである。地域内のそれまでの行政と現場の関係性が重要だと思われる。

クが存在していました。間接事例の検討と進行中の直接事例の検討を分けたことで、これまでのネットワークの役割も整理されました。全体としては、地域内の主任介護支援専門員のネットワークは強化され、親密度も増したと感じています。今回のグループにおいては、それら既存ネットワークの内部についてふれず、グループスーパービジョンの境界を維持する方向で対応しましたが、グループ外部の出来事がさまざまなところで影響していることは疑う余地がありません。スーパーバイザー同士のネットワークへのスーパービジョン的介入がどのようにあるべきかは今後の課題として残されました。紹介した2年間には含まれていませんが、後に参加者を居宅介護支援所の主任介護支援専門員に広げることにより、地域内で介護支援専門員のスーパービジョンが行える状況に少しは近づいたのではと考えます。

5 まとめ

　以上の考察から、主任介護支援専門員が介護支援専門員をスーパーバイズしていくにあたっての課題を挙げ、結論とします。

①主任介護支援専門員がスーパーバイザーとして継続して機能するためには、相互の支援・能力向上・質保障（倫理的実践のチェック）の仕組みが恒常的に必要である。

②主任だけではなく、地域内スーパービジョンについて仕組みを明確化し、その認識を介護支援専門員やその所属組織も含めて地域内で共有する必要がある。

③主任介護支援専門員によるスーパービジョンに関して、大きな枠組みとして公的なメッセージを明確にするとともに、具体的にサポートし、そのサポートの存在を明らかにする。

　最後に、この研修を可能にし、また、それをこのようにまとめることに全面的に協力してくださったA市高齢者相談室とその職員、そしてこの研修に参加してくださったすべての主任介護支援専門員の方々に感謝し、今後の健闘を祈ります。

文献

- Alonso, A., *The Quiet Profession : Supervisors of Psychotherapy*, Macmillan Publishing Co.,1985
- 浅野正嗣編『ソーシャルワーク・スーパービジョン実践入門――職場外スーパービジョンの取り組みから』みらい、2011 年
- Brown, A., Bourne, I., *The Social Work Supervisor*, Open University Press, 1996
- 藤林慶子「地域包括支援センターにおけるソーシャルワーク・スーパービジョン」一般社団法人日本社会福祉教育学校連盟監『ソーシャルワーク・スーパービジョン論』中央法規出版、2015 年、pp.414–425.
- Howkins, P., Shohet, R., *Supervision in the Helping Professions*, Open University Press, 1989
- Kadushin, A., Harkness, D., *Supervision in Social Work*, 5th ed., Columbia University Press, 2014
- Kaslow, F. W., "Supervision and Training : Models Dilemmas, and Challenges", The Clinical Supervisor, Vol. 4 Number 1/2, 1986（岡堂哲雄・平木典子訳編 『心理臨床スーパーヴィジョン』誠信書房、1990 年）
- Langs, R., *Doing Supervision and Being Supervised*, Karnac Books, 1994
- Mead, D. E., *Effective Supervision : Task-Oriented Model for the Mental Health Professions*, Brunner/Mazel, 1990
- 南彩子・武田加代子『ソーシャルワーク専門職性自己評価』相川書房、2004 年
- Munson, C. E., *Handbook of Clinical Social Work Supervision,* 3rd ed., Haworth Press, 2002
- Page, S., Wosket, V., *Supervising the Counsellors : A Cyclical Model*, Routledge, 1994
- Schein, E. H., *Helping : How to offer, give, and receive help*, 2009（金井壽宏監訳『人を助けるとはどういうことか――本当の協力関係をつくる 7 つの原則』英治出版、2009 年）
- Shea, E., Dossick, J., *Creative therapy II : 52 more exercises for groups*, Professional Resource Exchange, Inc., 1990
- Shulman, L., *Skills of Supervision and Staff Management*, F. E. Peacock, 1982
- Shulman, L., "The Clinical Supervisor-Practitioner Working Alliance : A Parallel Process", Shulman, L., Safyer, A. eds., *Supervision in Counseling : Interdisciplinary issues and research*, Haworth Press, 2005, pp.23–47.
- 社会福祉士養成講座編集委員会編『新・社会福祉士養成講座⑧ 相談援助の理論と方法 II』第 3 版、中央法規出版、2015 年
- Taibbi, R., *Clinical Social Work Supervision : Practice and Process*, Pearson, 2013

第 II 部　ソーシャルワーク・スーパービジョンの取組み

　本事例は、介護保険制度における主任介護支援専門員に対して、グループスーパービジョンを継続した、長期にわたる記録をもとにしたものです。回数を重ねたその間の経過と内容について、グループ成立の経緯と関係する諸システム、展開過程の特質等に関して、継続する二つの時期に区切り分析しています。さらに、複雑な全体像のなかから、二つの時期におけるそれぞれの焦点を抽出し、取り上げています。複雑に絡み合う複数の要素としては、例えば、目的、具体的目標、メンバー構成、スーパーバイザーへの期待する機能、時間と場の設定と構造等であり、関係する諸システムには、行政、専門職諸組織、各組織間のすでに形成された関係性や相互の役割等が挙げられています。

　各期を通して力点が置かれているテーマは、スーパーバイジーが、グループ経過のなかで、スーパーバイザーとしての役割と自覚を徐々に培い、成長していく可能性です。すなわち、自らのスーパーバイジー体験をもとに、所属あるいは関係する諸組織において、スーパーバイザーとしての役割や機能を発揮する過程が描かれています。

　第1期（171～177ページ）と第2期（177～183ページ）の特徴が丁寧に描かれているなかで、この二つの時期の大きな相違は、事例検討の位置づけの相違とみることもできるかもしれません。筆者は、グループスーパービジョンにおける事例検討の位置づけについて、また、具体的にどのように設定し展開するかについて、多くの示唆を率直に読者に伝えてくれています。例えば、スーパーバイジーの従来からの理解の傾向、スーパーバイジーの事例検討の経験の蓄積、および、スーパービジョンの体験の大きな差等を考慮して、今回の事業への関係者の期待を整理するとともに、建設的な共通理解を深めて、スーパービジョンと事例検討の両者が、車の両輪のように必要であることをスーパーバイジーや関係者は、学ぶことができたであろうと考えます。そして、その理解は、スーパーバイジーがスーパーバイザーとして成長していくことの契機ともなったと確信します。

　3年間にわたる一連のスーパービジョンの展開を、テーマに沿ってまとめ直すことは、その間の明確な記録、さまざまな時点での評価と振り返りの蓄積、記録や評価にかかわる多様な関係者の連携や協力体制の構築、関係者間の価値観の開示と共有等があってこそ可能となります。それらのことは、容易ではなく、このようにまとめられた事例として示されることは、内外のスーパービジョンにかかわる先行文献においても、描かれることが限られています。とりわけ、複雑な要素の理解が必要とされるグループスーパービジョンを理解するうえで貴重な成果であると考えます。

第11章 小規模多機能型居宅介護の介護支援専門員の事例検討会

1 小規模多機能事例検討会とスーパービジョン

　小規模多機能型居宅介護（以下小規模多機能）事例検討会は、小規模多機能の介護支援専門員が参加する事例検討会です。筆者はこの検討会が発足時に、呼びかけ人からスーパーバイザーとして参加を依頼され、以降継続して検討会に参加しています。本稿では、筆者がこの検討会で果たしている役割を中心に、スーパーバイザーとしての役割について述べていきます。

　本事例検討会は、参加対象である小規模多機能の介護支援専門員が事例検討を通じて、自らの担当ケースの支援を見直し、よりよい支援のあり方を模索するものです。同時に、参加者もその検討から小規模多機能のケアマネジメントのスキルや介護支援専門員としての姿勢などを学ぼうとするものです。グループ・スーパービジョンは、メンバー相互の信頼関係を基礎に置く交流をもとに、内省的考察や気づきが生まれ、メンバーの成長を促すものです[1]。こうしたねらいは参加者に共有されているものの、オープン形式で毎回メンバーが入れ替わることを考えると、スーパービジョンとしての構造は非常に緩やかなものであるといえます。齋藤は「スーパーバイザーとスーパーバイジーが同じ目線に立ち、クライエント理解の共有化を通して支持的な機能を果たすスーパービジョン型事例検討会が受け入れやすいのではないか」[2]と指摘していますが、この事例検討会は勤務時間内に職場外で行われるこうした緩やかなスーパービジョンの機会と考えることができます。

1） 一般社団法人日本社会福祉教育学校連盟監『ソーシャルワーク・スーパービジョン論』中央法規出版、2015、p.34
2） 齋藤順子「アセスメントに焦点を当てたスーパービジョン型の事例検討会の試み」『淑徳大学研究紀要』47号、2013、p.7

2 小規模多機能事例検討会の起こり

　小規模多機能型居宅介護は 2006（平成 18）年から始まった介護保険制度の事業の一つであり、通い・訪問・泊まりを同じスタッフが担い、プランの内容を柔軟に組み替えていくことで在宅生活の限界点を引き上げる役割を期待されています。2006（平成18）年当時、京都市内でもいくつかの法人が小規模多機能を開設しましたが、新しいサービス形態であり、現場はどのような実践を行えばよいか模索する状態でした。このようななか、ある小規模多機能の管理者が、互いの実践を共有し合い、学び合うことの必要性を感じ、小規模多機能の介護支援専門員に呼びかけ、有志による事例検討会が発足しました。私は、呼びかけ人である管理者からの依頼で、スーパーバイザー役として検討会に参加することになりました。

　検討会は、毎月 1 回、水曜日の 10：00 ～ 11：30 という職員の勤務時間内に設定され、各参加者（小規模多機能の介護支援専門員）はそれぞれ勤務を調整して参加するという形が取られました。つまり、事例検討会の参加は介護支援専門員の業務に含まれると考えられたのです。事例提出者は支援において困難を感じている事例を抱えている介護支援専門員が行い、事例の概要と支援経過をまとめたものを検討資料として用意し、事例検討を行っていました。

　検討会が始まった当初、事例検討の司会進行役は呼びかけ人が務め、そのうちに数名の中核的なメンバーが交代で担うことになりました。この検討会の進め方は、呼びかけ人や中核的なメンバーが主任介護支援専門員研修で学んできた事例検討やグループ・スーパービジョンの方法が応用されていました。

　検討会は、事例提出者が所属する小規模多機能の一室を借用して行われました。これには、会議室の確保という意味合いのほか、検討会終了後にその事業所を見学することで、ハード面の違いやしつらえの工夫等を知り、それぞれの参加者が自らの事業所の実践へのヒントを得るという意味合いもありました。

　その後、検討会は京都地域密着型サービス事業所協議会（以下地域密着協）の事業として位置づけられることになり、検討会の事務局は地域密着協が担うことになりました。会場も地域密着協が入館している建物の貸し会議室を使用して固定することができ、現在に至っています。2021（令和 3）年 7 月現在、コロナ禍による中断を挟んで開催回数は 129 回となっています。

3 現在の検討会の全体像

(1)事例検討会の運営

　事例検討会の事務局は地域密着協が担い、加盟事業所に対して毎回の開催案内を発送、出席者の把握、事例提出者から提出された事例シートの印刷、会場確保等を行っています。事例提出者は、ここ数年は地域密着協の担当理事と世話役が加盟施設に事例提出を打診し、決定しています。

(2)対象とグループの性質

　事例検討会の参加者は、地域密着協に加盟している小規模多機能の介護支援専門員です。ただし、それ以外にも介護職員が出席することも可能としています。

　検討会はメンバーを固定せず、オープンな形式で行っています。毎回の参加者は十数名です。参加者は日常の業務の都合、法人内での配置転換等によって入れ替わります。

(3)事例検討会の進行

　事例検討会のセッションは1回90分とし、その司会進行は世話役が交代で担っています。司会進行役用に局面ごとのおよその時間と簡単な内容を示した進行表が用意されており、司会者はそれを参考に進行していきます。

①自己紹介
②事例検討の約束の確認
③事例提出者による事例の概要と支援経過の説明（約20分）
④事例を共有するための質疑応答（約20分）
⑤スーパーバイザーからの検討のポイントの提示（約10分）
⑥事例を深めるディスカッション（約20分）
⑦事例提出者のコメント
⑧スーパーバイザーによるまとめ（約10分）
⑨参加者からのコメント（約10分）
⑩介護支援専門員情報交換会

4 事例検討会の進め方とスーパーバイザーとしてのかかわり方

　事例検討会は前述の進行表をもとに行っています。以下、それぞれの局面とスーパーバイザー（以下SVor）のかかわり方を述べます。

(1)参加者の自己紹介

　参加者は名前と事業所を自己紹介します。オープンな事例検討会のため、それぞれの参加者が名前と事業所を書いた用紙を卓上に立てておくといった工夫をしています。

(2)事例検討の約束の確認

　オープンな検討会であることから、事例検討に関する留意事項を十分に知らないメンバーが参加することもあります。そのため、以下のような約束事を最初に読み上げ、周知する工夫がなされています。

カンファレンスにおけるいくつかのお願い

●この事例検討会は10時から開始し11時30分に終了します。時間厳守できるようにご協力をお願いいたします。

●開始前に携帯電話の電源は OFF またはマナーモードにして下さい。この後すぐに確認をお願いいたします。

●事例提出者を尊重し、ねぎらいの気持ちでフレンドリーに進めましょう。

●批判は NG ですが、根拠のある提案はして下さい。

●自分が介護支援専門員であればどうするかを具体的に考えていきましょう。

　本事例検討会では、参加者は最初に質問する際に「○○さん、事例提出ありがとうございます」という一言から始めます。このねぎらいの言葉によって、検討の場がやわらかい雰囲気になります。

(3)事例提出者による事例の概要と支援経過の説明

　事例提出者は、事例提出用のシートをもとに事例を発表します。

　シートは以下のような項目から構成されています。

　　1）　フェイスシート：事例タイトル、利用者の基本情報、家族構成、ジェノグラム・エコマップ、経済状況、住宅状況、心身の状況、日常生活およびコミュ

ニケーション、その他の特記事項、生活歴

2）　支援体制（家族・親族、サービス利用状況、地域からの支援）、週間スケジュール

3）　支援経過

4）　全体所感・検討課題：事例に対する所感、事例をまとめて気づいたこと、介護支援専門員としての悩み・課題

　事例の説明部分は、概ね20分程度としています。しかし、支援経過が長い、あるいは利用者・家族とのやりとりが複雑な事例では、これを越えてしまうこともあります。その場合、事例紹介を簡略化したり、時間で切り上げたりすることがありますが、利用者・家族と介護支援専門員とのやりとりの詳細のなかに、利用者や家族の言動・行動を理解するための鍵が隠れていることが多いため、SVor役からはそうしたやりとりの部分は省かずに語ってもらうように促しています。

(4)事例を共有するための質疑応答

　事例紹介が終わると、事例を共有するための質疑応答に入ります。これもオープンな形態を取っているため、参加者が「自分ならこのように支援する」という自説を述べ始める場合があります。その際には、司会者が「ご意見は後半でお話しいただきますので、まずは事例を共有するための質問をお願いします」と軌道修正します。

　参加者は自身が事例を理解するために必要と考えることを質問しますが、事例紹介と「介護支援専門員としての悩み・課題」を聞いた時点で、検討課題が多岐にわたったり、それぞれの課題が複雑に絡み合ったりしているように思われる場合があります。その際には、SVor役から参加者の質疑を事例提出者の悩みや課題、すなわちこの検討会で考えたいことに関連する事例理解の中核的な課題に向けていくために、質問に入る前に「今回の検討会では○○○のところを考えることになると思いますので、そのことを意識しながらご質問をお願いします」と参加者の質問を誘導することもあります。

　また、事例が複雑な場合では、発表を聞きながらSVorがホワイトボードにエコマップや課題の相互関連性を示すチャート図を描いて整理することもあります。このようにすることで、参加者に「検討したいことは全体像のなかのこの部分」ということを示すこともあります。

(5)スーパーバイザーから検討のポイントの提示

　全員の質問が終わったところで、SVor役から検討のポイントを提示します。その前に、事例提出者からアセスメント内容、つまりこの事例は事例提出者からはどのように

見えるのか、何が起こっていて、それはなぜかを語ってもらうことがあります。このアセスメント内容の言語化によって、参加者は事例提出者とアセスメント内容を共有することができます。また、事例提出者がアセスメント内容をうまく言語化できないときにはSVorから「事例提供者さんはこの事例は○○○○○ということが起こっていて、それは○○○○という理由からだと考えておられるように見受けられましたが、このような理解の仕方でよろしいでしょうか？」と、SVorから見える事例の全体像を述べ、事例提出者との理解をすりあわせていくこともあります。

　検討のポイントは、事例提出者が提示している「事例検討で検討したいこと」に沿うものです。この「検討したいこと」を参加者とともに議論していくことは、事例提出者が事例提出者を「助ける」ことにつながります。またその際、SVorは「検討したいこと」に沿いながらも、事例提出者が何に困っており、何が解きほぐされると「助かる／明日からの支援に役立つ」のかを考え、後半の議論のポイントを提示していきます。

　そのポイントを探るため、事例提出者の「事例に対する所感」「事例をまとめてみて気づいたこと」「介護支援専門員としての悩み・課題」の記述に着目しつつ、事例報告を聞いていきます。

　例えば、認知症があり、転倒骨折を繰り返す独居の利用者で、家族は週に1回訪問して必要な日用品の買い出しや通院同行は行ってくれるが、就労しているため日常のケアは小規模多機能にお願いしたいというケース。介護支援専門員は状態の変化に応じてケアプランを修正し、現在は週3回の通い、毎日の訪問（朝、昼配食、午後、夕配食、就寝支援）となっている。

　介護支援専門員からは「今後、体調面、認知面の低下が予測される」「家にいたいという本人の思いと、このままの状態が続いていくだろうと楽観的な家族の思いをすりあわせていく必要がある」「本人の支援同様、家族への支援も重要」という認識から、介護支援専門員としての悩み・課題として①在宅の限界はどこか、②家族にどう働きかけたらよいかという2点が提示された。

　しかし、事例の報告のなかでは「本人の状態に合わせてプランを修正しながら支援してきたが、スタッフのなかには『ここまでする必要があるのか』という意見もある」ということも語られていた。そのため、SVorから「①参加者のみなさんの目からはこのケースをどう見ますか？　在宅の限界点をどう見極めますか？」と参加者から見えるアセスメントを言語化してもらい、事例提出者が自分のアセス

メントと比べ、自身のアセスメントについて客観視できるようにすることを促した。次に「②このケースと似たようなケースがあれば、どういった支援の工夫をしましたか?」と、過去にうまく支援できた経験を分かちあえるように促した。さらに、事例提出者に「スタッフとのケース理解の共有でもご苦労されておられるようですが、この点についても参加者のみなさんの意見を聞いてみたいとお感じでしょうか?」と確認してみた。事例提出者からは「そこは、実は困っていたところなので、ぜひ聞いてみたいです」との返答を得て、「③このようにスタッフの理解と介護支援専門員の理解がズレている場合、みなさんが過去にスタッフにはたらきかけてうまく共通理解を得た経験があれば、お話しください」と論点に加えた。

(6)事例を深めるディスカッション～ポイント(2～3点)に沿って意見、経験の分かち合いを発言

　この「事例を深めるディスカッション」では、検討のポイントについて、事例提出者が思いついたことを提案するのではなく、検討している事例やその問題状況と似た事例への支援経験、特に「うまく支援できた経験」を語ってもらいます。

(7)(6)を受けて事例提出者のコメント

　事例提出者に検討を経て得た気づきを語ってもらいます。例えば、「目の前の課題を解決するだけで、本人のプライド、尊厳を傷つけるような対応になっていたと気づいた」「アセスメントできていないことがわかった。どう考えたらよいか、参考になる意見をもらえた」「なぜ、それが起こっているのかを考えていくことが大切と改めて思った」などというコメントから、事例提出者が利用者への支援のあり方や自らの姿勢等を客観視し、気づきを得ている様子がうかがえます。

(8)スーパーバイザーによるまとめのコメント

　最後の解説の場面で、SVorが行うまとめのコメントは、経験上いくつかのパターンになっているように思われます。

A:事例提出者が検討で得た意見を実践に応用することを後押しする

　例えば、事例提出者に「いろいろな工夫を聞かせてもらいましたが、○○さんとしては、どの方法が使えそうですか?」と尋ねてみます。この質問によって、検討のなかで得たさまざまなアイデアを事例提出者が実践に持ち込むことを後押しすることになります。

B：支援の工夫の共有の大切さを解説する

　例えば、「今日は、みなさんからさまざまな経験やアイデアをいただきました。事例提出者の○○さんにとっては、事例を理解する／支援を工夫する際の手持ちのカードが増えたと思います。手持ちのカードがたくさんあることで、私たちはこの利用者さんのアセスメントに導かれた支援の工夫としては、どのカードが一番有効に機能するだろうかと考えることができます。今日のみなさんの提案は、このように事例提出者さんに役立てられると思います」と、参加者の意見が事例提出者を助けることにつながったと説明します。

C：検討が事例提出者を助けることにつながることを確認する

　例えば、「今日の事例は利用者の認知症とBPSDに対して、それを受け入れられない家族の苦しさを理解し、利用者ご本人とともに家族も支援するという事例でした。この検討から考えさせてもらえた『家族のアセスメントをすること』は、事例提出者だけでなく、参加者のみなさんが日々の実践で接しておられるすべての利用者さん、家族さんの支援にも役立つ学びをいただけたと思います」というように、その事例の構造と似た事例にも応用できることを解説し、この検討内容をほかの事例へ活かしていくことを動機づけようとします。

D：これらのほかにも、その事例特有のポイントについて解説する、検討内容を理論やモデル、アプローチに当てはめて解説する等を行うこともあります。

⑼参加者からのコメント

　検討を通じて参加者が得た気づきや学びを言語化します。

⑽終了

⑾介護支援専門員の情報交換

　11：30から12：00までは、小規模多機能の介護支援専門員として、実践で役立つさまざまな情報を交換し合う時間にしています。

5　スーパーバイザーの果たしている役割

1）参加者の関与を高める

　事例検討会の形式はオープンであるため、中核的なメンバー以外は参加者が入れ替わ

ります。そのため、質問を求めても、慣れない参加者からはなかなか発言が出てきません。そこで、④⑥の局面では各参加者に着席順に質問、発言を回していくことにしました。これによって、自由に発言を求めることでは発言しなかった参加者も、必ず発言することができるようになりました。

2）小規模多機能ならではの論点について

小規模多機能のケアマネジメントは、居宅介護支援のようにケアプランに位置づけるサービス事業所がそれぞれ異なるのではなく、小規模多機能の職員チームが通い・訪問・泊まりのサービスを柔軟に組み立てていくところに特徴があります。こうしたサービス形態を必要とするのは居宅介護支援では対応が難しい事例です。それらは例えば顕著な BPSD（Behavioral and Psychological Symptoms of Dementia：認知症の行動・心理症状）や ADL（Activities of Daily Living：日常生活動作）の低下があるが家族の介護力が弱く、家族もともに支援していくことが必要になるケースなどです。そのため、事例の検討課題は「BPSD の理解や対応」「在宅の限界の見極め」「家族も含めての支援」「地域の理解の促進」といったものが多くなります。また、それだけでなく利用者・家族理解の難しさや、サービス提供が重厚になりスタッフの負担が大きくなってくることに対するスタッフへのはたらきかけも検討課題となります。このようなケースにおいて、小規模多機能の介護支援専門員は利用者・家族と支援チームの間に挟まれ、しかし自らは小規模多機能の職員チームの一員であるというなかでジレンマに晒されやすくなります。こうした状況も、たびたび現れてくる検討課題です。

3）検討のポイントの整理で留意していること

事例シートには、提出者からの「介護支援専門員としての悩み・課題」が2～3点書かれているので、基本的にはこれに沿いながら⑥事例を深めるディスカッションへと進んでいきます。

ただし、⑥の局面では、SVor からいきなり検討のポイントを示すのではなく、その前に事例提出者のアセスメント内容を確認することを心がけています。例えば、介護支援専門員／事業所として対応に苦慮するような利用者・家族の言動／行動があるが、必ずしも事例シートや③の事例報告のなかで、そうした言動／行動がなぜ生じているのか

に対する解釈や仮説が述べられていない場合があります。その場合、SVor は事例提出者に「この利用者／家族の行動は、なぜこのようになっているとお考えですか？」とアセスメントの言語化を促したり、SVor が事例提出者のそれまでの発言を要約し、再構成する形で事例提出者に示すようにしています。例えば「提出者さんは、この利用者／家族の言動／行動については、○○○という背景や○○○という要因があり、それらが○○○というようになってしまっているということで起こっていると考えておられるように聞こえたのですが、私のこのような理解で間違っていませんか？」と尋ね、アセスメント内容を確認します。これは、事例提出者にアセスメント内容を意識してもらうと同時に、参加者ともそのアセスメント内容を共有し、後半の⑥事例を深めるためのディスカッションにつなげていくことを意識します。

4）事例提出者の「考えたいこと」に焦点化するために

事例提出者の「考えたいこと」にしっかり焦点をあてて検討を進めるために、事例提出者が事例提出の時点でどの程度、利用者への支援や自身の支援を振り返る構えがあるかに着目します。これは、事例シートの「全体所感」「介護支援専門員としての悩み・課題」に現れてくるほか、事例報告の内容からも感じ取ろうとしています。

事例提出者の「介護支援専門員としての悩み・課題」には、「不穏、攻撃的な言動が多い利用者さんにどのように接していけばよいか」「家族に本人の状態を理解してもらうために、どうはたらきかけていけばよいか」などと対応策のヒントを求めているものと、「自分自身の利用者さんのとらえ方が支援の妨げになっているのではないかと考えて、検討会にかけることにした」「健康状態の悪化に伴い今後起こってくるリスクを想定しているが、見落としがないかを考えたい」などと、自身のアセスメント・プランニングは明確になっているが、それを振り返り、その妥当性を検討する機会として事例検討会を活用しようとしている人に分かれます。

前者の場合、検討が事例提出者の「困っていることをいかに解決するか」に焦点があたるように心がけます。その場合、後半の「事例を深めるためのディスカッション」では、参加者に似たような状況に対する支援経験を語ってもらうことで、事例提出者ができる支援のヴァリエーションを増やすことを意識します。

後者の場合には、事例提出者が自身の実践を他者の目から見えるものと比較してチェックする機会になることを意識してすすめます。この場合、後半の事例を深めるた

めのディスカッションのなかで「事例提出者の○○さんはこの利用者さんを○○○○と
アセスメントしておられるわけですが、参加者のみなさんの目から見てもやはりそのよ
うに見えるでしょうか？　あるいはもう少し違ったアセスメントが成り立つのかを教え
ていただきたいと思います。もし、○○さんと違ったアセスメントを聞かせていただけ
れば、○○さんは自身のアセスメントとみなさんから提示されたアセスメントを比較し
ながら、自身のアセスメントについて再確認することができると思いますので」と参加
者に求めていきます。

5）根拠のない提案より、検討ケースと似た事例で
　　うまくいった支援を共有する

「事例を深めるディスカッション」では、検討している事例と似たような利用者／問
題状況／工夫を要するポイント等が似ているような事例、すなわち事例の構造が似てい
る例とその支援を参加者に思い出してもらい、その利用者に対してどのような支援を行
い、その結果うまく支援できたという経験を引き出すようにします。その理由は、その
場での思いつきで、実際にその支援方法を利用者に用いたことがなく、うまく支援でき
たエビデンスがない提案をいくらしてもらっても、事例提出者の助けにはならないから
です。そればかりか、事例提出者にはその提案は「こんなことも思いつかないのか」と
いう非難の声に聞こえてしまう危険性もはらんでいるからです。

反対に、「似たような事例でうまくいった経験」が聞けると、事例提出者は「同じよ
うな事例で苦労した仲間がいること」を感じることができ、それが「こんなに悩んでい
るのは自分たちだけではないんだ」という励ましになります。さらに、「自分たちが悩
んでいる事例を、そのような考え方／工夫を行い、実際にうまく支援できた人／チーム
がいる」と感じることで、困難な事例に対してもかかわり続ける勇気とエネルギーを得
られます。

6　まとめ

本稿は、私がこの事例検討会にどのようにかかわってきたかをまとめたものです。自
分自身の事例検討会へのかかわり方は、「答えは参加者の頭のなかにあり、それをどの

ように見える化し、共有するか」であったと振り返ることができます。これは、参加者一人ひとりのなかにある実践知を言葉に置き換え、参加者みんなで共有することを手伝う作業であるともいえます。

　私自身はこの事例検討会からたくさんの学びをいただきました。そのことに感謝しています。また、中核的なメンバーの何人かの方の「この検討会があったからやってこれた」という言葉を伺ったことがあります。そんなふうにこの事例検討会での経験が参加者のみなさんに役立ったのだとすれば、私がいただいた学びについて、少しでもお返しができたのではないかと感じています。

　最後に、本稿の執筆を許可していただいた地域密着協、そしてこれまで一緒に事例検討を行ったすべてのみなさんに感謝を申し上げます。

事例解説

■本報告の特徴

　「事例検討会」におけるスーパービジョンの例です。事例検討がすなわちスーパービジョンになるわけではありませんが、本報告は事例検討会がグループスーパービジョンの場として機能している例の紹介です。「グループスーパービジョン」というと、経験したことがないというワーカーは多いかもしれません。しかし、事例検討会で報告者になった人は多く、少なくとも参加者にはなったことがあるでしょう。その意味では、組織内外の事例検討の延長上にスーパービジョンを位置づけることができる好例といえます。

　事例検討会がスーパービジョンであるためには、二つの条件が必要になります。当たり前ですが、スーパーバイザーとスーパーバイジーがそれぞれ存在するということです。一方スーパーバイジーがいなくても事例検討は成立します。他人の事例（その場にいないワーカーの報告や、公刊されている事例集等）を使ってもよいし、司会・進行係がいさえすればスーパーバイザーはいなくても事例検討は可能になります。

　そのようにみたとき、本報告は、事例検討会ではありますがグループスーパービジョンの場でもあることがわかります。①司会進行者と別に、福富氏という明確なスーパーバイザーがいる。②事例報告者は参加メンバーである。また加えて、③勤務時間に位置づけられた組織的な会である。④プログラムが10分単位で構造化されており、そのなかにスーパーバイザーによるコメントの時間やメンバーによる相互コメントの時間がしっかり位置づけられている。これらのことから、本報告に紹介されている事例検討会をグループスーパービジョンとして読者は学んでいくことができるでしょう。

■本報告から学べること

　グループスーパービジョンをする際の留意点や学びとなる事項が本報告には豊富にふれられています。詳細にコメントする紙幅はなく、読者がそれぞれ学んでほしいところを、以下にキーワードレベルでいくつか指摘してみます。

・緩やかなスーパービジョン

　今回の報告対象となる検討会をメンバーが完全固定していない緩やかなものとしています。きちっと諸条件を整えたものでなくとも、スーパービジョンの場になり得るということは重要な指摘です。もちろん裏返せば「緩やかでない」会の意義もあり得ます。

目的や条件によって、使い分けることが必要になるでしょう。

・スーパーバイザーの果たす役割

　メンバーの参加度を上げる工夫などの普遍的な指摘とともに小規模多機能ならではの留意点、スーパーバイザーが心がけていることの紹介なども大切です。あくまでも報告者（スーパーバイジー）の思いを中心に、さらには参加メンバーの関与を上げるための工夫など参考にしましょう。

・具体的な進行例・留意事項

　上記が、グループスーパービジョンを行うにあたっての基本的考え方などについての言及であるのに対して、非常に具体的な役立ち情報・コメントなども多くあります。

　もちろん、このまま踏襲する必要は全くありませんが、例えば「進行表」は参考になるでしょう。また、案内の発送や資料の印刷、会場確保の必要性、さらには名札についての言及などの具体的な留意事項、進行時の声掛けについてなども、空論でなく、実際の例であるだけに役立ちます。さらには事例提出用のシートに書かれるべきこと、スーパービジョンにあたってスーパーバイザーが留意すべきことなどについての言及もありがたいものです。

第12章 地域包括支援センターにおけるスーパービジョンの特徴

1 地域包括ケアシステムにおける地域包括支援センターに今後求められる役割等

2005（平成17）年4月から地域包括ケアの体制を支える地域の中核機関として、地域包括支援センターが設置されました。この改正では、地域包括ケアに関連する改革が行われ、同センターの設置もその一つです。地域包括支援センターは、これからの地域包括ケアシステムを担う機関の一つとして位置づけられており、そもそもこれからの地域包括ケアと地域包括支援センターとのあり方を理解しなければ、地域包括支援センターのスーパービジョンを行うことは難しいのではないかと思います。そのため、最初に地域包括ケア研究会の報告書が示している地域包括支援センターのこれからの方向性を確認することが必要です。

最初に、地域包括ケア研究会の報告書から地域包括支援センターに期待される機能や役割、課題等をみていきたいと思います。地域包括ケア研究会の報告書は、2008（平成20）年度に最初に出され、2018（平成30）年度までの10年間で7冊が出されており、地域包括ケアシステムの推進にとって重要な提言を行っています。

同報告書における地域包括ケアシステムにおいて指摘されている地域包括支援センターの役割は大きく次のようにまとめることができます。

1　各機関・NPO等各種サービスのコーディネート機能

2　高齢者等地域住民への互助・共助にかかわる多様なサービスの紹介⇒サービスの把握や組織運営への支援等

3　権利擁護機能の強化

4　地域住民の活動参画の推進

5　管轄地域におけるサービスのマネジメント

6　高齢者に限定しないさまざまなケアを必要とする人への対応⇒総合相談は、全世代型・全対象者型の相談窓口として機能

7　困難事例へのチームケアによる総合的な支援

8　地域ケア会議の個別ケースへの対応から、地域資源の確保、政策形成につなげる

9　地域包括支援センターを中心としたネットワークの構築

10　圏域内の高齢者にかかわる情報の総合的把握

11　地域づくりの拠点⇒地域の仕組みづくりを進める業務（地域マネジメント）

12　在宅医療・介護連携に関する相談支援の窓口との連携

13　プラットフォーム・ビルダー（場や機会を提供する主体）

14　それぞれの地域の実情に即した取組みの推進⇒ミクロの拠点からの経験や情報と統計的なデータから得られるマクロの情報の行き来による地域の実情に合った取組みの構築

15　個別支援と地域マネジメントのバランスの確保

　地域包括支援センターの社会福祉士（ソーシャルワーカー）にスーパービジョンを行う場合は、上記の役割を念頭において行う必要があります。また、今後は地域包括ケアの推進に伴い地域包括支援センターの役割や業務も若干変化することが考えられ、地域包括支援センターの社会福祉士（ソーシャルワーカー）に対するソーシャルワーク・スーパービジョンも変化する必要があるかもしれません。どちらにしても、地域包括支援センターに期待される役割や機能を理解したうえで、スーパービジョンを行う必要があります。

　そして、①従来の縦割りではなく、全世代・全対象者に対応できる相談窓口としての機能、②個別ケースだけではなく、ミクロからマクロのソーシャルワークに対応できる観点の涵養、③IT等を活用した情報の迅速な提供や情報体制の構築、④地域マネジメント能力の涵養の4点が地域包括支援センターの社会福祉士（ソーシャルワーカー）が地域包括ケアシステムの推進において、特に留意すべき点ではないかと思います。

2　社会福祉士（ソーシャルワーカー）を取り巻く状況と地域包括支援センターにおけるスーパービジョン

　地域包括支援センターは保健師、主任介護支援専門員、社会福祉士の3職種が必置となっており、3職種がそれぞれの専門性を活かして業務を行うことが求められています。地域包括支援センターは、「生活圏域で地域包括ケアを有効に機能させるために、保健師、主に介護支援専門員、社会福祉士といった専門職種を配置し、多職種が力を合

わせ、その専門知識や技能をお互いに活かしながら、地域での各種のサービスや住民活動を結びつけ、地域のネットワークを構築あるいは再生するなどの取り組みを第一の柱としながら、個別サービスのコーディネートも行う地域の中核機関として設置されるもの」[i] です。また、「地域包括支援センターで働く各専門職は、保健師等が介護予防ケアマネジメント、社会福祉士等が総合相談支援・権利擁護、主任介護支援専門員が包括的・継続的ケアマネジメントを担当しているということではなく、「3人の専門職」が「4つの機能」を担当し、包括的に高齢者を支える」[ii] とともに、「業務の進め方は、「3人の専門職」が「4つの業務」を行う「チームアプローチ」の考え方に基づきますが、(中略) 保健師等は介護予防マネジメント業務に、社会福祉士等は総合相談支援業務及び権利擁護業務に、主任介護支援専門員は包括的・継続的マネジメント業務に専門性を有するものとして、他の職員に適切な助言が行えるよう、常に専門性を高めていくことも必要」[iii] とされています。

　地域包括支援センター内で行われる業務への指導・助言はソーシャルワーク・スーパービジョンと異なりますが、専門職としての専門性をほかの専門職への助言に活かすという考え方を示していることが一つの特徴です。つまり、保健師も主任介護支援専門員も社会福祉士と同様に総合相談支援等を行っているというのが地域包括支援センターの実態だからです。

　他方で、2018（平成30）年3月27日に社会保障審議会福祉部会福祉人材確保専門委員会「ソーシャルワーク専門職である社会福祉士に求められる役割等について」においては、これからの社会福祉士に求められる役割を提言しています。同報告書のなかで「地域の住民や多様な主体が支え合い、住民一人ひとりの暮らしと生きがい、そして地域を共に創っていく「地域共生社会」の実現に向けて、①複合化・複雑化した課題を受け止める多機関の協働による包括的な相談支援体制や②地域住民等が主体的に地域課題を把握して解決を試みる体制の構築を進めていくことが求められており、それらの体制を構築していくに当たっては、社会福祉士がソーシャルワークの機能を発揮することが期待されている」としています。①については「社会福祉士には、アウトリーチなどにより個人やその世帯全体の生活課題を把握するとともに、分野別、年齢別に縦割りとなっている支援を多分野・多職種が連携して当事者中心の「丸ごと」の支援とし、地域住民等が主体的に地域課題を把握して解決を試みる体制づくりと連動して、必要な支援を包括的に提供していくためのコーディネートとを担うことが求められる」とされています。②については、「社会福祉士には、地域住民に伴走しつつ、・地域住民等と信頼関

係を築き、他の専門職や関係者と協働し、地域のアセスメントを行うこと、・地域住民が自分の強みに気づき、前向きな気持ちややる気を引き出すためのエンパワメントを支援し、強みを発揮する場面や活動の機会を発見・創出すること、・グループ・組織等の立ち上げや立ち上げ後の支援、拠点となる場づくり、ネットワーキングなどを通じて地域住民の活動支援や関係者との連絡調整を行うこと等の役割を果たすことが求められる」となっています。地域共生社会に向けて、ソーシャルワーク機能を発揮できる実践能力を身につける必要があります。

　このような背景があり、ソーシャルワーカーに求められる役割も見直され、結果として、ミクロ・ソーシャルワークからマクロ・ソーシャルワークまでのスーパービジョンを行えるようなスーパーバイザーが求められるということにもなりました。

　公益社団法人日本社会福祉士会（2021）の「地域共生社会の実現に向けた現任社会福祉士の研修プログラムの開発とスーパービジョンの実態把握に関する調査研究事業報告書」において、「ミクロ・メゾ・マクロに関わるコンピテンシー等を具体的に活用し、獲得目標の達成や評価を明確にした方策を導入すること」[iv] として、提言しています。同報告書では、「ソーシャルワーク・スーパービジョンの実践力養成研修（試行研修）～地域共生社会の実現に貢献できる社会福祉士の育成を目指して～」として、ミクロからメゾ、マクロの観点からスーパービジョンが行えるよう講義以外にもグループディスカッションや模擬グループスーパービジョンを研修として実施した結果を報告しています。地域共生社会の実現に向けた社会福祉士にとって、スーパービジョンが重要であり、その観点としてミクロからメゾ、マクロまでを包括したスーパービジョンを提唱しているといえます。

　このようにスーパービジョンをミクロ、メゾ、マクロという観点で行う背景の一つには、厚生労働省から、1989（平成元）年12月に出された「地域共生社会に向けた包括支援と多様な参加・協働の推進に関する検討会（地域共生社会推進検討会）最終とりまとめ」があります。同報告書では、「高齢者から始まった地域包括ケアシステムや生活困窮者自立支援制度など、一人ひとりの抱える様々なニーズに対し、必要な支援を包括的に提供するための施策が推進されている。これらの施策を通じて、地域の実情に応じた、保健・医療・福祉の多職種の連携や地域づくりも進んできている」[v] とし、そのうえで「包括的な支援体制づくりを具体化するため、平成28年度から「地域共生社会」の実現に向けた地域づくりの強化を図る取組の推進のためのモデル事業が実施されている」[vi] と述べています。

最初に述べた地域包括ケア研究会の報告書と併せて、市町村が実施する地域包括ケアシステムの構築の主たる役割を担うのが地域包括支援センターであり、それを具体化したものが地域共生社会の実現に向けた地域づくりという整理となり、地域包括支援センターの社会福祉士等の職員は、この二つの観点を意識した業務を行うことが必要でしょう。

　そして、これらの動向から、地域包括支援センターに求められ、社会福祉士に求められていることが地域共生社会や地域包括ケアシステムの推進であり、特に地域づくりや地域の課題の解決、多職種・多機関との連携、サービスのコーディネートやマネジメントであることがわかります。

　地域包括支援センターの社会福祉士（ソーシャルワーカー）だけではなく、保健師や主任介護支援専門員等、地域包括支援センターの職員並びに地域包括支援センターの委託先法人のすべてが、地域共生社会や地域包括ケアシステムとしていわれているソーシャルワーク機能を理解していくことが求められているともいえます。

3　地域包括支援センターにおける ソーシャルワーク・スーパービジョン

　スーパービジョンという用語は、さまざまな分野で使用されており、決してソーシャルワークだけのものではありません。精神分析では、1902 年にフロイトがその自宅で正式に開始したのがスーパービジョンの最初であるといわれています[vii]。また、小此木（1962）は、「スーパービジョンは、1922 年、ベルリン精神分析学研究所のアイティンゴンによってはじめられた精神分析療法を学ぶうえでのもっとも基本的な教育課程であり、その後に分析家たちのトレーニングに必須のものとなった」[viii] としています。ソーシャルワークにおけるスーパービジョンの歴史として、横山（2015）は、「スーパービジョンの訓練は、1898 年にニューヨーク市で、ニューヨーク慈善組織協会が27 名の学生を対象に、6 週間の訓練プログラムを実施したのが始まりとされる」とし[ix]、「最初に「スーパービジョン」がソーシャルワークのテキストに登場したのは、ブラケットによる『慈善におけるスーパービジョンと教育』（Brackett, 1904）であったとされる」[x] と述べています。スーパービジョンという用語は各専門職において、それぞれ使用されてきたことがわかります。

　そして北島（2015）は、スーパービジョンの種類として、①スーパービジョン（一

般）を一番外側とし、②対人援助のなかのスーパービジョンをそのなかに置き、②対人援助のなかのスーパービジョンのなかに③ソーシャルワークのなかのスーパービジョンという整理をしています[xi]。そこでは、他職種のスーパービジョンには触れていませんが、①のスーパービジョン（一般）のなかに含めてよいのではないかと考えます。

　また近年では、前述のように地域包括ケアシステムや地域共生社会の構築に向けた多職種連携が強調されているように IPW（Interprofessional Work：多職種連携）や IPE（Interprofessional Education：専門職連携教育）という用語もよく耳にするようになりましたが、欧米では、IPS（Interprofessional Supervision）というものも出てきています。IPS については、我が国ではまだあまり紹介をされていませんが、石田（2017）によると「IPS は、同じ専門職ではない、もしくは少なくとも同じ専門領域に属さないスーパーバイザーとスーパーバイジーの間で行われる異職種間スーパービジョン」[xii] と定義されています。

　精神分析やカウンセリング、心理療法であれ、ソーシャルワークであれ、スーパービジョンは同一専門職種内で行われてきたものでありました。つまり、さまざまな専門家が使用するスーパービジョンは、暗黙のうちに同一の専門職のスーパーバイザーとスーパーバイジーで行われるものであると理解されていました。

　しかし、前述にあるように地域包括支援センターの業務は 3 職種で行いつつ、それぞれの専門性を活かした助言をお互いに行い、センターの業務を円滑に遂行していくことが求められるということは、センター内において単なる助言や事例検討ではない異職種間のスーパービジョンが実施されるということも考えられるでしょう。そしてある地域包括支援センターでは、その圏域において多職種でスーパービジョンを実施しているという報告を行っているところも実際にありました。

　また、介護支援専門員に対するスーパービジョンは、すでに多くの文献で論じられており、日本介護支援専門員協会等でも多くのスーパービジョンの研修が行われ、実際に個別・グループのスーパービジョンも行われています。介護支援専門員のスーパービジョンについては、同職種である介護支援専門員、主任介護支援専門員がスーパーバイザーとして行う場合もありますが、ソーシャルワークを教える教員や社会福祉士（ソーシャルワーカー）がスーパーバイザーとなる場合もあります。精神科領域でも、保健師がスーパーバイザーとなって生活相談員等にスーパービジョンを行っている例もあり、同一職種ではなく他職種によるスーパービジョンがすでに実施されており、IPS が実施されているといえるでしょう。

我が国の場合、介護保険法の施行によりさまざまな職種をベースとする介護支援専門員という新たな資格が生まれました。一つの専門職の上位概念としての専門職ではなく、既存の多くの資格をベースとする新たな上乗せ資格としての専門職が生じ、その専門職の専門性は介護保険制度におけるケアマネジメントではありますが、対人援助という枠組みでは非常に広い専門性を求められることになっています。ケアマネジメントのなかにソーシャルワークという概念が多く入っており、最初の介護支援専門員の標準テキストにおいて、「「ケアマネジメント」の技術および理論の体系化にあたって、ソーシャルワークのこれまでの蓄積から取り入れることのできるものは多い」とし、ケアマネジメントとソーシャルワークの混乱を述べつつ、「これらの混乱が示しているのは、新しいニーズに対する、新しいサービスが、これほど急激に、これほど広範に現れて、これまでのどの職種の仕事とも少しずつ違う知識と技術が急いでまとめられ、関連の多様な職種がそれぞれの基礎教育に必要な項目を加えつつそれを担っていかなくてはならないという現実」[xiii] があると指摘しています。介護保険制度創設期の混乱がいまだ整理されず今日に至っているともいえます。

　そして、2011（平成23）年の「地域包括支援センター業務マニュアル」では、「組織内でのスーパービジョンの実施などを行うこと」が地域包括支援センターの人材育成における所属組織の役割の一つだと述べています。

　保健師の業務では、2013（平成25）年に出された厚生労働省健康局長通知「地域における保健師の保健活動について」（平25年4月19日健発0419第1号）では、保健師の保健活動の基本的な方向性として、「（1）地域診断に基づくPDCAサイクルの実施、（2）個別課題から地域課題への視点及び活動の展開、（3）予防的介入の重視、（4）地区活動に立脚した活動の強化、（5）地区担当制の推進、（6）地域特性に応じた健康なまちづくりの推進、（7）部署横断的な保健活動の連携及び協働、（8）地域のケアシステムの構築、（9）各種保健医療福祉計画の策定及び実施、（10）人材育成」が挙げられました。そして、同通知に基づく自治体保健師のキャリアラダーのなかには、「地区活動のスーパーバイズができる」「複雑困難な事例支援のスーパーバイズができる」という表記があります。また、2016（平成28）年の主任介護支援専門員研修ガイドラインでは、「対人援助者監督指導（スーパービジョン）の機能（管理や教育、支援）を理解し、実践できる知識・技術を修得するとともに、スーパーバイザーとして主任介護支援専門員に求められる姿勢を理解する」と位置づけられています。このように、一般的なスーパービジョンは、地域包括支援センターの保健師や主任介護支援専門員にも

求められています。それゆえ、IPS という概念も今後は必要になるかもしれません。

　ただし、柏木等（2017）が指摘するように「同じような相談援助に関する用語にコンサルテーションがあるが、これは異職種間の相談助言をいう」[xiv] というのが一般的であり、IPS とコンサルテーションの明確な相違はあいまいですが、今後何らかの整理が必要となるでしょう。ちなみに、精神医学領域では、精神科コンサルテーション・リエゾンチームを有している病院が多くあり、身体疾患で入院中の患者の精神症状の悪化等に対して、専門性をもった多職種と協働して精神科治療を行うことをいいます。心理学領域では、G・キャプランのメンタルヘルス・コンサルテーションという概念が紹介されており、丹波（2015）は「コンサルティがコンサルタントにコンサルテーションを要請する自身の仕事上の困難はメンタルヘルスの領域にあり、コンサルタントはメンタルヘルスの専門的知識をもっているが、コンサルティはもたない。コンサルタントはコンサルティとは異なる職業であり、コンサルティの所属する機関の外部の者である。またコンサルテーションはスーパービジョンと違い、コンサルタントとコンサルティの関係は対等であり、コンサルティはコンサルタントの提案を受け入れるか否か、受け入れるとしても、自身のニーズと職務状況に一致する部分のみを取り入れ、修正を加える立場」にあり、「対等な関係は、コンサルティにとってコンサルタントが異なる専門領域、機関外部の者、そして援助関係が短期間であることによって支えられる」[xv] としています。ゆえに、IPS は職種は異なっても熟練した専門家から受ける相談助言をインタープロフェッショナルスーパービジョンとすると、コンサルテーションは組織外の専門家が専門知識をもたないコンサルティに行う提案という解釈をすることが可能かもしれません。しかし、IPS とコンサルテーションについては、今後も詳細な検討が必要でしょう。

　他方で、地域包括支援センターに求められる役割と業務の拡大、地域共生社会の進展、社会福祉士（ソーシャルワーカー）に求められる役割から、特に地域包括支援センターの社会福祉士へのソーシャルワーク・スーパービジョンはますます重要になるでしょう。時代の要請に応えられる専門職となるためには、IPS ではなく、まずは社会福祉士としてのソーシャルワーク・スーパービジョンを受けることが必要ではないかと考えます。

地域包括支援センターにおけるソーシャルワーク・スーパービジョンのポイント

今まで述べてきたように、地域包括支援センターにおいてスーパービジョンは、保健師、主任介護支援専門員、社会福祉士の3職種で使用され、理解されていることが明らかとなりました。本節では、地域包括支援センターにおける社会福祉士に対するソーシャルワーク・スーパービジョンのポイントについて述べたいと思います。なお、ここでは個人スーパービジョンを想定していますが、グループスーパービジョンでも同様のことがいえるでしょう。

1）事例検討にならないようにすること

最初に注意すべき点は、社会福祉士に対するソーシャルワーク・スーパービジョンを行う際に事例検討にならないように注意をすることです。地域包括支援センターでは、地域ケア会議やセンター内の会議等で多くの事例検討を行っています。事例検討とソーシャルワーク・スーパービジョンの違いは、事例検討では事例がまな板の上に載りますが、ソーシャルワーク・スーパービジョンでは社会福祉士（ソーシャルワーカー）がまな板の上に載ります。つまり焦点化するのはあくまでも社会福祉士（ソーシャルワーカー）であり、社会福祉士（ソーシャルワーカー）の実践を対象とします。

事例検討とスーパービジョンは別であるということを学び、理解することが必要です。

2）スーパービジョンシート等を活用すること

ソーシャルワーク・スーパービジョンの準備段階として、それぞれのスーパーバイザーが適宜ソーシャルワーク・スーパービジョンに必要な様式等を作成してもよいかもしれません。仮にこれをスーパービジョンシートとしましょう。ソーシャルワーク・スーパービジョンは、スーパーバイジーのケースへのかかわり方を題材にする場合には事例についての資料を提出する場合が多いでしょう。これは、事例検討と同様に事例について記載したものを用意するということです。

しかし、スーパービジョンを意識し、ソーシャルワーカーに焦点をあてるために、

行った実践に対して、①なぜそういうアセスメントをしたのか、②なぜそういうプランニングをしたのか、③なぜそういうインターベンションを行ったのか、④なぜそういうモニタリングをしたのか、⑤今回のスーパービジョンで何を学びたいか、何に焦点をあてたいのか等を記載したものがあるとわかりやすいのではないかと考えられます。

　ベテランのスーパーバイザーは、事例検討として出される資料からでも、また全く資料がなくても、スーパービジョンを行うことは可能ですが、スーパーバイジーの意識化を促すためには、スーパービジョンの資料となるようなスーパービジョンシートがあるとよいでしょう。スーパービジョンシートに記入することによって、自分の実践を振り返り、スーパービジョンへの準備ができます。スーパービジョンシートはそれぞれのスーパーバイザーが、自分がスーパービジョンしやすいように作成するとよいでしょう。なお、スーパービジョンシートの記入項目の例としては、①スーパービジョン実施の日付、②スーパーバイジーの氏名（実名ではなく記号等で表記。イニシャルは避ける）・所属（記号等に機関種別名で表記）、③スーパービジョンのテーマ、④スーパービジョン希望の要旨、⑤スーパービジョンの形式（事例を基にしたものか、組織の規定等を使用するのか等）、⑥スーパービジョンの契機となる事例等の概要（イニシャルは使用しない、記号等で表記）、⑦プロセス等、⑧それぞれのプロセスごとにスーパーバイジーの対応・行動・考えたこと等、⑨まとめです。

　また逐語録もソーシャルワーク・スーパービジョンの題材として使用できます。業務が多忙な地域包括支援センターでは、逐語録を作成したことがある人は少ないかもしれませんが、トレーニングの一つとしても、スーパービジョンの題材としても逐語録の作成を行うことは重要だと思います。

　スーパービジョンは自分の実践を言語化して振り返る場であり、言語化して人に伝えることを意識することが重要であり、事例検討にならないような工夫が必要です。

３）個別の事例からセンターあるいは法人という組織、担当圏域、保険者圏域の課題へとつなげること

　ミクロからメゾ、マクロのスーパービジョンが求められていることは既に述べましたが、ではどのようにミクロからマクロのスーパービジョンを行うとよいのでしょうか。

　例えば、二世代同居の認知症がある高齢者Aさんと、長男の嫁であり介護のキーパーソンであるBさんとの間に葛藤があった場合、多くの地域包括支援センターでは、家族

支援も業務だからと同じソーシャルワーカーが担当することが多いようです。しかし、時には同一世帯であっても異なるソーシャルワーカーが担当した方がよいというときがあります。例えば、家族の主訴に振り回され、高齢者本人の訴えを聞けなかったり、高齢者本人と家族の訴えをどう調整したらよいかわからなくなったりする場合です。このような場合には、同一世帯であっても異なる職員が担当した方がうまくいきます。しかし、同一世帯は一人で担当という不文律がそのセンターにある場合、その仕組みを覆せず、担当変更までこじらせてしまう場合があります。担当を変更して偶然うまくいく場合もありますが、両者の意見を調整できない場合、どちらの立場に立つのかというのはソーシャルワークにとって重要な問題です。自分のクライエントは誰かということを常に頭に置いておかないと家族支援に流されてしまいます。これは虐待のケースでも同様で、利害が相反するクライエントに、同一ソーシャルワーカーがかかわるということは誰の権利擁護を行い、代弁を行うのかということからも、家族とクライエントを分けて考えることが必要です。そして、一つの世帯に二人のソーシャルワーカーが入ることが望ましいのに、二人も派遣している人手はないとセンター長に言われた場合、組織を変革しなければ同じ問題が何度も生じてしまいます。確かに人員不足のなかで同一世帯に二人を派遣することは難しいでしょう。しかし、そのように組織を動かすことが重要であり、問題を客観的にとらえ、組織変革を促すというスーパービジョンが必要です。

　次に、圏域内で同じような問題が何件も生じた場合、保険者圏域全体で解決を考えた方がよい場合もあります。例えば、虐待への措置入所ということが必要だとセンターが判断しても、行政が動いてくれないという場合です。また65歳以上の精神障害者が介護保険制度を利用するようになった場合にどう障害福祉課と調整すべきか等、長期的に保険者がどう考えていくかというコンセンサスをつくる必要があります。

　このように個人を変革する、センターを変革する、法人を変革する、保険者を変革するという観点をスーパービジョンに取り入れ、ほかに同様の事例はないかとか、センター長はどう思っているのかとか、保険者にどのようにはたらきかければよいのかということをスーパービジョンに入れることによって、メゾ、マクロのソーシャルワーク・スーパービジョンに広げることは可能です。

　しかし組織外のスーパーバイザーの場合、本当にミクロからマクロまで広げてソーシャルワークを実践したかどうかを確認する術はありません。そして、組織・法人・保険者の変革は、長期間かかるものであり、1年間に6回程度のスーパービジョンで指摘されたからといって、すぐに動けて変革ができるというものではありません。長期的に

展開するという意識をスーパービジョンで確認することも重要となります。

4）総合相談支援業務および権利擁護業務、特に全世代型・全対象型の総合相談について他職種に指導できるようになること

　最初に述べたように、地域包括支援センターでは地域包括支援センターの社会福祉士はすべての業務を他職種とともに行いますが、その専門性を活かして総合相談支援業務と権利擁護業務については、他職種に指導できるレベルであることが求められています。例えば、日本社会福祉士会や都道府県社会福祉士会の研修を受ける、大学院で学ぶ等、常に総合相談支援と権利擁護について学ぶことが必要です。

　そして、従来の児童が専門です、高齢者が専門ですという縦割りのソーシャルワークではなく、全世代型・全対象型の相談支援ということを行えるようにすることも重要です。現在いくつかの地域では、全世代型・全対象型の相談支援を始めているところがあります。発想の転換をしないと、従来の専門縦割り型のスーパービジョンになりがちですし、スーパーバイザー自身が全世代型・全対象型のスーパービジョンを行えるようにならなければなりません。ソーシャルワークをベースとすれば、全世代型・全対象型のスーパービジョンは行えるはずです。

5）ソーシャルワークの価値と倫理、ソーシャルワークの理論・アプローチに基づくスーパービジョンを行うこと

　ソーシャルワーカーがソーシャルワーカーに行う、同職種に行うソーシャルワーク・スーパービジョンの大きなポイントは、その職種の倫理綱領や行動指針等に照らし合わせてどうすべきかを確認することにあります。それゆえ、社会福祉士が社会福祉士に対して行うスーパービジョンは、ソーシャルワークの価値と倫理に基づいて行われるものでなければなりません。常に最新のグローバルスタンダードを確認し（邦訳されたもので可）、照らし合わせて実践を振り返ることができるようにスーパービジョンを行うことが必要です。

　特に地域包括支援センターでは、保健師・主任介護支援専門員・社会福祉士がそれぞれの専門職種からスーパービジョンを受けているとすると、ソーシャルワーカーとして独自にスーパービジョンを受けることにより社会福祉士としての専門性の質を高めると

いう認識が重要となります。ここがインタープロフェッショナルスーパービジョン（IPS）と大きく異なる点です。しかし他方で、「IPSへの注目は、多職種連携が頻繁に医療・福祉分野を横断して実践されるようになり、この状況に対応した形態のIPSも実施されるようになってきた動向を反映している」[xvi] とも述べられ、「伝統的な実践、そして特に伝統的なスーパービジョンは、もはや、かつてのようにはいかないかもしれない」という指摘もあります[xvii]。地域包括支援センターでは、同一職種によるソーシャルワーク・スーパービジョンなのか、他職種によるIPSなのかを意識して理解し区別したうえで、スーパービジョンを行う必要があるでしょう。

　地域包括支援センターは、今後、ますます多職種連携・多職種協働や、サービスのコーディネート、ワンストップ型相談機関として動くことが求められます。そのようななかで、認定社会福祉士のスーパービジョンの目的にあるように、①社会福祉士としてのアイデンティティを確立する、②所属組織におけるソーシャルワーク業務を確立し担えるようにする、③専門職として職責と機能が遂行できるようにすることを常に意識したスーパービジョンを実施することが質の向上につながるでしょう。そして、地域包括ケア研究会（2019）が「地域支援事業の多くは企画業務であり、地域の関係者と対話を深めながら価値観を共有し、地域を創造していく過程であることから、地域包括支援センターがこうしたプラットフォーム・ビルダー（場や機会を提供する主体）として機能するためには、いわゆる現業である介護予防支援などの個別支援業務の負担を軽減し、地域マネジメント業務に振り向ける余力をうみだすべきではないだろうか」[xviii] と指摘しているように、地域マネジメント力が求められるということが、社会福祉士としてどういう意味をもつのか、他職種との関係はどうなるのかを理解したうえで、ソーシャルワーク・スーパービジョンを行う／受けることが重要となるでしょう。

引用文献

i　　厚生労働省老健局「地域包括支援センター業務マニュアル」厚生労働省、2005 年 12 月 19 日、p.3

ii　　同上、p.11

iii　 同上、pp.10-11

iv　　公益社団法人日本社会福祉士会「地域共生社会の実現に向けた現任社会福祉士の研修プログラムの開発とスーパービジョンの実態把握に関する調査研究事業報告書」日本社会福祉士会、2021 年 3 月、p.451

v　　 厚生労働省「地域共生社会に向けた包括的支援と多様な参加・協働の推進に関する検討会（地域共生社会推進検討会）最終とりまとめ」2019 年 12 月、p.3

vi　　同上、p.4

vii　 Frawley-O'Dea. M., Sarnat. J. E., *The Supervisory Relationship*,The Guilford Press, 2000（＝最上多美子・亀島信也監訳『新しいスーパービジョン関係──パラレルプロセスの魔力』福村出版、2010 年、p.32

viii　小此木啓吾「大学神経科教室における精神療法監督教育 Supervision の報告」『精神分析研究』第 8 巻第 6 号、1962 年、pp.1-3

ix　　横山譲「第 9 章第 1 節　欧米におけるソーシャルワーク・スーパービジョン」日本社会福祉教育学校連盟監『ソーシャルワーク・スーパービジョン論』中央法規出版、2015 年、pp.357-358

x　　 同上、p.359

xi　　北島英治「第 1 章ソーシャルワーク・スーパービジョンの機能と役割　第 1 節　スーパービジョンの種類」p.46

xii　 石田敦「インタープロフェッショナルスーパービジョン（IPS）の強みと限界」『吉備国際大学研究紀要（人文・社会科学系）』第 27 号、2017 年、p.91

xiii　窪田暁子「IV編高齢者支援展開論（高齢者介護総論）、2　ソーシャルワークとケアマネジメント（介護支援サービス）」厚生省高齢者ケアサービス体制検討委員会『介護支援専門員標準テキスト（第 1 巻）』長寿社会開発センター、1998 年、pp.472-473

xiv　 柏木昭・中村磐男『ソーシャルワーカーを支える人間福祉スーパービジョン』聖学院大学出版会、2012 年、p.92

xv　　丹羽郁夫「ジェラルド・キャプランのメンタルヘルス・コンサルテーションの概観」『コミュニティ心理学研究』第 18 巻第 2 号、2015 年、p.162

xvi　 石田敦、前出 xii、p.92

xvii　Davys, A. M., "Interprofessional supervision：A matter of difference", *AOTEAROA NEW ZEALAND SOCIAL WORK*, 29(3), 2017, pp.79-94

xviii 地域包括ケア研究会「平成 30 年度老人保健事業推進費等補助金老人保健健康増進等事業　地域包括ケアシステムの深化・推進に向けた制度やサービスについての調査研究＜地域包括ケア研究会＞2040 年：多元的社会における地域包括ケアシステム──「参加」と「協働」でつくる包摂的な社会」2019 年、p.37

事例解説

■ 地域包括支援センターにおけるスーパービジョンの特徴

○本報告の特徴

　地域包括支援センター（以下、包括とする）におけるスーパービジョン実践について、そもそも包括に求められている役割や特徴に沿った形で紹介しているものです。

　包括が社会福祉士、主任ケアマネ、保健師という３専門職によって主に運営されるという性格をもち、その結果、ソーシャルワーカーも保健師等他職種への関与をしていくことになるという特徴をもちます。そのことにしっかり焦点をあてた報告です。包括における、スーパービジョンにかかわる人にとっては大いに参考にできると思います。

○本事例から学べること

　３職種が一定の役割分担をしながらも全体として一つの役割を果たしていくという包括の特徴から、本報告ではIP（インタープロフェッショナル）という概念が繰り返し出てきます。職種を超えたスーパービジョンのあり方について考えていくことは包括でのスーパービジョンを行う人にとっては不可欠ともいえるでしょう。本報告を通してしっかり整理しておきたいと思います。

　また「スーパービジョンのポイント」で指摘されている内容もとても重要です。「事例検討にならないようにすること」「シート等を活用すること」は包括に限らずスーパービジョンには大切ですし、個別事例から組織・地域に繋いでいく（ミクロからマクロへ）という問題意識は、包括（に限定はされませんが）等のスーパービジョンで忘れてはならないポイントです。特に法人等を「変革する」という問題意識はとても大切にしたいと思います。また総合相談について他職種に指導できることや、ソーシャルワークの価値や理論に基づく実践をするべきという指摘は、特に包括のスーパービジョンでは大切にしたいと思います。

○少し注意しておきたいこと

　実は本報告の重要ポイントである、インタープロフェッショナルスーパービジョンについては、しっかり考えないと矛盾にもみえる事態が発生します。コンサルテーションとの関係です。第13章にも関連するコメントがありますので参考にしてください。

　基本的には、保健師、社会福祉士、主任ケアマネ等といった職種を超えて、個人に寄り添うことが包括の専門職には求められるのであり、その意味では他職種に対してスーパービジョンはできるのだという考え方が基本になります。

しかし同時に、3職種には異なる専門職としてのこだわりの違いもあるのです。それが、「ソーシャルワークの価値と倫理、ソーシャルワークの理論・アプローチに基づくスーパービジョンを行うこと」という指摘につながります。個別化、本人の思いに寄り添うといった援助基礎は3職種共通ですが、同時にソーシャルワークの価値・倫理と保健師の価値・倫理は、共通部分をもちながらも固有性があります。このことも忘れないでいたいと思います。これも第13章で指摘がありますので参考にしてください。

第13章 スーパービジョンを深めるためのQ&A

スーパービジョンの頻度

Q スーパービジョンは定期的に実施しなければ
ならないでしょうか？

A 　可能ならば、定期的に実施できるほうがよいでしょう。ただ、定期的な実施が無理な場合もあると思います。何より大切なことは、ワーカー（スーパーバイジー）が困ったときや悩んだときに可能な限り早くスーパービジョンを受けることができる体制を整えることです。
　定期的だけれども半年待たなければいけないよりは、不定期でも困りごとが生じてからそれほど間を置かずにスーパービジョンを受けられる体制ができていればそれでよいと思います。

スーパービジョンのための時間の確保

Q スーパービジョンのための時間をとることが
できません。

A 　日常業務で忙しいなか、さらにスーパービジョンのための時間をとることはとても難しいと思います。考えられる選択肢はいくつかあります。
　本来、スーパービジョンの場や機会の確保を個人の努力のみに押し付けるのは正しいことではありません。忙しいとはいっても、何とか業務時間内で保証する努力が必要でしょう。それにはさまざまな工夫が求められます。例えば、職場で定期的に行われている事例検討会を、グループスーパービジョンの場と

して位置づけを変え、正式に外部スーパーバイザーと契約するなどの方法です（もちろんそれにあわせて内容を少しかえる必要もでてきます）。これは、すでにいくつもの法人が実施しています。また、法人が外部スーパーバイザーと契約したうえで、職員が自由に外部スーパーバイザーに相談できるようにしているケースもあります。これらは職場の了解のもと実施される必要があります。上司などに相談し理解を得ることになります。

　第二には「業務時間外」を利用することです。異なる職場のソーシャルワーカー同士がグループをつくり、スーパーバイザーを招いてグループスーパービジョンを実施している場合もありますし、認定社会福祉士の資格を得るために必要なスーパービジョンを業務時間外に受けている人も多いでしょう。医療専門職も教育専門職も心理専門職も自らの専門性向上のために私的な時間を使っています。ただし、これはボランティア残業とは区別されなければなりません。あくまでも自発的に学びの場を得たい場合です。

　また、Zoomなどのオンラインツールを使ったスーパービジョンの試みも始まっています。これは業務時間内外を問わず活用できるでしょう。北海道のスーパーバイジーが九州のスーパーバイザーのスーパービジョンを受けることなどもすでに行われており、今後活用が広がっていくでしょう。

　いずれにせよ、組織からなかなかスーパービジョンの場が与えられないからといって受け身にならず、可能な範囲でスーパービジョンの場を確保していきましょう。

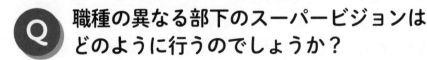

職種の異なる部下に対するスーパービジョン

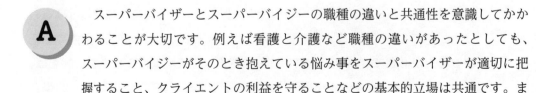

Q 職種の異なる部下のスーパービジョンは どのように行うのでしょうか？

A　スーパーバイザーとスーパーバイジーの職種の違いと共通性を意識してかかわることが大切です。例えば看護と介護など職種の違いがあったとしても、スーパーバイジーがそのとき抱えている悩み事をスーパーバイザーが適切に把握すること、クライエントの利益を守ることなどの基本的立場は共通です。ま

た受容、個別化、秘密保持、自己決定の尊重などの援助原則も職種を超えて共通でしょう。まずはそれらの共通性を意識したスーパービジョンが必要になってくるでしょう。

　一方で、職種の違いも意識しなければなりません。例えば、看護職は医療関係の専門職として利用者の健康や生命を守ることを目指して実践を行うのに対して、介護職員は福祉職として、利用者の社会生活を大切にし、孤立しないようにしていこうとします。職種の違いを無視してスーパーバイザーが自分の職種の価値の押しつけをすることは避けなければなりません。

年上の職員に対するスーパービジョン

 **年上の職員に対するスーパービジョンは
どのように行えばよいでしょうか？**

　本来、年齢の上下がスーパービジョン関係に影響を与えることがあってはなりません。しかし、現実には年下の者が年長者に指示的なことをいうのは気が引けるでしょうし、年上の者も素直に聞くことができないこともあるかもしれません。特に組織内スーパービジョンの場合は日常的な接触もあるだけに互いに難しい場合があるでしょう。

　解決にはいくつかの努力が必要です。まずは組織側がすべきことがあります。それはスーパービジョン関係をしっかりと制度的に位置づけることです。スーパービジョンについての制度的位置づけもないのに年長者に対して指導的かかわりをすることは難しい場合もあるでしょうから、施設・団体等組織側の職務分掌上スーパービジョンが（名称はともかく）位置づけられるようにしたいものです。スーパーバイジーに対してもスーパービジョンは組織的に必要なものであることを事前に明示的に伝えておくことが必要になります。

　一方、スーパーバイザーは、スーパーバイジーが年下の者にスーパービジョンされることに複雑な思いをもっているかもしれないことを意識し、高圧的と誤解される言動は避けながらも、指摘すべきことは指摘するという態度が必要でしょう。

Q スーパービジョンを受けることに積極的でない職員にはどのようにすればよいでしょうか？

A　まずはその理由を明らかにしましょう。スーパービジョンの必要性が理解されていない、自分の実践について批判されたり叱られたりするのでないかという不安を抱えているなど、消極的になるにはさまざまな原因が考えられます。それらを明らかにし、対応していくことが必要でしょう。いずれにせよ、スーパービジョンの実態がわからないことに対する不安感や不信感を取り除き、自分（スーパーバイジー）にとってメリットがあり、ひいてはクライエントにとって意味があるのだということを伝えていきたいものです。その意味では、定期的なスーパービジョンを実施する前に、一度きりのお試し的な体験をしてもらうなどの方法もあるかもしれません。

Q 職場の管理者にスーパービジョンの必要性を理解してもらうにはどのようにすればよいでしょうか？

A　一言ではいいにくいのですが、ケースバイケースの努力が必要になるということでしょうか。基本的にいえば、「スーパービジョンを受けることに積極的でない職員にはどのようにすればよいでしょうか？」という問いにも重なるでしょう。

あえていえば、必要性を強調することと、導入に伴うハードルを下げる工夫について提案していくことが大切になってくるでしょう。

前者についていえば、アンケート等を実施して職員がスーパービジョンを求めている実態があることを明らかにしたり、虐待やマルトリートメント等の発生予防、支援の質の向上に役立つことを資料に基づいて説明するといった努力

が必要でしょう。

　後者についていえば、経費的、スケジュール的に大きな負担になるとなかなか管理者が決断しにくいかもしれません。具体的には管理者と職員で話し合っていくしかありませんが、「スーパービジョンのための時間をとることができません」という問いに対する答えなども参考にしてください。

管理機能の違い

 **管理者が担う管理機能と、スーパービジョンの
管理機能は同じものでしょうか？**

　重なる部分もありますが違いもあります。それぞれの目的を考えればその違いがわかります。

　スーパービジョンはあくまでもスーパーバイジーを支えることでケースの質を担保していくことが主目的です。その意味では、管理的機能といっても施設等全体の運営管理を目指すものではありません。

　また、管理者の管理はその職にある者が行うものであって専門職であることは必要とされていませんが、スーパービジョンは一定の資格や経験などをもつ専門職が行うことが期待されています。

スーパービジョンを受けるための準備

 **スーパービジョンを受けるための準備について
教えてください。**

　特別な準備は必要ないでしょう。あえていえば、自分のワーカーとしての経歴や現状をまとめ、相談したいことを整理しておき、できれば文字にして初回時に見てもらえるように用意しておくとよいでしょう。事前にスーパーバイザーに相談するとよいと思います。

具体的には、認定社会福祉士の「スーパービジョンで使用する様式」などが公開されている資料として参考になるでしょう（https://www.jacsw.or.jp/ninteikikou/supervision/SV_yoshiki.html）。

スーパービジョンとコンサルテーションの違い

 Q スーパービジョンとコンサルテーションの違いについて教えてください。

A 論者によって違いがあります。第一の考え方はワーカーと同じ専門職がかかわる場合をスーパービジョンと呼び、異なる専門職がかかわる場合をコンサルテーションとするものです。例えば、介護福祉士の指導を看護師がする場合にはコンサルテーションということになります。

第二の考え方は、責任性の有無で分けるものもあります。この考え方でいえば、しっかりと契約書を交わし、支援する側は相談者に対して責任をもち、相談者もそれに従う義務が発生する関係がスーパービジョンということになります。したがって、ただ単に相談に乗ってもらうといった関係はここの考え方によればスーパービジョンとはいえません。

第三の考え方はスーパービジョンはあくまでもワーカーを支援しケースの質の担保を目指すものであるのに対して、コンサルテーションは組織の将来構想やワーカーのキャリアパスなどの個別ケースに限定せずに広く組織やワーカーのありようについて相談助言をしていこうとするものであるという考え方です。

あまり言葉や定義にこだわる必要はないと思いますが、関係者の間で「それはスーパービジョンではない」といったすれ違いは起こらないように注意したいものです。

Q 職場の上司や担当者によるスーパービジョンより、職場外の専門家によるスーパービジョンのほうが望ましいのでしょうか？

A そうとも限りません。目的によって異なるでしょう。

外部スーパービジョンは、より専門的な立場から俯瞰的な助言がもらえるといった魅力があります。また、自分の振る舞いや悩みを職場に知られる心配がないという意味でも魅力的でしょう。

一方、内部スーパービジョンは職場のワーカーの人間関係や利用者の特性等について委細理解したうえでの助言をもらえるといった魅力があります。いずれにせよ、外部スーパーバイザーに詳細かつ具体的な支援のありようについて問うたり、内部スーパーバイザーに先進的な研究成果について教わろうとするなど、「無い物ねだり」にならないように注意したいものです。

いいかえれば、スーパービジョン開始時にスーパーバイジーが求めることと、スーパーバイザーが提供できることについて互いに確認する必要があるということです。

マクロソーシャルワークにおけるスーパービジョン

Q マクロソーシャルワークにおけるスーパービジョンとはどのようなものでしょうか？

実は、集団レベルの支援をミクロレベルのソーシャルワークと呼ぶこともあれば、メゾレベルのソーシャルワークと呼ぶこともあり、また、地域レベルの支援をメゾレベルとしたりマクロとしたりなど定まっていないのが現状です。マクロソーシャルワークをどう定義するかも論者によって多少の違いがあります。ここでは、個人にせよ集団にせよ、具体的な特定の人々を対象とする支援に対して、地域住民といった不特定の人々に対するはたらきかけや自治体にお

ける政策立案などを、マクロソーシャルワークと呼ぶことにします。すると、マクロソーシャルワークは具体的な名前を明示できるレベルでのクライエントがいないソーシャルワークということになります。その意味では、個別的な支援関係がないためマクロソーシャルワークに必要な支援は、スーパービジョンではなく、第三の定義としてのコンサルテーションが必要になるという説明もできるでしょう。

　しかし、地域づくり・福祉政策づくりといった目標はあります。その意味では、スーパーバイジーに相当する、自治体職員や社会福祉協議会職員が適切な施策づくり、地域づくりができるように支援することが、マクロソーシャルワークにおけるスーパービジョンということになるでしょうか。

社会福祉施設におけるスーパービジョン

Q 社会福祉施設におけるスーパービジョンとそのほかの機関におけるスーパービジョンにはどのような違いがあるのでしょうか？

A　基本的に違いはないと考えてよいでしょう。スーパービジョンに違いがあるというよりは、実践内容に傾向の違いがあり、結果的に相談内容が異なる場合が出てくるでしょう。

　例えば、施設ではクライエントの生活をはじめとした活動の具体的支援が中心となり、その部分（施設での生活等）にかかわる相談が多くなると考えられます。一方、社会福祉協議会では（セクションによりますが）地域づくりや機関間ネットワークなどといった業務が出てきます。また、病院等では（これも急性期か慢性期かなどの病棟の機能によって異なりますが）退院に向けた調整等が大きな課題になるでしょう。それらの相談事、扱う内容に違いがあると考えられるでしょう。

Q 実習指導者の指導と養成施設における担当教員の指導はともに、スーパービジョンにあたるのでしょうか？

A 言葉の定義の問題ですから、それほどこだわる必要はないと思います。ひとまずどちらもスーパービジョンと考えてよいでしょう。

あえていえば、個別のクライエントとのかかわりや行事への参加など、実習生の具体的な振る舞いに関する相談は受入側スーパーバイザーに、実習そのものに対する態度や受入側との間合いの取り方などに関する悩み等は、養成校側スーパーバイザーに相談すればよいのではないでしょうか。

また、両者には目的に違いがあることは意識しておきたいと思います。養成校の担当教員をスーパーバイザーと考えたとき一番に目指すべきことは実習生（スーパーバイジー）の専門職としての成長にあります。教育的機能にある程度、焦点があたっているといえそうです。

一方、実習受入側の職員をスーパーバイザーと考えたときはクライエント等ケースの質の保証が前提で行われることになります。管理的機能がある程度、強く出てくるといえるでしょう。

とはいえ、養成校側スーパーバイザーも実習先に迷惑をかけないように指導しますし、受入側スーパーバイザーも実習生の成長が重要課題であることは理解していますので、現実的には重なる部分の多いのは確かです。

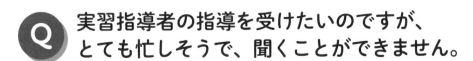

実習指導者による指導

Q 実習指導者の指導を受けたいのですが、とても忙しそうで、聞くことができません。

A 遠慮してしまう気持ちは誰にでもあります。しかし、体験するだけでは実習を完結したとはいえません。しっかりとした実習指導（スーパービジョン）を

第 **II** 部　ソーシャルワーク・スーパービジョンの取組み

231

受けたときに実習をしたといえるのです。したがって、遠慮せず実習スーパービジョンを受けられるようにする必要があります。とはいえ、実習指導者が忙しそうな時間にスーパービジョンを受けるのは難しいでしょう。したがって、まずは実習生側から積極的に声をかけて、時間のあるときに改めてスーパービジョンを受けられるように依頼するとよいでしょう。また、実習記録に困りごとや意見をもらいたいことを書き、時間のあるときにスーパービジョンを受けたいと伝えることも有効でしょう。

　なお、定期的にスーパービジョンの場を設けてもらうことが一番です。最初の実習先との打合せ時に依頼するとよいでしょう。言い換えれば、実習受け入れ側もスーパービジョンの時間を設定することは必要になってくるということです。

記録をまとめる時間

記録をまとめる時間をとることができません。どのようにすればよいでしょうか？

　ほかの職員も同じように記録をまとめる時間が確保できずに困っているのであれば、組織の問題でもあるでしょう。まずは、勤務時間中に記録のための時間を確保できるように申し出ましょう。

　一方、自分ができることはないか確かめることも大切です。例えば、記録すべきポイントや項目を予め決めておく、小さなメモ帳を携帯してその都度、忘れないように記録するなど、さまざまな工夫が考えられるでしょう。ここで一つひとつ具体的なことを論ずることはできませんが、先輩や同僚にどのような工夫をしているかについてきく手もあるでしょう。

実習指導者とその指導内容

Q 実習指導者によって指導内容が異なります。どうすればよいでしょうか？

A 実習生にとって代表的な悩みといえるでしょう。

これは新人職員の「先輩職員によって指導内容が異なって困ります」という悩みにつながり、さらに、クライエントやその家族の「職員によっていうことが異なって困ります」という悩みとも通じるでしょう。

実習生は指導者に対し、質問や自分の考えを伝えるのは簡単ではありません。そのようなときのためにスーパービジョンがあると考えて下さい。場面ごとに指導する職員が異なる場合でも、実習スーパーバイザーは基本的に特定の担当者が定められているはずです。日常的に接する担当者でなくとも率直に「悩み」を相談するようにしましょう。また、実習記録に（特定の職員への批判ととれる書き方は憚るとしても）率直に、どうすべきか悩んでいるといったことを記して助言を求めてもよいでしょう。

しかし、もっと大切なことは、支援者側がしっかりと支援方針等について共有することでしょう。具体的なかかわり方が職員によって少しずつ異なるのはかまいません。しかし、互いが矛盾する指導をしていることに気づいていないことは最も許されないことです。ケース会議等を通して情報共有をしておくことが必須です。ケースに対する認識、大きな支援方針は共有しておいた上でそれぞれの職員の個性を生かすようにしなければなりません。

第II部 ソーシャルワーク・スーパービジョンの取組み

233

インタープロフェッショナルスーパービジョン

Q インタープロフェッショナルスーパービジョンについて教えてください。
コンサルテーションとは異なるのでしょうか？

「スーパービジョンとコンサルテーションの違いについて教えてください」で紹介した第一の定義からすれば、インタープロフェッショナルスーパービジョンという概念には矛盾があり、コンサルテーションであるということになります。

実は、「インタープロフェッショナルスーパービジョン」という言葉を「" "」でくくって google で検索すると（完全一致）5 件しか出てきません。"interprofessional supervision" で調べても 83 件です。（2022 年 3 月 11 日）このようにみると、日本でもさらには世界レベルでもまだまだ熟していない用語といえるでしょう。

しかし、インタープロフェッショナルという概念がキーとなり、特に保健医療福祉の分野などを中心に多職種連携が非常に重視されるようになってきた現在、福祉は福祉、医療は医療という実践だけでなく、異なる専門職が連携、協働した支援が必要とされるようになってきています。そのような状況下、他職種による助言は従来コンサルテーションとして説明されてきたものがインタープロフェッショナルスーパービジョンであるということもできるでしょう。

特に、実践領域自体が複合的な場合などは「他職種によるスーパービジョン」が有効になってくるともいえるでしょう。

定義の問題ですからあまりこだわらなくてよいと思いますが、「職種の異なる部下のスーパービジョンはどのように行うのでしょうか？」という問いの答えを意識してほしいと思います。連携するとはいえ、やはり専門職ごとに大切にする目標があり、それは大切にしていきたいと思います。

執筆者一覧

● 監修

一般社団法人日本ソーシャルワーク教育学校連盟

● 編集 （五十音順）

浅野　正嗣（あさの　まさし）
ソーシャルワーカーサポートセンター名古屋

岡田　まり（おかだ　まり）
立命館大学産業社会学部

小山　隆（こやま　たかし）
同志社大学社会学部

野村　豊子（のむら　とよこ）
日本福祉大学スーパービジョン研究センター

宮崎　清恵（みやざき　きよえ）
神戸学院大学総合リハビリテーション学部

● 執筆及び執筆分担 （五十音順）

浅野　正嗣（あさの　まさし）・・・・・・・・・・・・・・・・・・・・・・・・・・・・・・・・・・ 第1章、第6章事例解説
ソーシャルワーカーサポートセンター名古屋

大塚美和子（おおつか　みわこ）・・・ 第8章
神戸学院大学総合リハビリテーション学部

岡田　まり（おかだ　まり）・・・ 第4章
立命館大学産業社会学部

片岡　靖子（かたおか　やすこ）・・・ 第6章
久留米大学文学部

北島　英治（きたじま　えいじ）・・・ 第5章
元日本社会事業大学

小山　隆（こやま　たかし）・・・・・・・・・・・・・・・ 第2章、第7章事例解説、第11章事例解説、
同志社大学社会学部　　　　　　　　　　　　　第12章事例解説、第13章

塩村　公子（しおむら　きみこ）・・ 第10章
元東北福祉大学総合福祉学部

鈴木　智敦（すずき　ともあつ）・・・ 第9章
社会福祉法人名古屋市総合リハビリテーション事業団名古屋市総合リハビリテーションセンター

野村　豊子（のむら　とよこ）・・・・・・・・・・・・・・・・・・・ 第3章、第9章事例解説、第10章事例解説
日本福祉大学スーパービジョン研究センター

福富　昌城（ふくとみ　まさき）・・ 第11章
花園大学社会福祉学部

藤林　慶子（ふじばやし　けいこ）・・・・・・・・・・・・・・・・・・・・・・・・・・・・・・・・・・・・・・・ 第12章
東洋大学福祉社会デザイン学部

宮崎　清恵（みやざき　きよえ）・・・・・・・・・・・・・・・・・・・・・・・・・・・・ 第7章、第8章事例解説
神戸学院大学総合リハビリテーション学部

実践ソーシャルワーク・スーパービジョン

2023年6月20日　発行

監　　　修	一般社団法人日本ソーシャルワーク教育学校連盟
編　　　集	浅野正嗣、岡田まり、小山隆、野村豊子、宮崎清恵
発 行 者	荘村明彦
発 行 所	中央法規出版株式会社
	〒110-0016　東京都台東区台東3-29-1　中央法規ビル
	TEL 03-6387-3196
	https://www.chuohoki.co.jp/

本文・装丁 デザイン	澤田かおり（トシキ・ファーブル）
印刷・製本	株式会社太洋社

定価はカバーに表示してあります。
ISBN978-4-8058-8915-2